ラチスシェル屋根構造設計指針

AIJ Recommendation for Design of Latticed Shell Roof Structures

2016 年制定

日本建築学会

本書のご利用にあたって
本書は，作成時点での最新の学術的知見をもとに，技術者の判断に資する技術の考え方や可能性を示したものであり，法令等の補完や根拠を示すものではありません．また，本書の数値は推奨値であり，数値を満足しないことが直ちに建築物の安全性を脅かすものでもありません．ご利用に際しては，本書が最新版であることをご確認ください．本会は，本書に起因する損害に対しては一切の責任を有しません．

ご案内
本書の著作権・出版権は(一社)日本建築学会にあります．本書より著書・論文等への引用・転載にあたっては必ず本会の許諾を得てください．
[R]〈学術著作権協会委託出版物〉
本書の無断複写は，著作権法上での例外を除き禁じられています．本書を複写される場合は，(一社)学術著作権協会（03-3475-5618）の許諾を受けてください．

一般社団法人　日本建築学会

序

　本会では，「鋼構造設計規準」に加えて，「鋼構造座屈設計指針」，「鋼構造塑性設計指針」，「鋼構造限界状態設計規準」などの規準・指針が発表されており，鋼構造物の設計法も許容応力度設計のみでなく，終局限界状態に基づく保有耐力設計が行われるなどの多様な設計が可能になっている．

　大規模な無柱空間を覆うようなシェル・空間構造においても，生産技術，建設技術，構造解析技術の高度化に伴い，構造物の大規模化，複雑化が進んでおり，このような状況の中で，多くの研究・技術成果の蓄積が行われてきた．例えば，単層ラチスシェルの全体座屈（シェル的な座屈）や初期不整に伴う座屈荷重の低下についてはこの種の構造物を設計する上で必ず考慮しなければならない問題である．また，耐震設計においては，空間構造の動的挙動を勘案した静的地震力の算定法が問題となる．このような背景から，シェル・空間構造運営委員会では，ラチス屋根構造の座屈現象や座屈耐力に関する啓蒙書として「ラチスシェルの座屈と耐力」などを発表してきた．また，この種の構造物の耐震性能評価や耐震設計について，「空間構造の動的挙動と耐震設計」などを発表し，空間構造特有の応答性状や地震荷重の算定法について言及している．しかしながら，ラチス屋根構造特有の座屈性状や耐震設計に関する指針は「鋼構造座屈設計指針」の一部に記載されている事項を除き，ほとんど示されていないのが現状である．一方，海外においては，国際シェル・空間構造学会（IASS）を中心として金属屋根構造の座屈設計に関するガイドラインが公開され，これに続き動的挙動や耐震設計に関するガイドラインも準備されつつある．

　本指針は，鋼製部材で網目状に組立てられたライズを有するラチスシェル屋根構造（単層ラチスシェル，複層ラチスシェル）を対象とし，鋼構造関係の規準・指針でカバーされない上記構造特有の座屈性状および地震応答性状に対応した設計手法の指針を与えるものであり，下部支持構造を含め同種構造の設計指針として整備したものである．また，近年の社会的背景を考慮し，鋼構造体育館を対象とした耐震診断と耐震改修の考え方，非構造材等の脱落による被害の防止に関する設計の考え方も与えている．本指針の基本的な考え方を以下に示す．1) ラチスシェル屋根構造の座屈耐力と地震応答に関する検定に焦点をあて，既往の学術研究成果をまとめることで設計上の留意点を与える．2) 設計は許容応力度設計を基本とするが終局設計についても言及する．荷重は「建築物荷重指針」，鋼部材・接合部設計は「鋼構造設計規準」，「鋼構造接合部設計指針」，「鋼管トラス構造設計施工指針」，「鋼構造座屈設計指針」等を基本とし，これらの規準・指針を準用できる部分は引用し，諸規準との整合性に留意し，現行の実務設計手法にも配慮する．3) 上記の研究成果を実設計に使いやすくするための設計ルート，計算手法を示すとともに，例題を含めて解説する．4) 耐震診断は「屋内運動場等の耐震性能診断基準（平成18年版）：文部科学省」と対比できるよう配慮する．5) 非構造材に関する考え方は本会の「天井等の非構造材の落下に対する安全対策指針・同解説」に準拠する．

　本指針の活用が図られるとともに，内容について多くのご意見をお寄せいただければ幸いである．

2016年11月

日本建築学会

指針作成関係委員 (2016年11月)

—五十音順・敬称略—

構造委員会

委員長	緑川 光正	
幹　事	加藤 研一　塩原　等　竹脇　出	
委　員	（省略）	

シェル・空間構造運営委員会

主　査　竹内　徹
幹　事　熊谷 知彦　武藤　厚　諸岡 繁洋
委　員　遠藤 龍司　大崎　純　大塚 貴弘　大森 博司
　　　　岡田　章　小河 利行　加藤 史郎　金田 充弘
　　　　川口 健一　河端 昌也　近藤 典夫　谷口 与史也
　　　　永井 拓生　中澤 祥二　西村　督　萩原 伸幸
　　　　浜田 英明　濱本 卓司　原　　隆　松本 幸大
　　　　宮里 直也　山下 哲郎　山本 憲司

シェル・空間構造運営委員会（2009年4月～2013年3月）

主　査　小河 利行
幹　事　藤本 益美　竹内　徹
委　員　（省略）

ラチスシェル屋根構造設計指針作成ワーキンググループ（2011年4月～2013年3月）

主　査　山田 聖志
幹　事　松本 幸大
委　員　小河 利行　加藤 史郎　川口 健一　竹内　徹
　　　　立道 郁生　中澤 祥二　藤本 益美　山下 哲郎

シェル・空間構造運営委員会（2013年4月～2015年3月）

主　査　大崎　純
幹　事　河端 昌也　谷口 与史也　中澤 祥二
委　員　（省略）

ラチスシェル屋根構造設計指針出版ワーキンググループ（2013年4月〜2015年3月）

主　査	中澤祥二	
幹　事	松本幸大	
委　員	大家貴徳　小河利行　加藤史郎　川口健一	
	竹内　徹　立道郁生　藤本益美　山下哲郎	

ラチスシェル屋根構造設計指針小委員会（2015年4月〜）

主　査	中澤祥二	
幹　事	松本幸大	
委　員	大家貴徳　小河利行　加藤史郎　川口健一	
	竹内　徹　立道郁生　藤本益美　山下哲郎	

原案執筆担当

1章	1.1	小河利行	竹内 徹	山下哲郎
	1.2	竹内 徹	山下哲郎	
2章	2.1〜2.2	竹内 徹		
3章	3.1〜3.2	竹内 徹		
	3.3	藤本益美		
	3.4	山下哲郎		
	3.5〜3.6	竹内 徹		
4章	4.1〜4.4	加藤史郎	藤本益美	山田聖志
5章	5.1	竹内 徹		
	5.2	竹内 徹	中澤祥二	
	5.3〜5.5	竹内 徹		
6章	6.1	山下哲郎	立道郁生	
	6.2	山下哲郎	竹内 徹	立道郁生
	6.3	山下哲郎	竹内 徹	
7章	7.1〜7.6	川口健一		
8章	8.1	加藤史郎	大家貴徳	
	8.2	竹内 徹		
	8.3	山下哲郎		
付録	A〜E	加藤史郎	藤本益美	

原案執筆協力者　　中澤一輝　柳澤利昌　宮崎　崇

ラチスシェル屋根構造設計指針

目　　次

ページ

記　　号 ··· 1

1章　総　　則
　1.1 適 用 範 囲 ·· 9
　1.2 本指針の構成 ·· 10

2章　構 造 計 画
　2.1 基 本 事 項 ·· 12
　2.2 接合部・支承部 ·· 18

3章　材料および荷重
　3.1 材質・形状および寸法 ·· 24
　3.2 材 料 定 数 ·· 24
　3.3 許容応力度 ·· 24
　3.4 荷　　重 ·· 28
　　3.4.1 雪 荷 重 ·· 30
　　3.4.2 風 荷 重 ·· 31
　　3.4.3 地 震 荷 重 ·· 32
　3.5 応力・変形解析 ·· 32
　3.6 許容応力度設計 ·· 33

4章　屋根構造の座屈耐力
　4.1 基 本 事 項 ·· 35
　4.2 座屈耐力検定のための終局設計用荷重と荷重分布 ······················ 45
　4.3 座屈耐力算定の基本 ·· 46
　4.4 終局設計用荷重に対する座屈耐力の検定 ······························ 55

5章　屋根構造の地震応答
　5.1 基 本 事 項 ·· 61
　5.2 地震応答評価 ·· 62
　　5.2.1 3次元部材モデルを用いた動的解析による評価 ······················ 63

5.2.2 並列多質点系モデルによる評価	66
5.2.3 等価静的荷重による評価	71
5.3 部材の検定と架構の変形・加速度の検定	80
5.4 地震荷重下の座屈耐力検定	81
5.5 免震支承・制振部材適用時の応答評価	82

6章 耐震診断と耐震改修

6.1 基 本 事 項	89
6.2 耐 震 診 断	93
6.3 耐 震 改 修	106

7章 非構造材の落下等に対する安全対策

7.1 基 本 事 項	110
7.2 人 命 保 護	111
7.3 安 全 性 評 価	112
7.4 フェイルセーフ	118
7.5 準 構 造	122
7.6 機 能 維 持	123

8章 設 計 例

8.1 ラチスドーム集会場の設計例	124
8.2 円筒ラチスシェル体育館の設計	164
8.3 鋼構造体育館の耐震診断と改修	181

付 録

付 録	191
付録 A 終局設計用雪荷重の荷重係数について	193
付録 B 線形座屈荷重の算定式の例	198
付録 C 弾性座屈荷重低減係数（形状初期不整，偏載荷重，接合部剛性）	221
付録 D ラチスシェルの全体座屈を考慮した部材の有効座屈長さと短期許容圧縮応力度	235
付録 E 単層ラチスシェルの降伏荷重（塑性荷重）	240

記　　　号

記　号

A	全断面積
A_H	屋根構造の水平方向地震応答加速度分布
A_V	屋根構造の上下方向地震応答加速度分布
A_{eq}	基準となる屋根構造支持部の水平応答加速度
$_H A_{eq}$	水平基準加速度
$_V A_{eq}$	鉛直基準加速度
A_i	i 層の層せん断力分布係数
a	アスペクト比 $a = L/(R\phi)$
C	許容曲げ応力度の補正係数
C_0	構造物に損傷限界変形を与える入力地震動を与えた時のベースシア係数
C_V	屋根面鉛直方向加速度応答の増幅率の修正係数
C_{eci}	応答の偏りを補正する係数
C_y	架構の降伏耐力
C_{yi}	i 層の降伏層剪断力係数
D	デプス
	鋼管の外径
D_f	建築物の塑性の程度を表す数値
D_h	応答低減係数
D_{hi}	エネルギー吸収部材を使用する場合に，その応答低減効果を反映する係数
D_n	屋根支持部の層せん断力係数
D_s	構造特性係数
d_0	積雪深
d_n	n 年再現期間積雪深
E	ヤング係数
e	偏心距離
F	許容応力度を決定する場合の基準値（基準強度）
$F_B(\Lambda_S)$	FEM 等で求めた弾塑性座屈荷重に対する安全率
$F_{G\max}(R_T)$	屋根剛性・下部剛性に依存する屋根面の応答増幅係数
F_H	屋根面水平方向加速度応答の増幅率
F_V	屋根面鉛直方向加速度応答の増幅率
F_h	減衰による加速度の低減率

$_eF_i$	i 層の靱性指標
F_{esi}	i 層の形状係数
F_i	i 層の靱性指標
f_b	許容曲げ応力度
f_c	許容圧縮応力度
f_s	許容せん断応力度
f_t	許容引張応力度
G	せん断弾性係数
	固定荷重
G_s	表層地盤による地震動増幅率
g	重力加速度
	座屈耐力の算定に用いる屋根の等分布荷重
H_S	下部構造の高さ
$_RH_i$	各柱最上層高さ
$_RH_0$	隅柱高さ
$_RH$	柱平均高さ
h	屋根ライズ
h_0	弾性状態における架構の減衰定数
	ケーブル初期張力
h_{ea}	等価減衰定数
h_{eqi}	エネルギー吸収部材の効果を表した等価粘性減衰定数
h_m	m 次振動モードの減衰定数
I	中立軸についての全断面の断面 2 次モーメント
I_{BZ}	単層ラチスシェルの法線方向回転に関する断面 2 次モーメント
$I_{(i)}$	部材 i の中立軸についての全断面の断面 2 次モーメント
I_Y	弱軸まわりの断面 2 次モーメント
I_y	単層ラチスシェルの法線方向の挙動に関する断面 2 次モーメント
I_w	曲げねじり定数
I_{si}	耐震性指標
$_dI_{si}$	i 層の動的構造耐震指標
$_eI_{si}$	i 層の耐震指標
$_eI_{so}$	耐震判定指標
I_Z	単層ラチスシェルの法線方向回転に関する断面 2 次モーメント
i	断面 2 次半径
J	サンブナンのねじり定数
K_0	初期剛性
K_A	接合部軸方向ばねの剛性

K_B	接合部曲げばねの回転剛性
K_{BY}	接合部の面外変形挙動に関する曲げ剛性
K_{BZ}	接合部の面内変形挙動に関する曲げ剛性
K_f	アイソレータ弾性剛性
K_i^R	屋根ブレース各列の耐力充足率
K_R	接合部回転ばね剛性
K_r^R	屋根ブレースの耐力充足率
K_r^S	支承部の耐力充足率
K_S	免震層の限界変形時の割線剛性
k_{SB}	弾性座屈に対する部分安全率
k_d	バイ・リニア型弾塑性ダンパーの初期剛性
k_i	i 次モードの剛性
k_f	屋根を支持するダンパーを除いた免震支承の剛性
	弾性主架構の水平剛性
k_{Di}	塑性変形能力による i 層での層せん断力の低減係数
k_{Fi}	建築物各層の不整形性による i 層で層せん断力の割増係数
k_{VEi}	i 層の層せん断力係数の分布を表す係数
k_{di}	エネルギー吸収部材群の地震動入力方向の弾性剛性
k_{fi}	架構の地震動入力方向の弾性剛性
k_s	並列多質点系モデルにおける s 次振動モードの等価剛性
L	ドームのスパン
$_bL$	隅梁長さ
L_x	円筒ラチスシェル，山形屋根，寄棟屋根構造の母線（桁行）方向長さ
L_y	円筒ラチスシェル，山形屋根，寄棟屋根構造のスパン（梁間方向長さ）
l_0	部材長
	部材両端節点の節点間距離
l_b	圧縮フランジの支点間距離
l_k	圧縮材の座屈長さ
$l_{k(i)}$	部材 i の有効座屈長さ
l_{ky}	座屈軸力が部材の降伏軸力となる場合の座屈長さ
M_1	座屈区間端部における大きいほうの強軸まわりの曲げモーメント
M_2	座屈区間端部における小さいほうの強軸まわりの曲げモーメント
M_R	屋根構造の総質量
	屋根構造の有効質量
M_e	弾性横座屈モーメント
M_y	降伏モーメント
$_cM_{yi}$	柱脚曲げ耐力

m_i		節点 i の質量
		i 次モードの質量
$_س m$		s 次振動モードの一般化質量
$_s m_{eq}$		s 次振動モードの有効質量
N		落下防止ネットに作用する張力
$N_{0(i)}$		部材 i の軸力
$N_{cr(E)}$		個材座屈特定部材 E の鋼構造設計規準による短期許容圧縮軸力
$N_{cr(m)}$		特定部材 m の圧縮強度
N_{cr}^{el}		弾性座屈軸力
$N_{cr(m)}^{lin}$		特定部材 m の線形座屈軸力
$N_{(i)}^{E}$		部材 i のオイラー座屈軸力
N_y		降伏軸力
$N_{y(m)}$		特定部材 m の降伏軸力
n		支承部数
P		積載荷重
P_0		荷重代表点の屋根下方に作用する荷重
P_{0cr}^{lin}		線形座屈荷重；接合部剛接合で初期不整の無い場合
$P_{0cr(\kappa)}^{lin}$		線形座屈荷重；接合部半剛接合で初期不整の無い場合
P_{cr}		ラチスシェルの座屈耐力，P_{0cr} とも表記する
$P_{cr(memb)}$		個材座屈によるラチスシェルの耐力
P_{cr}^{lin}		線形座屈荷重；線形座屈解析から得られる1次の座屈荷重
$P_{0cr(memb)}^{lin}$		線形座屈荷重；線形座屈解析から求められる個材座屈による座屈荷重
P_{0cr}^{el}		初期不整を考慮した弾性座屈荷重
$P_{cr(pref)}^{el}$		弾性座屈荷重；初期不整が無い場合について弾性座屈に到達する荷重
$P_{cr(imp)}^{el}$		弾性座屈荷重；初期不整がある場合について弾性座屈に到達する荷重
$P_{0cr(pref,\infty)}^{el}$		弾性座屈荷重；接合部剛接合で初期不整の無い場合
$P_{0cr(imp,\infty)}^{el}$		弾性座屈荷重；接合部剛接合で初期不整のある場合
$P_{0cr(pref,\kappa)}^{el}$		弾性座屈荷重；接合部半剛接合で初期不整の無い場合
$P_{0cr(imp,\kappa)}^{el}$		弾性座屈荷重；接合部半剛接合で初期不整のある場合
P^{pl}		降伏荷重；ラチスシェル屋根部材のどれか1個の部材が最初に部材の降伏軸力に至る時点の荷重，P_{SO} とも表記する
P_0^{pl}		降伏荷重；ラチスシェル屋根部材のどれか1個の部材が最初に部材の降伏軸力に至る時点の荷重，P_{0SO} とも表記する
$P_{0(\infty)}^{pl}$		弾塑性座屈荷重；接合部剛接合で初期不整の無い場合
$P_{0(\kappa)}^{pl}$		弾塑性座屈荷重；接合部半剛接合で初期不整の無い場合
$P_{0cr(pref,\infty)}$		弾塑性座屈荷重；接合部剛接合で初期不整の無い場合
$P_{0cr(imp,\infty)}$		弾塑性座屈荷重；接合部剛接合で初期不整のある場合

$P_{0cr(pref,\kappa)}$	弾塑性座屈荷重；接合部半剛接合で初期不整の無い場合
$P_{0cr(imp,\kappa)}$	弾塑性座屈荷重；接合部半剛接合で初期不整のある場合
p	座屈耐力の算定に用いる屋根の偏載荷重
Q_B	下部構造の層せん断力
Q_R	屋根の応答せん断力
Q_d	建築物の損傷限界耐力
Q_{dy}	弾塑性ダンパーの降伏せん断力
Q_r	免震層に働くせん断力
Q_s	建築物の安全限界耐力
Q_u^R	端部屋根ブレース列の弾性限界耐力
Q_u^S	支承部の弾性限界耐力
Q_{ui}	i 層の保有水平耐力
Q_{un}^R	端部屋根ブレース列の必要耐力
Q_{un}^S	支承部の必要耐力
Q_y	下部構造の降伏層せん断力
${}_bQ_y$	境界梁のせん断耐力
${}_cQ_{yi}$	柱のせん断耐力
R	曲率半径
R_T	屋根構造と下部構造の固有周期比
R_M	屋根構造と下部構造の質量比
R_a	独立支承の反力
R_b	側面支承部の反力
R_t	振動特性係数
${}_dR_t$	最大値を1に基準化したベースシア係数の応答スペクトル
S	屋根の単位水平投影面積あたりの設計用雪荷重
S_0	地上積雪重量
S_A	加速度応答スペクトル
S_a	建物基礎底面に入力する地震動の弾性1次モードの加速度応答スペクトル
S_{ai}	加速度応答スペクトル（$S_{ai} \geq S_a$）
S_c	制御により除去される積雪重量
S_n	n 日間の地上増分積雪重量
T_0	弾性時の固有周期
T_{eq}	屋根構造を剛体として考えた場合の下部構造の水平剛性で決定される固有周期
T_m	m 次振動モードの固有周期
T_f	屋根構造を剛体とした時の固有周期
T_R	屋根構造自身の卓越振動モード固有周期

T_S	免震層の限界変形時固有周期
t_{eq}	等価シェル厚
u_d	損傷限界時の代表変位
u_m	安全限界時の代表変位
w_i	i 層の重量
w_{i0}	形状初期不整振幅の絶対値
W_i	i 層の重量
W_R	屋根構造の重量
Z	断面係数
	地震地域係数
α	下部構造の降伏層せん断力に対する層せん断力の比
α_0	初期不整による弾性座屈荷重低減係数
α_{E0}	地震荷重時の初期不整による弾性座屈荷重低減係数
α_G	屋根面を含む各層を剛床とした建物全体の弾性応答値のうち，屋根部の値
α_R	鉄筋コンクリート構造片持架構等価質量高さレベルの応答加速度
β	下部構造と免震層の周期比
β_{eA}	等価な接合部の断面積を考慮する場合の係数
β_{eB}	等価な接合部の断面2次モーメントを考慮する場合の係数
β_S	偏載度合い
$\beta(\kappa)$	接合部の半剛接合による弾性座屈荷重低減係数
$_s\beta$	s 次振動モードの刺激係数
χ_m	多自由度系を1自由度系で評価した時の補正係数
γ_1	構成部材の構造形式に応じた建築物の減衰特性を表す値
γ_n	固定荷重＋単位体積積雪重量 $3kN/m^3$ で算定する雪荷重を基準とした荷重係数
γ_S	終局設計用雪荷重の荷重係数
δ_m	免震層の最大変位
δ_s	免震層の限界変形
δ_v	下部構造の塑性変位
	弾塑性ダンパーの降伏変位
θ	主管と支管の交角
	ラチスシェル屋根構造の半開角
θ_0	ラチスシェル屋根構造の部材半開角
κ	接合部の無次元ばね定数
κ_R	無次元化接合部剛性
κ_y	単層ラチスシェルの法線方向の挙動に関する接合部の無次元ばね定数
κ_Z	単層ラチスシェルの法線方向の回転に関する接合部の無次元ばね定数

Λ	限界細長比
Λ_e	正規化細長比，無次元化細長比
Λ_S	正規化細長比
λ	圧縮材の細長比，λ_0 とも表記する 荷重増分係数
λ_E	地震荷重用の荷重増分係数
$\lambda_{(E)}$	個材座屈による座屈耐力時の荷重増分係数
λ_E^{lin}	個材座屈による線形座屈に対する荷重増分係数
λ_E^{pl}	地震荷重時の降伏荷重に対する荷重増分係数
λ_{Ecr}^{lin}	固定荷重と短期許容応力度設計用地震荷重を用いた線形座屈解析より算定される線形座屈荷重係数
λ_{Ecr}^{el}	固定荷重と短期許容応力度設計用地震荷重を用いた弾性座屈解析より算定される弾性座屈荷重係数
λ_{Ei}	検討階に設計限界変形（または応力）に等しい弾塑性応答を生じる入力地震動の，損傷限界入力に対する倍率
λ_b	曲げ材の細長比
${}_e\lambda_b$	弾性限界細長比
${}_p\lambda_b$	塑性限界細長比
λ_c	等価な断面積を考慮する場合の接合部長さに関する係数
λ_{cr}	弾塑性座屈荷重係数
λ_{cr}^{lin}	線形座屈荷重係数（線形座屈固有値）で λ_{cr1}^{lin} に等しい
$\lambda_{cr\,j}^{lin}$	j 次の線形座屈荷重係数（小さなものから1次, 2次と順序づける）
λ_0^{pl}	ラチスシェル屋根部材のどれか1個の部材が最初に部材の降伏軸力に至る時点の荷重係数
μ	塑性率
μ_0	屋根形状係数
μ_b	基本屋根形状係数
μ_{cr}	限界塑性率
μ_d	風による偏分布を考慮する屋根形状係数 バイ・リニア型断塑性ダンパーの塑性率
μ_{di}	限界変形に対応するエネルギー吸収部材の塑性率
μ_{ma}	弾塑性ダンパーの塑性率
μ_n	積雪を制御する場合の積雪分布を考慮した屋根形状係数
μ_s	積雪の滑動による偏分布を考慮する屋根形状係数
μ_i	架構の限界変形に対応する i 層の塑性率，許容塑性率
π	円周率
ρ_s	単位積雪重量
ρ_{sr}	s 次振動モードと r 次振動モードとの相関係数

σ_y　　降伏応力度
ν　　鋼材のポアソン比
　　　　圧縮材・曲げ材の座屈安全率
　　　　安全性の検定に用いる荷重分布の不確定性に起因する安全率
ξ_0　　シェルらしさ係数 $\xi_0 = \dfrac{12\sqrt{2}}{\theta_0 \lambda_0}$
ϕ　　開角
ϕ_0　　耐力係数
$_m\phi_i$　　m 次振動モードにおける自由度 i のモード成分
ω_m　　m 次モード円振動数

$\{D\}$　　変位ベクトル
$\{D_0\}$　　終局設計用荷重に対する変位ベクトル
$\{D_{cr}^{lin}\}$　　1 次の座屈モードで $\{D_{cr1}^{lin}\}$ に等しい
$\{D_{cr\,j}^{lin}\}$　　j 次の線形座屈荷重係数に対応する座屈モード
$\{I\}$　　地震入力方向の自由度のみに 1 が入ったベクトル
$[K_G]$　　幾何剛性マトリクス；幾何剛性マトリクスは各部材軸力の関数として表されることから，$[K_G(N_{0(i)})]$ とも表記する
$[K_L]$　　線形弾性剛性マトリクス
$[M]$　　質量マトリクス
$\{P\}$　　荷重ベクトル
$\{P_{d0}\}$　　荷重ベクトル（固定荷重）
$\{P_{e0}\}$　　荷重ベクトル（地震荷重）
$\{_s\phi\}$　　s 次振動モードベクトル

ラチスシェル屋根構造設計指針

ラチスシェル屋根構造設計指針

1章　総　　則

1.1　適用範囲

> (1) 本指針は，鋼製部材で網目状に組み立てられたライズを有するラチスシェル屋根構造（単層ラチスシェル，複層ラチスシェル）を対象とする．
> (2) 屋根構造のスパンは最大 60m 以下，屋根構造を支持する下部構造は鉄筋コンクリート構造（鉄骨鉄筋コンクリート構造を含む）または鋼構造とし，軒高 30m 以下を適用範囲とする．
> (3) 本指針に規定のない限り，各部材の設計は本会「鋼構造設計規準－許容応力度設計法－」による．

　シェル構造は，曲率を持った薄肉構造が面外荷重を面内力として伝達する特性を利用し，効率的に大きなスパンの空間構造を構成し得る構造形式のひとつとして発展してきた．20世紀にまず鉄筋コンクリートによるシェル構造が発展し，数多くの空間構造が建設された．その一方で，第2次世界大戦後，労務費の高騰と工業化の進展により，鋼部材を網目状に組み立ててシェル構造を構成するラチスシェル構造が発展し，この構造を成立させるための様々な構造システム，接合システムが考案され，実用化されてきた．現在では屋内競技場，公共ホール，体育館，空港施設，産業施設等多くの施設にこれらの構法が使用されている．本指針では，鋼部材を網目状に組み合わせたライズを有する屋根構造全般（単層ラチスシェル，複層ラチスシェル）をラチスシェル屋根構造と呼ぶ．各構造形式の詳細については2章に詳述する．

　ラチスシェル屋根構造の設計にあたっては，一般的な鋼構造の諸規準で規定されている部材・接合部設計の考え方を用いることができる．しかしながら，ラチスシェル屋根構造特有の性質である以下の2点については，一般的な鋼構造設計規準をそのまま適用することができない．

(1) 屋根の全体座屈に対する検定 [1.1]

　単層やスパンに対しせいの小さい複層ラチスシェル屋根構造では，組み合わされた鋼部材が個材座屈を生ずる以前に，屋根構造面外に全体座屈を生ずる危険性がある．座屈荷重は一般的に強い幾何学的非線形性の影響を受け，屋根形状，構造システム(網目形状，接合システムの種類)，境界条件および初期不整に敏感である．これらの知見は既往の鋼構造設計諸規準には反映されていない．

(2) 屋根の地震応答に対する検定 [1.2]

　ライズのあるラチスシェル屋根構造では，水平方向の地震入力に対しても鉛直方向の応答が励起

され，その応答特性は固有周期の近接した振動モードが組み合わさって決定されるため，剛床仮定と1次振動モードが卓越する特性を利用した一般の鋼構造設計諸規準を利用して耐震設計を行うことが困難である．

以上の状況を鑑み，本指針は鋼製部材で網目状に組み立てられたライズを有する屋根構造（単層ラチスシェル，複層ラチスシェル）を対象とし，本会「鋼構造設計規準－許容応力度設計法－」[1.3]に準拠しながらも鋼構造諸規準で規定されないラチスシェル構造特有の座屈性状および地震応答性状に対応した設計手法に関しては既出版 1.1), 1.2)等の知見を取り入れ，設計指針として取りまとめたものである．参考文献 1.4)～1.6)に示すような既往の規準・指針を準用できる部分は引用し，諸規準との整合性に留意し現行の実務設計手法にも配慮している．

本項で規定した適用範囲は，発表論文等を通して確認されている範囲を元に設定している．今後研究が進めば，より大きなスパンや軒高，鋼部材以外で構成されたラチスシェル屋根構造，鉄筋コンクリート構造(以降 RC 構造)，鉄骨鉄筋コンクリート構造(以降 SRC 構造)またはそれ以外の構造で支持されたラチスシェル屋根構造等も，適用範囲に含まれることを想定している．

1.2 本指針の構成

本指針は下記の 8 章より構成されている．

1 章は，本指針の適用範囲と構成について述べている．2 章ではラチスシェル屋根構造の構造計画および接合部形式について概説し，3 章では使用する材料および荷重について記述してい

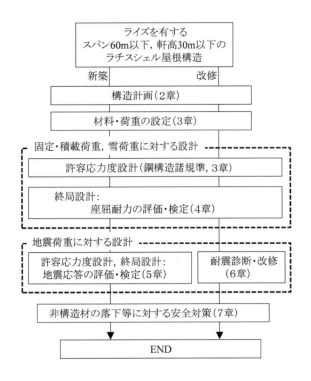

図 1.2.1 本指針で想定する設計フロー

る．4章，5章は本指針の中核であり，それぞれ許容応力度設計，終局設計を行う際のラチスシェル屋根構造特有の座屈耐力の評価・検定および地震応答の評価・検定手法について整理したものである．近年需要の多い体育館の耐震診断・改修手法については6章に規定されている．7章ではラチスシェル屋根構造において損傷時被害の深刻な天井材を中心とした非構造材の考え方について述べている．8章では3種の設計例を通して本指針の具体的な適用例を示している．本指針の対象となるラチスシェル屋根構造の設計フローを図1.2.1に示す．

参考文献

1.1) 日本建築学会：ラチスシェルの座屈と耐力，2010
1.2) 日本建築学会：空間構造の動的挙動と耐震設計，2006
1.3) 日本建築学会：鋼構造設計規準－許容応力度設計法－，2005
1.4) 日本建築学会：鋼構造接合部設計指針，2012
1.5) 日本建築学会：鋼構造限界状態設計指針・同解説，2010
1.6) 日本建築学会：鋼構造塑性設計指針，2010

2章　構造計画

2.1　基本事項

> ラチスシェル屋根構造の構造計画は，まず建築計画上要求される空間を安全にかつ合理的に架け渡すことのできる屋根形状および構造システムの選択，境界条件の設定より始まる．屋根形状，構造システム，境界条件，網目形状，初期不整により荷重分布，力の流れ，変形・座屈性状等の特性は様々に異なるため，これらの特性をよく把握してラチスシェル屋根構造等の計画を行う．
> 　続いて定めた条件のもとで屋根構造に作用する荷重が適切に下部構造に伝達されるように支承部または下部構造を計画する．この際，屋根構造の設計の前提となる境界条件が保障されるよう下部構造を計画する．

(1) 屋根形状および構造システムの計画

　ラチスシェル屋根構造の形状には，鉛直荷重を支持点に効率的に伝達できるよう，様々な曲面が用いられている．ガウス曲率(曲面の最大，最小曲率の積)により分類した幾何学曲面の例を図2.1.1に示す[2.1]．

　図2.1.2に示すように，本指針においてはラチスシェル屋根構造部分を「屋根構造」，これを支持する下部構造を「下部構造」，鉄骨屋根構造とRC構造または鋼構造による下部構造とRC構造の接続部を「支承部」と定義する．屋根構造の形状によっては下部構造と一体化し区別がつきにくいものもあるが，屋根形状と連続性が無く鉛直に立ち上がる部分は下部構造と見なす．

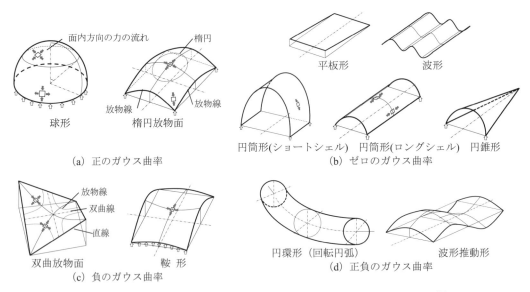

図 2.1.1　幾何学曲面のガウス曲率(曲面の最大，最小曲率の積)による分類 [2.1]

2章 構造計画 —13—

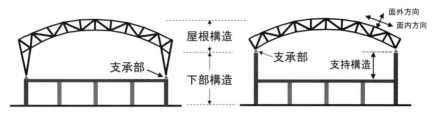

図 2.1.2 各部の名称

表 2.1.1 ラチス屋根構造における線材の組み方 [2.1]

	単層ラチスシェル	複層ラチスシェル		小梁・ブレースで連結されたアーチ等
		平行弦トラス	立体トラス	
四角形網目				
三角形網目				

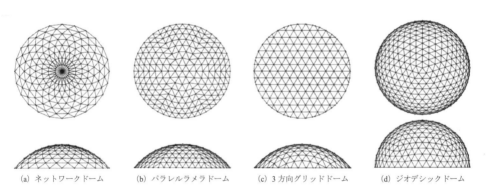

(a) ネットワークドーム　(b) パラレルラメラドーム　(c) 3方向グリッドドーム　(d) ジオデシックドーム

図 2.1.3 円形平面をした球形ドームの網目配列 [2.1]

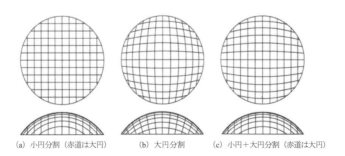

(a) 小円分割（赤道は大円）　(b) 大円分割　(c) 小円＋大円分割（赤道は大円）

図 2.1.4 2方向グリッドドームの網目配列 [2.1]

ラチスシェル屋根構造では線材を組み合わせてこれらのシェル屋根形状を形成することを特徴としている．線材の組み方としては，大きく表 2.1.1 に示すように単層ラチスシェルと複層ラチスシェル（平行弦トラス，立体トラス）に分けることができる[2.1),2.14)]．なお表 2.1.1 中にあるように，1 方向に架け渡されたアーチ等が小梁や屋根ブレースで連結された形式の屋根構造もラチスシェル的挙動を示すものとし，本指針では対象に含めている．ただし文献 2.1)で触れている張力補剛ラチスシェル等の工法は本指針の適用範囲としない．

　複層ラチスシェルでは上下弦材が腹材と協働し面外曲げに対し軸力で抵抗するため高い面外剛性・耐力を有し，その耐力は個材の座屈耐力で決定されることが多い．一方，単層ラチスシェルでは面外方向の荷重に対し主に面内力で抵抗するような曲面形状が選択されるが，曲率や面外曲げ剛性が小さい場合などでは 4.1 節で後述するように個材座屈ではなく全体座屈で耐力が決定される場合が多くなる．単層ラチスシェルの全体座屈耐力は屋根全体の初期形状不整や接合部剛性の影響を強く受ける．いずれも同じ構造の場合，材料のヤング率が高いものほど座屈荷重は高くなる．

　図 2.1.3 および図 2.1.4 に球形ドームの網目配列例を示す．複層ラチスシェルでは平行弦トラス，立体トラスともに網目形状は四角形，三角形等がよく用いられ，選択した屋根形状をこれらの網目で分割することでシェル形状が構成される．単層ラチスシェルでは耐力が面内剛性に強く依存するため，網目配列は面内剛性の高い三角形網目を基本とし，面内せん断剛性が低くなる四角形網目では面内ブレースを設けることが望ましい．ブレースの無い四角形網目，六角形網目の単層ラチスシェルは面内せん断剛性が低くなるため特に注意が必要である．

　円筒形ラチスシェルにおける矩形平面の網目配列および分割方法の例をそれぞれ図 2.1.5, 2.1.6 に示す．円筒形は網目の密度が同じでも配列方向によって座屈耐力が異なる．図 2.1.5 (a)の三角形配列では左の配列の方が円弧方向の曲げ剛性が高く，アーチ方向で両端がピン支持される場合には座屈耐力が高くなる．網目を構成する個材の部材断面としては円形中空断面（鋼管），H 形断面，山形断面（アングル），溝形断面（チャンネル）等が考えられる．なお単層ラチスシェルの個材に山形断面，溝形断面等の非対称部材を用いると座屈性状が複雑となるため本指針では対象としない．

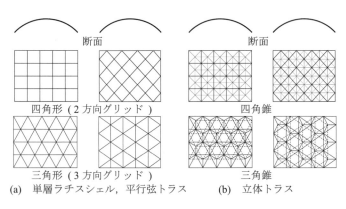

図 2.1.5　円筒ラチスシェルの矩形平面の網目配列方法 [2.1)]

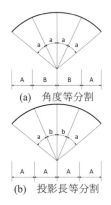

図 2.1.6　円弧の分割方法 [2.1)]

(2) 境界条件の設定

屋根構造の境界条件は屋根形状や構造システムと同様，基本的な荷重の伝達特性さらには座屈性状を決定する重要な条件となる．単層ラチスシェル屋根等，主に面内力で荷重を伝達する形態では，応力や変形，特に境界部付近の曲げモーメントは境界条件により大きく変化するので，固定荷重だけでなく水平荷重，温度荷重，不同沈下等も考え併せて境界条件を設定する必要がある．

円形平面の境界条件例を図 2.1.7 に示す．RC 造等の剛性および重量の大きな下部構造の上に設けられるラチスシェル屋根は，屋根構造と下部構造を分離して扱うのが一般的であり，下部構造の剛性を考慮してピン支持あるいは切り離してローラー支持を仮定し構造計画を行うことが多い．

円形平面では，規模の大小にかかわらず，支持境界で水平放射方向のスラストに対してテンションリングを設置し，ドーム全体は放射方向にローラー支持が採用されることが多い．固定荷重により上部構造から発生するスラストを剛性と耐力のあるテンションリングで対応し，下部構造には鉛直荷重のみを伝達する方法である．この場合，テンションリングの剛性が低いと上部のラチスドームが推力で水平放射方向に広がろうとし，支持付近の部材に曲げモーメントが発生するので，周辺でドーム等の部材断面を大きくする，曲率を大きくする等の工夫が必要である．円形平面で上部構造の温度がほぼ一様となる場合には，境界部分を除いて温度応力の発生が抑えられる．また，不均質な地盤では不同沈下について配慮が必要となる．

比較的剛性の小さな鉄骨等の柱や梁の上に設けられた比較的規模の小さなラチスシェルでは，上部構造と下部構造を連続的に接合する場合があるが，これは図 2.1.7(c) のように下部構造の水平方向剛性相当の等価なばねによる支持と考えられる．下部構造が十分に強く剛性の大きい場合には上部構造を下部構造に直接結合する周辺ピン支持の境界条件を採用し，上部構造からのスラストを下部構造で支持する場合もある．この場合には，上部構造と下部構造材料の熱膨張係数が異なると大きな温度応力が発生し，また，不同沈下があればこれに伴う応力が生ずることに留意が必要となる．

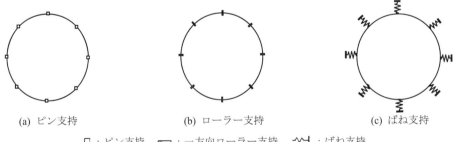

(a) ピン支持　　(b) ローラー支持　　(c) ばね支持

□：ピン支持　　▭：一方向ローラー支持　　⋀⋁：ばね支持

図 2.1.7　円形平面の境界条件 [2.1)]

矩形平面の境界条件例を図 2.1.8 に示す．矩形平面のラチスシェルは，RC 構造あるいは鋼構造による下部構造で支持されることが多い．ラチスシェルの構造特性は，ほぼ円形平面と同様であるが，下部構造による支持条件に強い方向性がある．地震力，風圧力の水平成分に適切に抵抗するため，また，温度応力や地震時の不均等な揺れに対応するため，図(b), (c)に示すように方向性のある支持

形式が取られることが多い．(a)の境界条件では，すべての支持点がピンとなる場合であるが，これは下部構造が RC 構造等，その剛性が十分に大きい場合に相当する．(c)の境界条件では，1 方向ローラー支持となっている支承部で，ローラーに直交する下部構造で地震力に抵抗する場合に適用される．温度応力を局部的ではあるが開放するために 4 隅では 2 方向ローラー支持とされる場合が多い．(f)のばね支持は，円形平面の場合と同様に，下部構造の剛性・耐力を評価して，上部構造の特性を算定する場合に用いられる．近年では，矩形平面のタイバー付き屋根構造等，スラストのない自己釣合い系の屋根を免震支承で支持する例も出てきている．

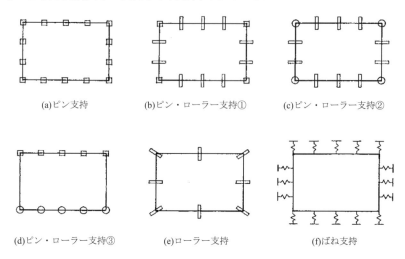

(a)ピン支持　　(b)ピン・ローラー支持①　　(c)ピン・ローラー支持②

(d)ピン・ローラー支持③　　(e)ローラー支持　　(f)ばね支持

□：ピン支持　　▭：一方向ローラー支持　　○：二方向ローラー支持　　⌇：ばね支持

図 2.1.8　矩形平面の境界条件 [2.1)]

(3) 支承部・下部構造の計画

上述したように，一般的に屋根構造の境界条件は下部構造に依存する場合が多い．アーチや円筒ラチスシェル構造のように周辺の補剛部材や支持点の反力に期待して成立する構造形式も多く，補剛材の剛性により屋根構造の応力が大きく変化，あるいは支持点のスラストによって生じる下部構造の水平変形量に応じて屋根部の応力や変形が変化する等，一体での構造計画が要求される（図2.1.9）．この特性は零や負のガウス曲率を有する円筒シェルやアーチ，HP シェル等で顕著であり，正のガウス曲率を持つ球形ドームでは周辺が補剛されていれば比較的自己釣合い系の性格が強くなるため下部構造への依存度が小さくなる．また，複層ラチスシェルと比較し単層ラチスシェルにおいて顕著である．このように，屋根形状によっても下部構造への依存度は異なる．

暴風時や地震時の力の流れにも留意する必要がある．屋根に生ずる水平力は屋根架構の支持点を通じて下部構造に伝わるが，図 2.1.8(b)のように辺直交方向をローラーとした場合や図 2.1.8(a)のようにピン支持しても下部構造が構面外方向で剛性・耐力が不足している場合，屋根中央部に生じた水平力は屋根面を通じて妻面まで伝達する必要がある（図 2.1.10）．また，下部構造が構面外方向に振動しようとした際の反力は屋根面架構で受け取らなければならない場合が多い．このように，ラチスシェル構造の計画にあたっては，設計を開始する前にまず屋根形状，構造形式，下部構造を一

体として力の流れを整理しながら構造計画を行うことが必要である．特に屋根架構と下部構造の構造設計者が分離している場合には，そのうちの1人が全体の整合性に配慮し全体の構造計画を統括しなければならない．

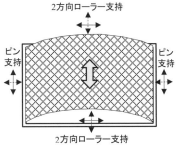

図 2.1.9　支持架構の変形による屋根構造の状態変化　　図 2.1.10　屋根面に働く水平荷重の伝達

(4) 構造計画と座屈性状・地震応答

ラチスシェル屋根の構造計画と座屈性状との関係を概説すれば以下のようになる．

(i) 全体形状は，単曲率のものより複曲率の方が，また，曲率が大きいほど座屈波長が短くなり座屈荷重も高い．
(ii) 格子パターンは，2方向よりも3方向の方が，単層よりも複層の方がシェルとしての座屈は生じにくくなり座屈荷重も高い．
(iii) 同じ構造の場合，材料のヤング率が高いものほど座屈荷重は高くなる．
(iv) 部材は，単材としての座屈耐力が高いと個材座屈で座屈性状が決定されにくくなり，接合部は，半剛接よりも剛接合のほうが座屈荷重が高くなる．
(v) 境界条件はローラー支持よりもピン支持の場合に座屈荷重が高くなる傾向があり，特にガウス曲率が0の屋根形状で顕著である．
(vi) 初期不整が大きい場合，また，偏載分布荷重下では部材の曲げモーメントが大きくなり座屈前非線形性が現れて剛性が低下し，座屈荷重も低下する．

また，ラチスシェル屋根の構造諸条件と地震応答性状の関係は以下のように概説できる．

(i) ラチスシェル屋根はコンクリート床と比較して面内剛性が低いため，剛床仮定が成立せず，屋根面で応答増幅する．
(ii) ライズがある場合は水平入力下でも鉛直応答が生じる．
(iii) 下部構造が RC 造等重量が大きく剛性が高い場合には屋根部の応答増幅が激しくなり，かつ下部構造が独自に振動する応答も生じる場合がある．

同じ素材を用いた場合，支持すべき自重はスケールの3乗に比例し，剛性・耐力は一般的にスケールの2乗でしか増大しない．このため中規模のラチスシェル屋根構造で成立した構造計画が大規模な同形状の構造では合理的に成立しない事例も数多く見られる．上述した特性とスケールを考慮し，適切な構造計画を行うことが求められる．

2.2 接合部・支承部

> 接合部は構造設計の前提を満足する剛性を有する形式とし，想定される部材力を十分に伝達できるように計画する．また初期不整や施工誤差，偏心を減らし，初期応力を生じにくいディテールとする．部材に対し全強設計である必要はないが，必要とされる耐力および靱性を確保するものとする．

現在，ラチスシェル屋根構造で使用されている主な部材の接合部形式としては，以下のようなものがある．それぞれ，軸力の伝達のみ期待できるものと，ある程度までの曲げ剛性・耐力を期待できるものとがある．

(1) ボルト接合 (図 2.2.1)

代表的なものは主にアングル材，H形断面部材で構成されたトラス架構，梁・柱接合部で使用される高力ボルト摩擦接合を利用した接合方式である．ボルトの配置形式によっては，軸力のみならず曲げ耐力を保持するよう設計することも可能となる．これらの設計には本会「鋼構造接合部設計指針・同解説」[2.7]を準用することができる．接合するガセットプレートが材に対し偏心している場合には，部材耐力，座屈耐力が低減する場合があるので，本会「鋼構造座屈設計指針」[2.8]等を参照し偏心の影響を考慮し部材設計を行う．

鋼管断面を接合する際には高力ボルトを引張材として使用したフランジ継手接合が用いられることも多い（図 2.2.2）．このような接合方式では，ボルトの初期張力を超えると離間が発生しボルトに直接応力変動が加わるため，風応答等の繰返し回数の多い荷重に対しては最大応力をボルト初期張力の75%程度以下に抑え，ボルトの疲労破壊を回避することが望ましい．

鋼管部材を端部で扁平加工し，ガセットプレートに対し高力ボルト摩擦接合する形式の接合部も使用されることがある（図 2.2.3）．この場合には扁平加工部の曲げ剛性，曲げ耐力が元の鋼管より大きく低下していることを考慮し，扁平部の複数のヒンジ形成による不安定現象が生じないように留意する．

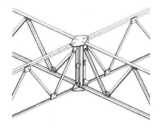

図 2.2.1　高力ボルト摩擦接合の例

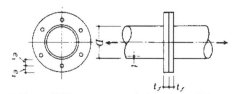

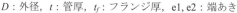

D：外径, t：管厚, t_f：フランジ厚, e1, e2：端あき

図 2.2.2　フランジ継手接合の例

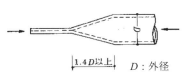

図 2.2.3 端部扁平加工の例

(2) 分岐継手接合（図 2.2.4）

主に鋼管部材で構成されたトラス架構，ラチスシェル屋根構造に使用される．鋼管どうしを溶接で相貫曲線にそって溶接接合した接合形式であり，軸力のみならずある程度までの曲げモーメントに耐えることができる．本接合は加工工場で実施されることが多く，現場での接合は高力ボルト接合，または鋼管部材中間部での突合せ溶接を用いる場合が多い．分岐継手接合は主管に対し，複数の支管が角度をもって接合され，支管より加わる軸力または曲げモーメントにより主管が局部座屈または局所破断を生じないように検討を行う．耐力評価式は主に実験式を元に設定されたものが本会「鋼管トラス構造設計施工指針・同解説」[2.9)]に紹介されており，同指針を準用して許容耐力，終局耐力を評価することができる．部材力に対し接合部断面や溶接サイズが過大となる場合には，分岐継手部を鋳鋼で一体成型し，各部材を鋳鋼に突合せ溶接することも行われている．

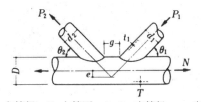

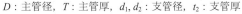

D：主管径，T：主管厚，d_1, d_2：支管径，t_2：支管厚

図 2.2.4 分岐継手の例

(3) 球継手・リング継手（図 2.2.5, 2.2.6）

鋼板をプレス加工して製作された半球を溶接でつなぎ合わせた球体に，複数の鋼管部材を溶接した接合方式を球継手，リング状に制作された鋼板に複数の部材を溶接または引張ボルト接合した接合方式をリング継手と呼ぶ．分岐継手と同様，ある程度までの曲げモーメントに耐えることができ，支管より加わる軸力または曲げモーメントにより主管が局部座屈または局所破断を生じないようにする検討を行う．耐力評価式は本会「鋼管トラス構造設計施工指針・同解説」[2.9)]を準用することができる．リング継手はリングに十分な板厚を確保しないと接合された部材と比較して接合部の剛性・耐力が劣る場合が多いため注意が必要となる．

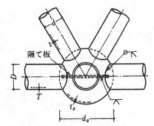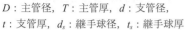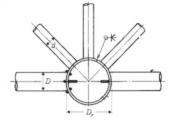

D：主管径，T：主管厚，d：支管径，
t：支管厚，d_s：継手球径，t_s：継手球厚

D：主管径，d：支管径，D_r：リング径

図 2.2.5　球継手の例　　　　　　　　　　　　　図 2.2.6　リング継手の例

(4) システムトラス接合（図 2.2.7）

　中実な球体に鋼管部材を単体の引張ボルトで接合するトラス構造をシステムトラスと呼び，図 2.2.7 に示すような形式のものが実用化されている．高力ボルトとは異なる F8T 程度までの強度の専用ボルトが使用される場合が多く，圧縮軸力に対しては球体と部材端部の支圧で，引張軸力に対してはボルトの引張り耐力で許容応力度設計を行う．施工上，導入される初期張力は限定的であるため，特に径 100mm を超える大径接合ボルトを使用する場合には施工誤差によるねじ部のこじれ，疲労破壊に対する検討が必要となる [2.11]．接合される鋼管部材と比較して接合部の曲げ剛性・耐力は低いため，基本的には軸力のみを伝達する接合部として応力解析，部材設計を行う．

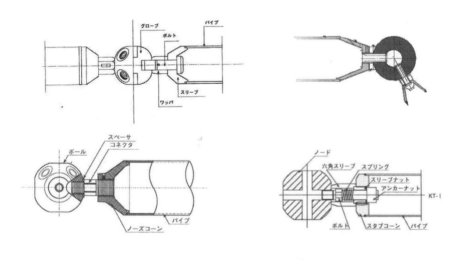

図 2.2.7　システムトラス接合部の例

(5) 単層ラチスシェル接合部（図 2.2.8）

単層ラチスシェルを構成するための接合部は，構面外に曲げ剛性および耐力を有することが要求されるため，専用の接合部が実用化されている．大きく分類すると，部材ごとに2本の引張接合ボルトで接合するもの（図 2.2.8(a)），嵌合接合を使用するもの，溶接接合を使用するもの（図 2.2.8(b)），曲げモーメントを伝達できるねじ込み接合を利用するもの等がある．いずれも接合部の回転剛性・耐力がラチスシェルの座屈耐力に大きな影響を及ぼすため[2.12]，実験・解析等により接合部剛性を適切に評価し屋根構造の設計に反映することが求められる．

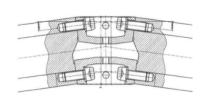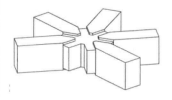

(a) 引張ボルト接合の例　　　　　　　　　(b) 溶接接合の例

図 2.2.8　単層ラチスシェル接合部の例

接合部剛性の指標としては，下式で定義される無次元化接合部剛性が使用される．

$$\kappa_R = \frac{K_R l_0}{EI} \tag{C2.2.1}$$

ここに，K_R：接合部回転ばね剛性，l_0：部材長さ，EI：部材曲げ剛性である．

(6) 支承部（図 2.2.9）

ラチス屋根構造を支持する下部構造が鋼構造またはSRC構造の場合には，柱脚は通常の鋼構造建物と同様の納まりとなる．しかし，下部構造がRC構造の場合には，屋根架構が直接コンクリート柱頭またはコンクリート梁に定着されることとなる．この際の納まりは，図 2.2.9 に見るようにアンカーボルトとベースプレートを用いた支承部となる場合が多い．その際，1)ベースプレートのアンカー孔を通常孔とし，ピン支承として設計する．2) ベースプレートのアンカー孔をルーズホールとし，1方向または2方向のローラー支承として設計する（ベースプレート下にはステンレス板，テフロン板等を敷きこみ，摩擦係数の低減を図る場合が多い）．3)ゴム支承または免震支承を用いて水平方向に弾性支持する，等の方式がある．

過去のラチスシェル屋根構造の震害例では，屋根構造以上に支承部での被害が多くみられる（図 2.2.10）．そのほとんどはアンカーボルトの水平移動により，均しモルタルおよびアンカー定着部の被りコンクリートが剥落するもので，本指針 6.2 節(5)や本会「各種合成構造設計・施工指針」[2.10]等に基づき，支点部のアンカーボルト定着部の側面破壊に関する検討を行うことが必要となる．また，支承部ベースプレート下の均しモルタルがアンカー径の3倍程度を超えるものについては，モルタル内に鉄筋を配する，アンカーボルトを曲げに抵抗するよう設計する，等の配慮が必要となる．

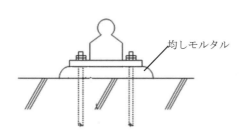 

図 2.2.9　支承部の例　　　　　　図 2.2.10　支承部の震害例（東北地方太平洋沖地震）

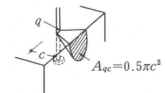 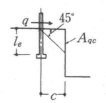

A_{qc}：せん断力方向の側面におけるコーン状破壊面の有効投影面積 $A_{qc}=0.5\pi c^2$,
q：アンカーボルトに作用するせん断力, c：へりあき寸法, l_e：頭付きアンカーボルトの有効埋込み長さ

図 2.2.11　定着部側面破壊の検討 [2.10]

　以上の接合部は，架構の許容応力度設計時に設計応力に対して許容応力度設計することを基本とする．またほとんどの接合部形式で塑性繰返し変形性能は期待できないため，地震荷重に対する終局設計では接合部の終局耐力が接続される部材の降伏耐力以上となるよう設計する（保有耐力接合）か，架構の他の部位で安定的に崩壊メカニズムが形成されるように配慮する．地震入力や温度変化に伴い屋根支承部に加わるせん断力を低減するために，免震支承を挿入したり，下部構造に安定した履歴特性を有するエネルギー吸収部材を配置する形式は支承部で安定的な崩壊メカニズムを構成する代表的な手法である．

参 考 文 献

2.1) 日本建築学会：ラチスシェルの座屈と耐力，2010
2.2) 日本建築学会：空間構造の動的挙動と耐震設計，2006
2.3) 日本建築学会：空間構造の数値解析ガイドライン，2001
2.4) 日本建築学会：建築物荷重指針・同解説(2015)，2015
2.5) 日本建築学会：鋼構造設計規準－許容応力度設計法－，2005
2.6) 日本建築学会：鋼構造限界耐力設計指針・同解説，1998
2.7) 日本建築学会：鋼構造接合部設計指針，2012
2.8) 日本建築学会：鋼構造座屈設計指針，2009
2.9) 日本建築学会：鋼管トラス構造設計施工指針・同解説，2002
2.10) 日本建築学会：各種合成構造設計指針・同解説，2010
2.11) 岩田　衛：はじめてのシステムトラス，建築技術，1996
2.12) 一例として，竹内　徹・林　裕真・林　賢一・小島浩士：中空円筒型単層格子シェル接合部の剛性および耐力，日本建築学会技術報告集，第17巻第36号，pp.525-530，2011.6
2.13) 斎藤公男ほか：スペース・ストラクチャーのデザイン，pp.24-28, 季刊カラム，No.83, 1982.1

3章 材料および荷重

3.1 材質・形状および寸法

> 構造用鋼材,接合材料の材質,形状および寸法は,特別な場合を除き鋼構造諸規準に示す規格に適合し,本会「鋼構造設計規準－許容応力度設計法－」[3.1)]等に適合するものとする.

ラチスシェル屋根構造に使用する鋼材および接合材料の材質は,本会「鋼構造設計規準－許容応力度設計法－」[3.1)],「鋼構造接合部設計指針」[3.2)]等によるほか,システムトラス接合部,制振部材等に使用される特殊鋼材および形状・寸法については各種認定で指定された規格によるものとする.下部構造が RC 構造,SRC 構造の場合の材料,仕様は,本会「鉄筋コンクリート構造計算規準・同解説」[3.6)]等に準拠する.

3.2 材料定数

> 構造用鋼材の材料定数は,鋼種に係らず本会「鋼構造設計規準－許容応力度設計法－」[3.1)]による.

構造用鋼材の材料定数は,下表による.

表 3.2.1 鋼材の材料定数

ヤング係数 E (N/mm^2)	せん断弾性係数 G (N/mm^2)	ポアソン比
205000	79000	0.3

＊下部構造に使用される RC 構造各材料については本会「鉄筋コンクリート構造計算規準・同解説」[3.6)]諸規定による.

3.3 許容応力度

> 鋼材の許容応力度は,特別な場合を除き,本会「鋼構造設計規準－許容応力度設計法－」[3.1)]による.

(1) 鋼材の F 値

構造用鋼材の長期応力に対する許容応力度は,表 3.3.1 の F 値に基づいて定める.

1) 許容引張応力度

「鋼構造設計規準－許容応力度設計法－」[3.1)]の 13.1 節の規定による有効断面積について,

$$f_t = \frac{F}{1.5} \tag{C3.3.1}$$

記号　f_t：許容引張応力度

表 3.3.1 鋼材の F 値(N/mm^2)

鋼材種別および板厚		基準強度(N/mm^2)
SS400 SN400 A, B, C SNR400 A, B STKN400 B, W	厚さ 40mm 以下	235
STK400 STKR400 SM400 A, B, C SMA400 BW, BP, CW, CP SSC400 SWH400	厚さ 40mm を超え 100mm 以下	215
SM490 A, B, C SN490 B, C	厚さ 40mm 以下	325
SNR490 B STKN490 B STK490	厚さ 40mm を超え 100mm 以下	295
SM520 B, C	厚さ 40mm 以下	355
	厚さ 40mm を超え 75mm 以下	335
	厚さ 75mm を超え 100mm 以下	325

＊建築用低降伏点鋼材については本会「鋼構造制振設計指針」[3.5]規定，SMA400 BW, BP, CW, CP は溶接構造用耐候性圧延鋼材を表し，W を付した鋼材は通常，裸のままままたは錆安定化処理を行って使用し，P を付した鋼材は，通常，塗装して使用する[3.20]．システムトラス構造の鋼材については各種認定の規定による．下部構造に使用される RC 構造各材料については本会「鉄筋コンクリート構造計算規準・同解説」[3.6]諸規定による．

2) 許容せん断応力度

$$f_s = \frac{F}{1.5\sqrt{3}} \tag{C3.3.2}$$

記号　f_s：許容せん断応力度

3) 許容圧縮応力度

全断面積について

$\lambda \leq \Lambda$ について

$$f_c = \frac{\left\{1 - 0.4\left(\frac{\lambda}{\Lambda}\right)^2\right\}F}{\nu} \tag{C3.3.3}$$

$\lambda \geq \Lambda$ について

$$f_c = \frac{0.277F}{\left(\frac{\lambda}{\Lambda}\right)^2} \tag{C3.3.4}$$

$$\Lambda = \sqrt{\frac{\pi^2 E}{0.6F}} \tag{C3.3.5}$$

記号　f_c：許容圧縮応力度

　　　λ：圧縮材の細長比「鋼構造設計規準－許容応力度設計法－」11.1 節参照．なお，4 章を

参照しラチスシェル等の座屈性状を考慮して定めること．

E：ヤング係数

$$\nu = \frac{3}{2} + \frac{2}{3}\left(\frac{\lambda}{\Lambda}\right)^2$$

Λ：限界細長比

4) 許容曲げ応力度

a) 強軸まわりに曲げを受ける材（矩形中空断面を除く）の圧縮側許容曲げ応力度は式(C3.3.6)から式(C3.3.8)による．

$\lambda_b \leq {}_p\lambda_b$ のとき

$$f_b = \frac{F}{\nu} \tag{C3.3.6}$$

${}_p\lambda_b \leq \lambda_b \leq {}_e\lambda_b$ のとき

$$f_b = \frac{\left(1 - 0.4 \dfrac{\lambda_b - {}_p\lambda_b}{{}_e\lambda_b - {}_p\lambda_b}\right)F}{\nu} \tag{C3.3.7}$$

${}_e\lambda_b \leq \lambda_b$ のとき

$$f_b = \frac{1}{\lambda_b^2}\frac{F}{2.17} \tag{C3.3.8}$$

ここに

$$\lambda_b = \sqrt{\frac{M_y}{M_e}} \tag{C3.3.9}$$

$${}_e\lambda_b = \frac{1}{\sqrt{0.6}} \tag{C3.3.10}$$

$$M_e = C\sqrt{\frac{\pi^4 EI_Y \cdot EI_w}{l_b^4} + \frac{\pi^2 EI_Y \cdot GJ}{l_b^2}} \tag{C3.3.11}$$

i) 補剛区間内で曲げモーメントが直線的に変化する場合

$${}_p\lambda_b = 0.6 + 0.3\left(\frac{M_2}{M_1}\right) \tag{C3.3.12}$$

$$C = 1.75 + 1.05\left(\frac{M_2}{M_1}\right) + 0.3\left(\frac{M_2}{M_1}\right)^2 \leq 2.3 \tag{C3.3.13}$$

ii) 補剛区間内で曲げモーメントが最大となる場合

$${}_p\lambda_b = 0.3 \tag{C3.3.14}$$

$$C = 1.0 \tag{C3.3.15}$$

記号　f_b：許容曲げ応力度

λ_b：曲げ材の細長比

${}_e\lambda_b$：弾性限界細長比

$_p\lambda_b$：塑性限界細長比

$$\nu = \frac{3}{2} + \frac{2}{3}\left(\frac{\lambda_b}{_e\lambda_b}\right)^2$$

l_b：圧縮フランジの支点間距離

M_e：弾性横座屈モーメント

M_y：降伏モーメント

C：許容曲げ応力度の補正係数

I_Y：弱軸まわりの断面2次モーメント

I_w：曲げねじり定数

G：せん断弾性係数

J：サンブナンのねじり定数

Z：断面係数

M_1，M_2：それぞれ座屈区間端部における大きいほう，小さいほうの，強軸まわりの曲げモーメント．(M_2/M_1) は複曲率の場合正，単曲率の場合負とする．

b) 円形鋼管，矩形中空断面材および荷重面内に対称軸を有し，弱軸まわりに曲げを受ける材ならびに面内に曲げを受けるガセットプレートの圧縮および引張側許容曲げ応力度は f_t とする．

(2) ボルトおよび高力ボルト

ボルト，高力ボルトは，それぞれ「鋼構造設計規準－許容応力度設計法－」[3.1]に定めたものとする．システムトラス構造の接合部に使用するボルトについては各種認定の規定による．

(3) 溶　　接

アーク溶接継目の，のど断面の許容応力度は，各鋼種に適合する溶接材料を使用し，十分な管理が行われる場合，下記の値をとることができる．

1) 隅肉溶接・プラグ溶接・スロット溶接・フレア溶接および「鋼構造設計規準－許容応力度設計法－」[3.1]に規定する部分溶込み溶接，鋼管分岐継手の溶接継目の許容応力度は，接合される母材の許容せん断応力度とする．
2) 完全溶込み溶接の許容応力度は接合される母材の許容応力度とする．
3) 異種の鋼材を溶接する場合には，接合される母材の許容応力度のうち，小さいほうの値をとる．

(4) 鋳鋼・鍛鋼

適当と認められる鋳鋼および鍛鋼の許容応力度は，それぞれ相当する圧延鋼材の許容応力度を用いることができる．

(5) 短期応力に対する許容応力度

「鋼構造設計規準－許容応力度設計法－」[3.1] 3章に規定する応力の組合せのうち，短期応力に対す

る各部の算定に際しては，本章に示した鋼材の許容応力度を50%増しとする．

(6) 部材の終局耐力

鋼部材の終局耐力は，特別な場合を除き，本会「鋼構造限界状態設計指針」[3.3)]「鋼構造塑性設計指針」[3.4)]「鋼構造接合部設計指針」[3.2)]により評価する．ただし，ラチスシェルの弾塑性座屈耐力等ラチスシェル屋根構造特有の終局耐力評価に関しては，本指針4章を参照する．

3.4 荷 重

> 設計に用いる荷重は，固定荷重，積載荷重，雪荷重，風荷重，地震荷重，温度荷重ならびにこれらの組合せ荷重とし，必要に応じてその他の荷重を考慮する．設計用荷重は荷重ごとに，以下の3段階の設計に対し設定する．各荷重の算定は本会「建築物荷重指針・同解説(2015)」[3.7)]による．
> (1) 各部材および架構の許容応力度設計に使用するための長期設計用荷重（常時）
> (2) 各部材および架構の許容応力度設計に使用するための短期設計用荷重（再現期間43年程度）
> (3) 架構の終局安定耐力を確認するための終局設計用荷重（再現期間475年程度）
> なお，5章の基本事項で規定された屋根構造に対しては，屋根部の上下・水平方向地震荷重を5章に述べる方法に従って定める．

(1) 許容応力度設計用長期荷重

長期許容応力度設計用の固定荷重および積載荷重に関しては，本会「建築物荷重指針・同解説(2015)」（以下「荷重指針」）[3.7)]あるいは建築基準法の規定[3.8)]に基づき評価する．同指針における固定荷重は非超過確率99%とされており基本的に過大側で評価されるが，暴風時の吹上げ等で部材応力度が決定される場合にはばらつきの最小荷重で評価する必要がある場合がある．

空間構造の非歩行屋根ではメンテナンス程度の積載荷重が考慮される場合が多いが，暴風時の吹上げ等で部材応力度が決定される場合には積載荷重を零として評価する等の配慮が必要である．

(2) 許容応力度設計用短期荷重および終局安定耐力検定用荷重

許容応力度設計用短期荷重および終局安定耐力検定用荷重としては，雪荷重，風荷重，地震荷重を考慮し，必要に応じ温度荷重を考慮する．近年，建築物の構造性能を評価するにあたっては表3.4.1に示すような性能マトリクスが用いられることが多い[3.9), 3.10)]．本指針では最低基準としてこの表の「通常建築物」「レベル1」相当の許容応力度用荷重，および「レベル2」相当の終局設計用荷重（表3.4.1中の太枠内）を設定する．なお，学校体育館や公共ホール等の公共空間構造では，災害時に避難施設として使用される場合も多いことから，必要に応じて「レベル2」相当の荷重に対し継続使用を期待する設計を採用することも考えられる．具体的な指標については本会「空間構造の動的挙動と耐震設計」[3.19)]3.1節等を参照されたい．

各再現期間における各荷重は，荷重指針[3.7)]に基づき評価する．各荷重に関し，レベル1相当の荷重を建築基準法[3.8)]における短期荷重と読み替えてもよい．また，地震荷重に関しては，レベル2相当の荷重を建築基準法[3.8)]における「極めて稀に生ずる地震動」と読み替えることができる．

表 3.4.1 建築物性能マトリクス例 [3.10]等

建物の状況	レベル1 再現期間43年程度 の荷重 (30年超過確率50%)	レベル1.5 再現期間72年程度 の荷重 (50年超過確率50%)	レベル2 再現期間475年程度 の荷重 (50年超過確率10%)	レベル3 再現期間970年程度 の荷重 (100年超過確率10%)	
使用継続 無被害	許容応力度 設計用荷重				
機能維持 軽微な被害 継続使用可能					← 最重要施設
人命安全 継続使用不可 修復可能			終局設計用荷重		← 重要建築物
倒壊前 修復不能					← 通常建築物

(3) 荷重の組合せ

荷重の組合せは，下表のとおりとする．

表 3.4.2 荷重組合せ(許容応力度設計用，終局設計用)における荷重係数

| | | 固定
荷重 | 積載荷重 | | 雪荷重 | 風荷重 | 地震
荷重 | 温度
荷重 |
			最大	最小				
長期	常時	1.0	1.0	0	(0.7)			
短期 (再現期間 43年程度)	積雪時	1.0	1.0		1.0 (1.0)			
	暴風時	1.0	1.0	0	(0.35)	1.0		
	地震時	1.0	1.0		(0.35)		1.0	
	温度変化	1.0	1.0		(0.35)			1.0
終局 (再現期間 475年程度)	積雪時	1.0	1.0		1.6 [*2 *3]			
	暴風時	1.0	1.0	0	(0.55)	1.0		
	地震時	1.0	1.0		(0.55)		1.0	
	温度変化	1.0	1.0		(0.55)			1.0

*1 ( )内は多雪地域における係数を示す
*2 本係数は雪荷重そのものを示すものではなく，雪荷重に対するラチスシェル屋根構造特有の脆弱性を考慮した安全性を確保するための係数の推奨値である（付録A）
*3 475年再現期間積雪深 d_{475} は43年再現期間積雪深 d_{43} の1.58倍，単位積雪重量は $0.72\sqrt{d_{475}}+2.32$ kN/m² とする

表 3.4.2 の荷重係数はそれぞれ，表 3.4.1 に示す再現期間に対応した各荷重に対する係数であり，短期許容応力度設計はレベル 1 相当荷重（再現期間約 43 年），終局設計はレベル 2 相当荷重（再現期間約 475 年）の雪荷重，風荷重，地震荷重に対する荷重係数となる．本指針では特に雪荷重に対するラチスシェル構造の被害の敏感度・深刻度を勘案し，荷重指針[3.7]に示された換算式により再現期間 475 年に対する積雪深を再現期間 43 年の 1.58 倍程度(一般地域平均)とし単位雪重量を同指針に基づき評価するとともに，再現期間 475 年の終局設計に対してはさらに 1.6 の荷重係数を乗じて評価することを推奨している．この荷重係数は雪荷重そのものを示すものではなく，特に雪荷重に対するラチスシェル屋根構造特有の脆弱性を考慮した安全性を確保するための係数として導入したも

のである．これにより，再現期間475年の雪荷重を1.6倍した終局時の雪荷重は再現期間43年の雪荷重の2.5倍程度となる（付録A）．一方，風荷重では再現期間475年に対する基準風速は再現期間43年の約1.25倍，風圧は約1.6倍となり，地震荷重では再現期間475年に対する基準設計用せん断力は再現期間43年の約5倍となる．これらの荷重に対しては，そのままの値を固定荷重，積載荷重と組合せて終局設計を行うこととした．もちろん，これらの倍数は地域や敷地周辺の地形の影響を受けるため，それぞれの敷地条件に応じた終局設計用荷重を設計者が適切に評価することが求められる．この中には多雪地域での終局時の雪荷重に対するラチスシェル屋根の安全性を確保する係数の評価も含まれる．

この他，各荷重に関し以下の点に留意する．
・雪荷重に関しては，均等荷重のみならず，実態に応じた偏載荷重を考慮する．
・地震時の座屈耐力評価・検定については5.3節で述べる．
・温度荷重に関しては建設地域での観測記録を基に設定することが望ましいが，再現期間475年の観測記録を得ることは困難であり，入手し得る期間内での記録に基づき設定するものとする．
・必要に応じ施工時荷重を考慮する．

3.4.1 雪荷重

(1) 雪荷重の設定に際しては，敷地の気候，屋根形状，仕上げ材等の影響を考慮し，均等分布だけでなく偏分布や中央集中分布等，数種類の荷重分布形状を想定する．
(2) 融雪装置等で積雪量の制御を行う場合，制御装置が故障等で動作しなくなる場合を考慮し，想定する無制御期間には十分な余裕を見込む．
(3) 本指針に記載のない事項については，本会「建築物荷重指針・同解説(2015)」に従う．

一般に，単層のラチスシェル屋根構造にとって自重および雪荷重は最も危険な荷重であり，特に不確定要素の大きな雪荷重の設定には十分な検討が必要である．また基本的に荷重を部材の軸力で支持部まで伝達するラチスシェル屋根構造では，形状，境界条件や格子パターンによっては，荷重の偏りがあると部材に大きな曲げモーメントを生じ，均等な分布荷重と比較して特に塑性耐力が減少する場合があることにも注意が必要である．

荷重指針[3.7]は，屋根の単位水平投影面積あたりの設計用雪荷重 $S(kN/m^2)$ を以下のように定めている．

積雪量の制御を行わない場合，式(C3.4.1)を用いる．

$$S = \mu_0 \cdot S_0 \tag{C3.4.1}$$

ここに，μ_0 は屋根形状係数，S_0 は地上積雪重量(kN/m^2)である．地上積雪重量 S_0 は地表面上の雪重量であり，建築物の形状に関わらず，その敷地の絶対的な積雪量を定めるものである．その詳細は荷重指針[3.7]を参照されたい．ただし荷重指針[3.7]は積雪量として100年再現期待値を想定しているが，本指針では終局設計用の荷重として475年再現期待値を想定しており，さらに組合せ荷重の設定に1.6倍の荷重係数を想定していることに注意する．荷重指針[3.7]の付5.3には任意の再現期間

に対応する積雪荷重の算定法が示されている．一般地域では，再現期間475年に対する最大積雪深は再現期間100年に対する値の約1.3倍である．

屋根形状係数μ_oは屋根形状，風，屋根上の滑動による積雪分布の状況を反映する係数であり，式(C3.4.2)による．

$$\mu_0 = \mu_b + \mu_d + \mu_s \qquad (C3.4.2)$$

ここに，μ_bは基本屋根形状係数で，勾配と冬季の風速から定める．勾配と風速が大きいと雪が積もりにくい効果を考慮するものである．μ_dは風による偏分布を考慮する屋根形状係数で，M型屋根，連続山形屋根，のこぎり屋根の谷部の雪の堆積や，セットバック下の吹きだまりを考慮している．μ_sは積雪の滑動による偏分布を考慮する屋根形状係数で，同様にM型屋根，連続山形屋根，のこぎり屋根の滑動による谷部の堆積を考慮している．

しかしながら，本指針の対象とする球形ドーム，円筒やHP等曲面形状の屋根形状係数は荷重指針[3.7]に規定されていない．したがって，類似形状の屋根設計例[3.13〜16]等，実験や積雪状況の調査等をもとに，適切な，少なくとも危険側にならない積雪形状とその分布を想定する必要がある．積雪の偏りは風や日当たり等で生じるが，分布のパターンは複数想定する必要がある．

融雪装置を用いる場合や，勾配が急で積雪がある量以上になると滑雪を生じることが確実な場合には，設計用雪荷重を式(C3.4.3)で定める．

$$S = \mu_n \cdot S_n - S_c \qquad (C3.4.3)$$

ここに，μ_nは積雪量を制御する場合の積雪分布を考慮した屋根形状係数，S_nは地上増分積雪重量(kN/m^2)[3.7]であり，制御装置の性能に応じて定まる一定期間（n日間）に積もり得る最大の積雪深に基づく雪荷重である．S_cは制御により除去される雪荷重(kN/m^2)で，豪雪期間中に制御装置により排雪される積雪重量から，制御開始時の残存雪荷重を差し引いたものである．

式(C3.4.3)の適用に際しては，制御装置を動作させない，あるいは故障等で制御できない期間n日を定める必要があるが，2011年の東日本大震災のような大規模災害で制御装置が故障するような場合には，送電が長期間停止する，あるいは修理業者の手配がつかない等の理由で無制御期間が長くなる恐れがある．このようなリスクを勘案し，n日間の想定には十分な余裕を見込む必要がある．

なお，積雪時に居住者がおらず，建物内部にも被害を受ける対象物が無い場合には，屋根材を構造部材より先に壊すことで雪を落とし構造物を保全する考え方も成立する．いずれの場合も，設計者は建物管理者に建物倒壊の危険が発生する積雪深を明示し，これに達する可能性のある場合には，建物の使用を中止するように伝えておく必要がある．屋根上に堆雪した状態での降雨の可能性も考慮し，その場合に倒壊の危険が発生する積雪深についても把握し，伝えておくことが望ましい．

3.4.2 風荷重

風荷重の評価に関しては，基本的に本会「建築物荷重指針・同解説(2015)」[3.4]による．

風荷重は，荷重指針[3.7)]を参照して決定する．なお，許容応力度設計用荷重としては再現期間が43年，終局設計用荷重としては再現期間が概ね475年となるよう基準風速を換算する必要があることに注意されたい．一般的に許容応力度設計用風荷重に対し，終局設計用風荷重は規準風速が約1.25倍となり，風圧力は約1.6倍となる．また，閉鎖型建築物であっても飛来物等によりガラス窓，外装材が破壊され，内圧により被害が拡大する場合があるので，必要に応じ開放型の風圧力に対する検討を行うことが望ましい．

3.4.3 地震荷重

> (1) 入力地震動は本会「建築物荷重指針・同解説(2015)」[3.7)]により定める．
> (2) 地震荷重は入力地震動の特性および屋根と下部構造の振動特性に基づき，本指針5章により定める．

入力地震動は基本的に応答スペクトルの形で，敷地の地震活動度および地盤状況と再現期間に応じて本会荷重指針[3.7)]により定める．あるいは建築基準法の規定[3.8)]により評価してもよい．

屋根の振動モードは3次元的であり，かつ支配的なモードは単一とは限らない．またその形状や応答は下部構造の振動特性の影響を強く受ける．このような空間構造特有の応答特性を反映した地震荷重の定め方は本指針5章にて説明する．

3.5 応力・変形解析

> 応力・変形解析は線形解析を基本とし，必要に応じ幾何非線形性，材料非線形性を考慮した解析を行う．
> (1) 屋根架構の解析モデルには下部構造を含む3次元部材モデルを使用することが望ましい．
> (2) 屋根部のみをモデル化する場合には，下部構造の剛性・支持条件を適切に表現した境界条件を与えるよう留意する．

ラチスシェル構造は3次元的な広がりを有することによって剛性・耐力を発揮する構造物であり，立体解析を行うことが基本である．また，前節で述べたようにその応力分布・変形は境界条件すなわち下部構造の剛性・耐力に大きく影響を受ける．このため，解析モデルには下部構造を含むことが望ましい．もし，屋根部のみをモデル化する場合には下部構造の剛性・支持条件を適切に表現した境界条件を与え，下部構造自身の変形をも反映した検討を行う必要がある．具体的な部材のモデル化，応力・変形解析の詳細については「空間構造の数値解析ガイドライン」[3.17)]，「ドーム構造の技術レビュー」[3.18)] 等を参照されたい．なお，単層ラチスシェルの解析モデルを設定する際には，形状初期不整や接合部剛性の影響が顕著となるので，これらの値を適切に設定することに留意する．また，3.4節で定義した設計用荷重とは別に，施工時の応力・変形解析を行うことが必要になる場合もある．

(1) 部材のモデル化

複層ラチスシェルでは部材モデルとして，接合部間の1部材を1要素とすることが一般的である．

ピン接合を想定したトラス部材に関しては，軸剛性のみを有するトラス要素が用いられる．単層ラチスシェル等，部材接合部を剛接合とし，曲げモーメントを伝達する必要がある場合には，2方向の曲げ剛性とねじり剛性を有する梁モデルを使用する．接合部の剛性を考慮する場合には材端ばね付き梁モデル，弾塑性解析を行う場合にはファイバーモデル等を使用する．H形断面等，断面に方向性を有する部材を梁要素でモデル化する場合には，屋根架構においてそれぞれの部材の強軸がどちらを向いているかに注意しなければならない．

平行弦トラスで構成された複層トラス構造では，平行弦トラス材を線材置換するモデル化もよく行われる．この場合，線材置換された部材にはせん断変形が組み込まれていない場合が一般的であり，トラス材のせん断剛性を考慮した曲げ材置換を行う必要がある．具体的な手法については，本会「空間構造の耐震設計と設計例」[3.19] p.57 等を参照されたい．なお，上記平行弦トラスの曲げ材置換モデルには材の個材座屈が考慮されていないため，個材座屈の検定を別途行う必要がある．

(2) 支承部・境界条件のモデル化

先述したように，ラチスシェル屋根構造の応力・変形状態は支持条件・境界条件に大きく依存するため，その設定は慎重に行う必要がある．支承部を模擬した支持条件としては，固定支承(水平・鉛直移動と回転を固定)，ピン支承（水平・鉛直移動のみ固定），ローラー支承（鉛直移動のみ固定），ばね支承をそれぞれの方向ごとに組み合わせることができる．免震支承のように一定の水平剛性を有するばね支承，ダンパーを組み込んだ弾塑性ばね支承も使用されるがこの詳細は5.5節で述べる．ローラー支承の場合は，ローラー方向が解析上の x, y 軸方向に対し角度を持っていたり，水平面より傾いている場合があるので解析上の取扱いに留意する．

(3) 下部構造のモデル化

先述したように，一般的には屋根構造と下部構造を一体で立体モデル化することが望ましいが，剛強な境界梁が存在する等，屋根構造支持レベルで剛床仮定が成り立つと考えられる場合には，屋根構造と下部構造を分離した解析を行うことができる．一般的には屋根構造支承部を支持点として屋根構造のみを各荷重条件に対し解析し，屋根各部の設計を行う．一方で得られた支持点の反力を下部構造モデルに加えて，下部構造を設計する．

地震応答解析を行う場合には，屋根を複数の振動モードを並列させたモデル，下部構造を水平ばねを持つせん断モデルまたは塑性化を考慮した弾塑性モデルで模擬する方法（5.2.2項），屋根構造を代表的な1質点，下部構造を別の水平ばねを持つ1質点とし，2質点系のせん断モデルとして評価する方法（5.2.3項）等が挙げられる．

3.6 許容応力度設計

許容応力度設計用荷重に対して得られた各部材の応力度に対し，許容応力度設計に基づく検定を行う．鋼部材における断面の幅厚比制限，各種の座屈を考慮した許容応力度の設定は，本会「鋼

構造設計規準－許容応力度設計法－」[3.1)]に準拠する．

　3.4節で示された荷重のうち，許容応力度設計用荷重に対して3.5節の応力・変形解析を通じて得られた各部材応力に対し，鋼部材に関しては部材断面の応力度と使用材料の許容応力度を比較することによる検定（許容応力度設計）を行う．断面の幅厚比制限，各種の座屈を考慮した許容応力度の設定は，「鋼構造設計規準－許容応力度設計法－」[3.1)]に準拠する．

　軸力部材の許容圧縮応力度の算定にあたっては，複層ラチスシェルに関しては節点中心間距離を座屈長として評価することを標準とする．ただし，接合部に一定以上の曲げ剛性が保障され，固有値解析・実験等により連成座屈モードにおける有効座屈長が評価できる場合にはこれを座屈長として使用することができる．一方，単層ラチスシェルにおいては部材座屈に先行して全体座屈が発生する危険性がある．したがって単層ラチスシェルにおいては，接合部の曲げ剛性等を考慮し，固有値解析等により有効座屈長を求めこれを使用することを基本とする．なお，全体座屈の検定は4章に詳述する．また，ライズを有するラチス屋根構造においては地震時の屋根部の応答増幅が予想されるため，5章に基づき屋根部の地震応答を評価する．

参 考 文 献

3.1) 日本建築学会：鋼構造設計規準－許容応力度設計法－，2005
3.2) 日本建築学会：鋼構造接合部設計指針，2012
3.3) 日本建築学会：鋼構造限界状態設計指針・同解説，2010
3.4) 日本建築学会：鋼構造塑性設計指針，2010
3.5) 日本建築学会：鋼構造制振設計指針，2014
3.6) 日本建築学会：鉄筋コンクリート構造計算規準・同解説，2010
3.7) 日本建築学会：建築物荷重指針・同解説(2015)，2015
3.8) 日本建築行政会議 (監修)，建築物の構造関係技術基準解説書編集委員会 (編集)：建築物の構造関係技術基準解説書〈2015年版〉
3.9) U.S. International Code Council：International Building Code (IBC), 2009
3.10) 日本建築構造技術者協会：安心できる建物をめざして JSCA 性能メニュー，2006
3.11) SEAOC：Vision 2000 –Performance Based Seismic Engineering of Buildings, Vision 2000 Committee, 1995
3.12) 日本建築防災協会：震災建築物の被災度区分判定基準および復旧技術指針，2001
3.13) 苫米地司・細川和彦・山口英治・高倉政寛・西川　薫：膜構造建築物における屋根上積雪荷重評価について，日本建築学会技術報告集第5号，pp.31-36，1997.12
3.14) 苫米地司・山口英治・伊東敏幸・星野政幸：膜構造物の屋根雪処理に関する基礎的研究，日本建築学会構造系論文報告集，第426号，pp.99-105，1991.8
3.15) 倉橋　勲・苫米地司・永田　薫・吹原正晃・田邊進一・本田明弘：(仮称)但馬ドームの積雪荷重の検討，日本建築学会技術報告集第5号，pp.91-95，1997.12
3.16) 小竹達也・細澤　治・水谷太朗：しもきた克雪ドーム（仮称）の設計（その2屋根上積雪荷重の設定），日本建築学会学術講演梗概集（東海），構造Ⅰ，pp.843-844，2003.9
3.17) 日本建築学会：空間構造の数値解析ガイドライン，2001
3.18) 日本建築学会：ドーム構造の技術レビュー，2005
3.19) 日本建築学会：空間構造の動的挙動と耐震設計，2006
3.20) 日本工業規格：溶接構造用耐候性熱間圧延鋼材, JIS G 3114, 2008

4章　屋根構造の座屈耐力

4.1　基本事項

> ライズを有するラチスシェル屋根構造は，固定荷重，積載荷重，雪荷重等により，ラチスシェルを構成する個々の部材の塑性化と座屈とともに，複数の部材にわたる全体座屈を生じる可能性がある．したがって，個々の部材の塑性化と座屈に加え，全体座屈等複合的な座屈を考慮して，3.4節(3)の積雪時における終局設計用荷重に対して屋根構造の耐力を検定する．なお，検定では，屋根形状，層構成，部材配列，接合部剛性，荷重分布，境界条件の影響，また，初期不整による耐力の低下を適切に考慮する．

　ラチスシェルでは，いったん屋根の崩落が起きれば，多くの人命，財産の喪失を招き，また，社会的資産を失う．前述したように，ラチスシェル屋根構造にとって固定荷重，雪荷重，地震荷重，風荷重は重要な荷重である．不確定要素の大きな外荷重に対しては特に慎重な検討が必要である．
　屋根構造の崩壊は，部材や接合部の降伏・破断等によっても起きる可能性があるが，細い部材で構成されるラチスシェルでは特に座屈による崩落の危険性に注意する必要があり，座屈に対する安全性の確保が重要となる．したがって，固定荷重に加えレベル2の終局設計用雪荷重に対して，部材の塑性化と座屈で定まる屋根構造の耐力（あるいは弾塑性座屈荷重と呼ぶ）を求め，この耐力が終局設計用荷重に等しいか大きいことを，つまり安全性を確認しておく必要がある．座屈に対する安全性の確認を座屈耐力の検定という．ここでは，主に積雪時における座屈に対する座屈耐力の検定について解説する．なお，本解説で記述する耐力の検定方法によれば，地震荷重等の外力が定まれば，固定荷重に加えこれらの荷重が作用する場合にもここで述べる方法に準じて座屈耐力が評価できるが，本指針では設計プロセスの中で動的問題と静的問題とを分割してあり，レベル2の地震荷重に対する座屈耐力の検定は5章で記述される．
　なお，本指針では，単層ラチスシェルの接合部は，剛接あるいは半剛接とする．複層ラチスシェルの接合部はピン接合として設計してもよい．積雪時における終局設計用荷重に対して，ラチスシェル屋根構造の安定性を損なうことなく，接合部は適切な耐力と剛性を維持して抵抗できるように設計する必要がある．単層ラチスシェル屋根構造が座屈耐力に至るより以前に接合部耐力に至る場合は，この接合部の耐力で定まるラチスシェルの耐力の最小値を座屈耐力とみなす．
　また，本章は原則として座屈耐力の検定方法の基本に限定しているのでこれに必要となる解析方法に詳しくは言及しないが，具体的な解析方法については文献4.1),4.2),4.3)が詳しいので参照されたい．ただし，いくつかの標準的なラチスシェル形状，部材配置および境界条件の場合の線形座屈荷重の算定法については付録B，初期不整，偏載荷重また接合部剛性を考慮した場合の座屈荷重低減係数の算定法については付録C，ラチスシェルの全体座屈を考慮した部材の有効座屈長さの算定方法については付録D，降伏荷重（塑性荷重）の算定法については付録Eを，理解の一助として付

した．さらに，付録の具体的な使用例や個材座屈あるいは全体座屈に対する耐力の算定例（球状ラチスシェル，円筒ラチスシェル）については，8章の設計例題（線形座屈荷重算定式の例，FEMによる解析例）を参照されたい．なお，本文および設計例題の理解の一助として，図4.4.1，図4.4.2に座屈耐力の検定に関する概略の手順を，シェル理論等を援用した座屈耐力の算定方法（主に付録Bで解説）およびFEM解析による座屈耐力の算定方法に分けて示しておりこれも参照されたい．

(1) 想定される座屈現象

1) 座屈

一般に圧縮力を受ける細い部材（柱）は，軸方向圧縮力と部材の付加的変形との連成により，ある一定荷重に至ると，それまでの軸変形と異なる変形が急激に発生し荷重に対する抵抗力を失う．このような現象を座屈，もしくは，安定性の喪失と言う．面外荷重あるいは面内荷重を受けるラチスシェルにおいては，部材に曲げモーメントの発生は少なく，主に部材の軸力で抵抗する．荷重がある限度に達すると，それまでの軸力による変形とは異なる変形が急激に生じて荷重抵抗力を失う．ラチスシェルの座屈はこのように発生し，この限度に対応する荷重を座屈荷重と呼ぶ．ラチスシェルは節点間を線材で立体的に組んで構成するため，ラチスシェルの座屈では，部材の個材座屈，節点の回転座屈，節点の部分座屈（局部座屈），数部材にわたる比較的大きな変形波長で変形が進行する全体座屈等が複合した座屈が現れる[4.1), 4.2), 4.3)]．

2) 座屈荷重

座屈荷重の評価には，解析の難易度に応じて，線形座屈荷重，弾性座屈荷重，弾塑性座屈荷重の3種に分類される．また，各座屈荷重算定に用いられる解析法を線形座屈解析，弾性座屈解析，弾塑性座屈解析と呼ぶ．一般的には線形座屈荷重，弾性座屈荷重，弾塑性座屈荷重を，同じ言葉でまとめて座屈荷重と呼ぶことが多いが，本指針では必要に応じ区別して用いる．各座屈荷重の特徴を示す．

　a) 線形座屈荷重：外力に対して応力と変形が線形関係にあると仮定し，座屈前の形状変化が座屈荷重に及ぼす効果を無視し，原形状からの座屈後変位増分に関する力の釣合いに対する固有値解析から求める座屈荷重

　b) 弾性座屈荷重：材料は弾性ではあるが，比較的大きな変位を考慮して幾何非線形解析から得られる座屈荷重

　c) 弾塑性座屈荷重：材料の塑性化と比較的大きな変位を考慮して材料非線形・幾何非線形解析から求められる座屈荷重

本指針では，弾塑性座屈荷重を座屈耐力という用語で表すこととする．

3) ラチスシェルの座屈現象と座屈耐力の検定

ラチスシェルの耐力に大きく影響する座屈現象は，前述したように概ね，個々の部材の座屈（個材座屈，図4.1.3），特定の節点のみが荷重方向に大きくたわむ部分座屈（あるいは局部座屈），特定の節点が局部的に回転する節点回転座屈(図4.1.5)，また，数部材にわたる比較的大きな変形波長で変形が進行する全体座屈（あるいはシェル的座屈，図4.1.4）に分類できる．

ラチスシェルは，層構成で分類すると単層ラチスシェルと複層ラチスシェルに区分される．両者の座屈性状の主な違いは，複層ラチスシェルは個材座屈の可能性が高く，単層ラチスシェルは個材座屈，部分座屈に加え全体座屈の可能性が高いことである．単層ラチスシェル，複層ラチスシェルに共通して起こる可能性がある節点回転座屈は，節点にある程度の大きさがあって節点と部材間に剛性の小さなくびれ形状がある場合（接合部剛性の低い場合）に発生しやすい．このような接合部では，この座屈が生じると部材そのものの荷重抵抗力が失われるので，この点も留意した座屈耐力の検討が必要である．

ラチスシェルの座屈では，文献 4.1), 4.2), 4.3) で詳述されているように，各部材あるいは接合部の降伏等による終局耐力の検定に加え，これらの座屈を考慮した屋根構造の座屈耐力の検定が大きな課題となる．

(2) 座屈挙動と解析方法

上記の個材座屈，部分座屈，節点回転座屈，全体座屈を考慮した座屈荷重を求めるにあたり，部材，接合部，支承部等のモデル化に対応する解析法が必要となるが，これらの詳細については，前述のように，文献 4.1), 4.2), 4.3)に解説があるので，ここでは，座屈挙動に対応してどのような解析あるいは解析法が必要かに焦点をおいて記述する．なお，半剛接の場合において接合部の剛性を考慮する場合には，図 4.1.1 のように，接合部の長さを考慮した上で部材両端にばねを導入するか，あ

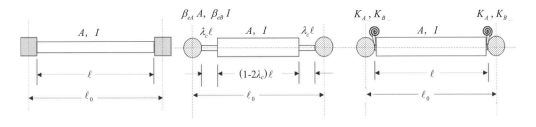

剛接モデル　　　　　接合部を部材で代替するモデル　　　　材端ばねモデル

A：部材の断面積，I：部材の断面 2 次モーメント，ℓ_0：部材長（節点間距離），ℓ：接合部の大きさを除いた部材長，$\lambda_c \ell$：等価な断面積を考慮する場合の接合部長さ，$\beta_{eA} A$：等価な接合部の断面積，$\beta_{eB} I$：等価な接合部の断面 2 次モーメント，K_A：接合部軸方向ばねの剛性，K_B：接合部曲げばねの回転剛性

図 4.1.1 接合部を考慮する近似モデル

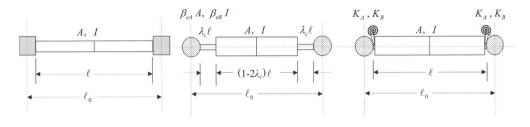

図中の変数については図 4.1.1 を参照

図 4.1.2 個材座屈を正確に考慮する分割モデル（幾何剛性マトリクス法の場合）

るいは，接合部の力学特性を等価な部材で代替して解析する．また，個材座屈で耐力が決まる場合には，図 4.1.2 のように 1 部材を 2 要素でモデル化すると精度の高い解析ができる．

1) 個材座屈

単層ラチスシェルにおいて，特にラチスシェルのライズが高く部材が十分細い場合には，図 4.1.3 に示すように，個材座屈が現れやすい．このような場合には，個材座屈によりラチスシェルの耐力が定まると考えてよい．この座屈が現れる場合には，ラチスシェルの節点の並進変位は小さく，主に節点が大きく回転し，部材中間部の変位が大きい．線形座屈解析を実施し，このような変形場が得られれば，部材中間部の変形が卓越した部材に個材座屈が起きたと判断できる．

個材座屈による単層ラチスシェルの弾性座屈耐力を求めるには，図 4.1.2 のような部材モデルを用いた線形座屈解析からほぼ算定できる．線形座屈軸力から等価な座屈長さを算定し，この座屈長さに対応する部材圧縮強度から近似的に個材座屈による座屈耐力が算定できる．一方，両端ピン支持と仮定した部材の圧縮強度を求め，この圧縮強度に対応する荷重を算出する．この荷重を個材座屈による座屈荷重とすることで座屈耐力が近似的に算定できる．つまり，有効部材細長比が算定できれば，部材の塑性化も考慮した部材の圧縮強度が 3 章の式(C3.3.3)と式(C3.3.4)で計算できる．

複層ラチスシェルにあっても同様な考えで当該部材の個材座屈によるラチスシェルの耐力が計算できる．ラチスシェルでは，単層であっても複層であっても，どれかの部材が個材耐力に至れば，変形の進行とともに部材の耐荷力は劣化する傾向が強く，ある 1 本の部材が個材座屈すると，その後の荷重の増加は少なく，それ以降の変形増分に対してはラチスシェル全体の耐荷能力も劣化すると考えられる．

多くの部材のうち，どれか 1 個の部材が個材座屈によって耐力に至る荷重のうち，最小となる荷重を個材座屈によるラチスシェルの弾塑性座屈荷重 $P_{cr(memb)}$ と記述する．なお，$P_{cr(memb)}$ は，鋼の弾塑性特性を考慮して求めるべき値である．

2) 全体座屈

単層ラチスシェルでは，多くの場合，図 4.1.4 に示すような，数部材にわたる変形の広がる全体座屈が部材の塑性化以前に発生する可能性がある．このような全体座屈は，構造全体の線形座屈解析による変形が図 4.1.4 のような変形となることを確認することで概ね判断できる．その他の全体座屈の判定は，座屈モードの変形ならびに，弾性座屈解析による変形の様子を分析して行い，この変形の分布が数部材以上にわたる場合には，全体座屈が得られているとする．

一般には，単層ラチスシェルでは，生じる座屈モードの大きな目安として，ライズが高く部材細長比が 80 程度を越えるような場合には部材座屈が発生しやすく，ライズが低く部材細長比が 80 程度以下の場合に全体座屈が起きる．なお，球形ラチスシェルでは，これをラチスシェルらしさ係数（付録 B, C）で概ね判断できる．

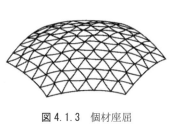
図 4.1.3 個材座屈

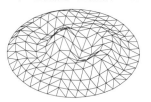
（左 対称変形による座屈，右 非対称変形による座屈）
図 4.1.4 全体座屈

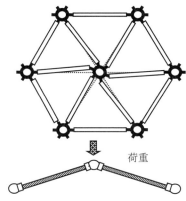
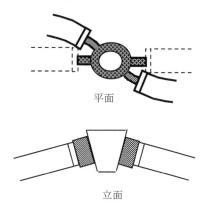

図 4.1.5 節点回転座屈の変形

　本指針では，全体座屈，個材座屈にかかわらず，線形座屈解析から得られる1次の座屈荷重を線形座屈荷重 P_{cr}^{lin} として座屈耐力の算定に用いる．この線形座屈解析の下で，曲げモーメントを無視できると仮定したときに，最大圧縮軸応力度が生じる部材を特定部材(m)（あるいは代表部材）[4.1),4.3)]とし，この部材の線形座屈軸力を $N_{cr(m)}^{lin}$ と記述する．また，弾性範囲の全体座屈に関して，形状初期不整が無い場合の幾何非線形解析による弾性座屈荷重を $P_{cr(perf)}^{el}$，形状初期不整がある場合の弾性座屈荷重を $P_{cr(imp)}^{el}$，形状初期不整がある場合の弾塑性座屈荷重を $P_{cr(imp)}$ と記述する．一般的には，弾性範囲の全体座屈荷重は，形状初期不整があると，図 4.1.6 に示すように低下する．本指針では，$P_{cr(imp)}^{el}$ を援用してラチスシェルの耐力 P_{cr} を算定する方法を 4.3 節の解説で紹介する．

3) 部分座屈（局部座屈）

　単層ラチスシェルでは，接合部の曲げ剛性が著しく低いと，あたかもピン接合のラチスシェルのような挙動が現われる．特に，図 4.1.7 に示すようなライズが低い（図中の角度 θ_0 が 2 度程度未満）場合には，荷重が増大するとこの特定の1節点は荷重方向にたわむ変形が現れる．これを部分座屈と言う．ときには，局部座屈，節点座屈とも呼ばれる．この座屈は，同じ程度のライズであっても，形状初期不整や荷重の不均一分布により，剛接あるいは半剛接の単層ラチスシェルより座屈荷重の低下度合いが大きい[4.3)]．このような状況は座屈耐力の確保の点からは望ましくないため，接合部の回転剛性を一定限度以上に確保してこのような座屈を回避すべきである．解析でこれを確認する場合には，図 4.1.1 に示す部材の両端に曲げばねを考慮する両端ばねモデルは有効である．

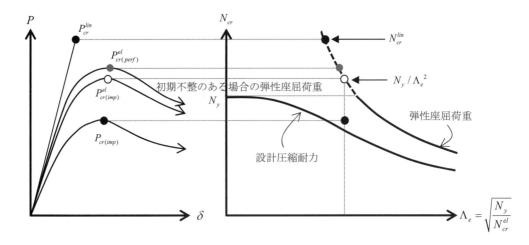

図 4.1.6 ラチスシェルの荷重と変位の関係（弾性座屈荷重，座屈耐力）[4.3]

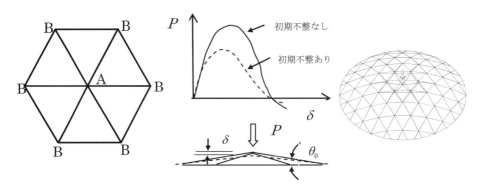

図 4.1.7 ピン接合の単層ラチスシェルの部分座屈

なお，この座屈は，文献 4.20），4.40）によれば，接合部の曲げ剛性がある一定以上の大きさであれば回避できるので，本指針では，単層ラチスシェルについては単層シェルに生じる面外（シェルとしての法線）方向の挙動に関して，接合部の無次元ばね定数 κ_y が以下の条件を満たすような接合部の曲げばねの回転剛性 K_{BY} が確保されることを前提として，座屈耐力の検定を行うこととする．

$$\kappa_y = \frac{K_{BY} \cdot l_0}{EI_y} \geq 3 \tag{C4.1.1}$$

ここで，l_0 は部材長，I_y は，単層ラチスシェルの法線方向（面外方向）の挙動に関する断面 2 次モーメントとする．なお，κ_y が 3 未満の場合では，節点座屈が起きないことを数値解析あるいは実験で確認する．

4) 節点回転座屈

部材両端の接合部の曲げ剛性が小さいと，節点回転座屈が生じ，この場合には，両端ピン支持の部材の弾性座屈よりも小さな弾性座屈荷重となる危険性がある．このような状況は座屈耐力の確保の点からは望ましくなく，接合部の剛性を一定限度以上の大きさとしてこのような座屈を回避すべ

きである．解析でこれを確認する場合にも図 4.1.1 の部材モデルは有効である．

単層ラチスシェルにおいて，接合部の面内変形挙動（法線まわりの回転）に関する曲げ剛性 K_{BZ} が著しく低いと，図 4.1.5，図 4.1.8 に示すような法線回りの節点回転座屈が生ずる危険性があるが，文献 4.6), 4.40) を参照すると，次のような条件があれば法線まわりの節点回転座屈は回避でき，節点回転座屈以前に個材座屈あるいは全体座屈が起こると考えられる．

$$\kappa_Z = \frac{K_{BZ} \cdot l_0}{EI_z} \geq 2 \tag{C4.1.2}$$

ここで，l_0 は部材長，I_z は単層ラチスシェルの法線回りの回転に関する断面 2 次モーメントとする．本指針では，上記の式(C4.1.2)の条件を満たす単層ラチスシェルを前提とするが，κ_z が 2 未満の場合では，節点回転座屈が起きないことを確認する．

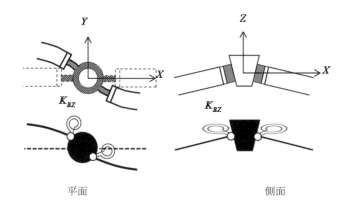

図 4.1.8 ラチスシェルの部材両端の接合部の曲げばねの回転剛性 K_{BZ}[4.3]

また，単層ラチスシェルの法線方向の変形挙動に関しても，節点回転座屈の発生が想定されるが，これは，式(C4.1.1) が保持されている場合には節点回転座屈が回避できると考えられる．

なお，節点回転座屈は，単層，複層ともに現れる座屈であるが，複層ラチスシェルにおいては，式(C4.1.1)，(C4.1.2)とは別個に検討する必要があり，文献 4.6), 4.7), 4.8), 4.9)，鋼管ブレース等の接合部の研究[4.10],[4.11]が参考となる．

(3) 降伏荷重（塑性荷重）

幾何学的非線形性を考慮しないで線形解析を行い，各部材の断面力（軸力と曲げモーメント）を求める．この断面力のうち，軸力だけに注目する．降伏荷重 P^{pl}（あるいは P_{SQ}）とは，荷重を増加させたとき，多くの部材のうち，どれか 1 個の圧縮部材が最初に部材の降伏軸力（$N_y = \sigma_y A$）に至る時点の荷重を近似的に表したものである．なお，最初に圧縮降伏する部材は，線形解析で定めた特定部材（あるいは代表部材）に一致する．ラチスシェルでは，材料非線形を考慮した塑性解析による実際の降伏耐力は，ここで近似的に求めた降伏荷重 P^{pl} よりは大きくなる可能性があるが，設計される多くの部材はほぼ同時に降伏荷重になるように断面が定められる可能性もあるので，この降伏荷重 P^{pl} で，概ね幾何線形・材料非線形解析の最大耐力を近似できる．特に，幾何線形・材料非

線形解析で精度よく降伏荷重を求めた場合には，これを降伏荷重（塑性荷重）とする（付録 E 参照）．

(4) 形状初期不整の発生要因と設計時の取扱い

単層ラチスシェルの座屈耐力に及ぼす形状初期不整の影響が大きいことはよく知られている[4.1),4.2),4.3)]．形状初期不整の発生要因として，部材製作時の誤差，部材の組立て方法，施工時の測量の誤差，支保工の剛性と支持方法，接合部の緩み等が考えられる．また，不同沈下，冬季・夏季の温度変化等も要因となる．現状では，これらの要因を考慮して発生する初期不整の振幅，分布を設計時に定めることはきわめて困難であり，また，過去の測定実績の蓄積も少ない．したがって，構造設計においてラチスシェル座屈耐力評価は，仮定した形状初期不整を用いて行われる．

また，実際に建設されたラチスシェルの形状初期不整が，設計で設定した値を超えた場合には，適切に耐力の算定をし直し，問題が確認されれば，補正・補強等の適切な対処が必要となる．現実には，このような対処は困難となることが多いため，初期不整の設定は，振幅，分布ともに複数ケースを採用するなど，慎重に行うことが望ましい．

(5) 屋根形状，層構成，部材配列，接合部剛性，境界条件，初期不整の設定法

屋根形状，層構成，部材配列，接合部剛性，境界条件の違い，初期不整の大小により，座屈耐力は変化する．

1) 屋根形状，層構成，部材配列

ラチスシェルの耐力の算定では，設計時に設定された屋根形状，層構成，部材配列を適切に反映して構造全体の設計解析モデルを作成する．

層構成が単層であれば，各部材の両端はこの単層曲面上（図 4.1.9）に置かれる．一方，層構成が2層（図 4.1.10）であれば，それぞれ2層の曲面を定め，下弦面の部材は下層面に上弦面の部材は上層面に置き，また，上下面をつなぐ腹材の上端は上層面に下端は下層面に置くように節点を定める．

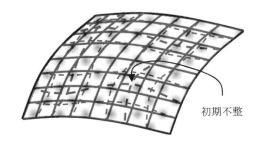 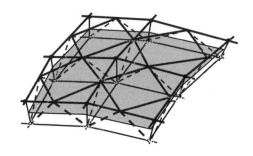

図 4.1.9　単層の曲面　　　　　　　　図 4.1.10　複層の曲面

接合部に偏心がある場合には，この偏心を節点の位置のずれとして解析モデルを設定するか，あるいは，この偏心を考慮した等価な荷重に勘案して安全側の座屈耐力の検定を行う必要がある．図 4.1.11 に示すように，特に，単層ラチスシェルでは，接合部の偏心により部材に曲げモーメントが

生じ，面外の偏心では形状初期不整と同様な効果を及ぼし，座屈耐力の低下を招く．面内の偏心では，節点回転座屈あるいはシェル面内の個材座屈を招く危険性がある．一般には，このような偏心は避けなければならない．これらの偏心が避けられない場合は，偏心を適切に考慮して座屈耐力の検討を行う．

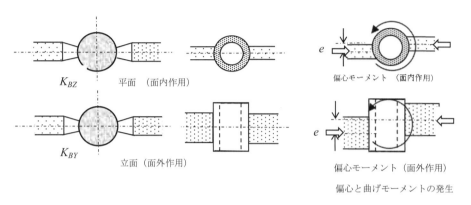

図 4.1.11 単層ラチスシェルの接合部の偏心によるモーメントと局部変形の発生 [4.3]

2) 境界条件

境界条件のモデル化にあっては，下部構造や補剛材の力学的特性を反映することが重要となる．図 4.1.12 のようにテンションリング等で支持する場合には，固定荷重時，雪荷重時，地震時，あるいは温度荷重時の境界条件に相互に矛盾がないように，あるいは，荷重時ごとに異なる境界条件を設定する場合には，全体として安全側になるように境界条件を設定する．特に，建設の進行に伴い境界条件が変化する場合には，座屈解析等において安全側になるように境界条件の設定を行う．屋根構造全体が完成するまではローラー支持であり，完成後は下部構造に弾性支持あるいは固定支持するような場合には，温度荷重あるいは地震荷重等に対する検討にあたり，完成前後の境界条件の変化の違いに考慮してモデル化を行う．

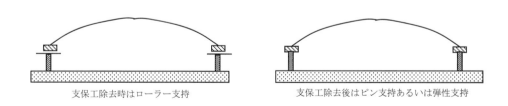

図 4.1.12 施工方法の変化に対応した境界条件の考慮

直接に下部構造でラチスシェルを支持する場合には，支持位置での並進変位に関するばね定数，回転に関するばね定数を適切に設定する．また，下部構造の特性に有意な変動性があると考えられる場合には，この変動性を考慮して安全性が確保できるように，ばね定数を設定する．

3) 接合部剛性

　単層ラチスシェルでは，特に，接合部を半剛接とする場合には，これを考慮して安全側となるように部材断面力を算定しなければならない．また，接合部の曲げ剛性が著しく低い場合，特に，ピン接合ラチスシェルに類する場合には，剛接の場合よりも初期不整の影響が強く現れ，また，荷重の不均等の影響も加わり，部分座屈の発生に繋がる．この部分座屈は，剛接の場合の座屈特性と大きく異なるので，これを考慮して座屈特性を分析し設計する必要がある．前述したように，本指針では，面内変形および面外変形に関する節点回転座屈，面外変形に関する部分座屈を防止する点から，これらの座屈に係る曲げばねの剛性（図4.1.1）に関して，式(C4.1.1)，式(C4.1.2)の条件を加える．また，複層ラチスシェルについては，節点回転座屈を防止するため，接合部の曲げ剛性を調査研究あるいは既往の指針等に基づいて定める．

4) 形状初期不整の振幅と分布

　ラチスシェルの耐力に及ぼす形状初期不整の影響は，特に単層ラチスシェルで大きい．想定される初期不整振幅，初期不整の分布を考慮して座屈特性を分析し，座屈耐力の検定を行う．しかしながら，建設されるそれぞれの構造に関して，製作・施工条件等まで考慮して定めることはそれほど容易ではない．このような場合は，現実的には既往の経験あるいは諸指針等[4.12)]を参照して暫定的に以下のように設定する．

　　a) 許容される形状初期不整振幅の最大値は，スパン（原則として短径）の1000分の1と接合部を剛接として計算される等価シェル厚の20%の小なる値とする(付録B.5(1),(2)参照).

　　b) 検討する初期不整振幅としては，正負を検討し，座屈耐力の低下の大きい方を採用する．
　　　前記の値を超える形状初期不整にあっては，想定される初期不整の振幅，分布等を適切に考慮し，座屈耐力への低下度合いを分析しその結果に基づいて耐力を算定することとする．

　分布については，本会の指針等にも具体的な資料等は示されていない．既往のシェル等の座屈の研究では，線形座屈解析から得られる座屈モード，特に，数個の低次の座屈モードを分布形に採用している．文献4.1),4.3)に示す多くの文献は1次座屈モードを採用しているが，本指針では原則として全体座屈（シェル的な座屈）を表す複数の低次の座屈モードを用いることを推奨する．一方，RS座屈解析[4.15)]から求められるRS座屈荷重の小さいモードも含めて用いることも一案[4.16)]である．単層の球形ラチスドームについて，1次の線形座屈およびRS座屈モードの例を図4.1.13に示す．

線形座屈1次モード　　　　　　RS座屈モードの例（線形座屈5次モードに相当）

図4.1.13　球形ラチスドームの1次とRS座屈モードの例

4.2 座屈耐力検定のための終局設計用荷重と荷重分布

> 終局座屈耐力を検定するための荷重強さと荷重の組合せは，3章に従って定める．なお，雪荷重の分布は，同じ強さについても，屋根形状等に応じた研究あるいは指針等に基づき複数の終局設計用荷重分布を適切に設定する．

3章で記述したように，固定荷重時に加え雪荷重時の終局設計用荷重に対して座屈耐力の検定が必要である．ラチスシェルでは，屋根面の固定荷重は，ほぼ等分布と想定される場合が多いものの，特に雪荷重にあっては偏載となる場合が多々想定される．ブカレストの単層ラチスドームの座屈の一因として雪荷重の偏載が議論[4.17]されている．したがって，原則として，等分布だけでなく屋根面での載荷状況を考慮し，同じ荷重強さであっても積雪の分布状況を適切にモデル化し複数の終局設計用荷重を定めて座屈耐力を算定することとする．

円形平面の球形ラチスシェルが半載荷重を受けると弾性座屈荷重は，等分布の場合の約7割[4.18]，周辺単純支持円筒ラチスシェルでは固定荷重に加え固定荷重相当の半載荷重を受けると等分布荷重の約7割[4.19],[4.20]になることが知られている（図4.2.1）．しかしながら，荷重分布の違いが座屈耐力に与える影響は，各種の曲面形状，網目配置に対応して検討された資料が十分に蓄積されてはいない．したがって，雪荷重に大きな偏載が想定される場合には，原則として，これを考慮した座屈耐力を算定する，あるいは，安全側の評価となる等価な等分布荷重を想定して算定する．なお，付録C.3に偏載荷重の影響についていくつかの例を紹介する．

単層ラチスシェルでは形状初期不整の影響が大きく，弾性座屈荷重また弾塑性座屈荷重の低下をきたすことは前述の通りである．初期不整と荷重の偏載が同時にある場合には，両者の影響が相乗的に大きく働いて耐力等を低下させることはなく，ある程度以上の初期不整がある場合には荷重の偏載の影響は小さく，同じ初期不整のある等分布荷重の弾性座屈荷重，弾塑性座屈荷重に近くなる[4.19]．したがって，本指針では，図4.2.2に示すように $p = \beta_s g$ としたとき，偏載度合い β_s が，0〜0.5の範囲では，$g + p$ の荷重を全載とした場合の耐力でもって，ラチスシェルの耐力を評価すること

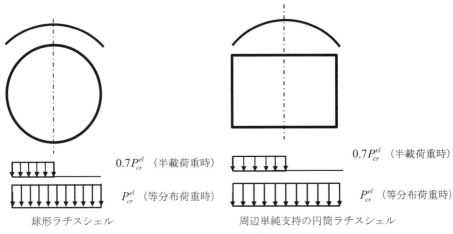

図4.2.1　半載荷重時の弾性座屈荷重

する．β_s が 0.5 以上となるきわめて大きな偏載の場合には，これを考慮して算定したものを耐力として用いることとする．

図 4.2.2　偏載荷重の考え方

4.3　座屈耐力算定の基本

> 座屈耐力の算定にあたり，線形座屈荷重，弾性座屈荷重，弾塑性座屈荷重，降伏荷重を総合的に参照して，座屈耐力を求める．
> このとき，接合部が剛接，半剛接，ピン接合にかかわらず，形状初期不整の影響を考慮することとする．

現在の構造解析ソフトの整備状況を勘案すると，これを用いれば弾塑性座屈荷重等が比較的容易に求められる．したがって，設計時に座屈耐力を求めるにあたり直接に弾塑性座屈解析から耐力を算定することも考えられるが，主に曲げによる塑性化が主要な問題となる高層骨組の柱要素とは異なり，ラチスシェルの座屈特性には，個材座屈，全体座屈等のやや複雑な挙動が関連するので，本指針では，線形座屈荷重，弾性座屈荷重，降伏荷重，弾塑性座屈荷重を順次求め，これらの値や変形性状を総合的に参照して座屈耐力を算定する方法を推奨する．

以下では，線形座屈解析あるいは弾性座屈解析を基本にして弾塑性座屈荷重を算定する方法[4.3]を解説する．なお，基本的な形状，境界条件，荷重に対しては，線形座屈荷重式[4.3), 4.13), 4.14]，弾性座屈荷重低減係数等がすでに提案されており，また，これらを適用してラチスシェルの耐力を算定する方法も含め，付録 B，C に例示する．

(1)　座屈耐力の算定の基本
1)　線形特性の把握

ラチスシェルの形状，層構成，部材配列等は種々あり，これらにより座屈性状は異なる．したがって，座屈耐力の算定にあたっては各種の要因を踏まえて座屈性状の把握が必須であるが，座屈解析の実施以前に，まず線形解析にもとづいてその応力・変形性状を適切に判断する．3.4 節で設定した長期および短期許容設計用荷重に対して，部材に発生する軸力，曲げモーメントの大きさを把握する．これらの値が設計許容な範囲にあるのを確認し，また，曲げモーメントが過度に発生する部材に関してはこれを抑制するように，境界条件や境界の補剛梁の変更，部材断面の増大，あるいは，曲面の曲がりを大きくする等，曲面形状の変更を行い，性状の改善が必要となる．一般には，曲げモーメントの発生の少ない形状のラチスシェルの座屈耐力は高いと言える．サスペンドーム[4.22]（写真 4.3.1）は，付加部材により境界部の面外回転剛性を高めた構法の好例であるが，近年では，応力あるいは座屈性状の最適化も目指した自由曲面ラチスシェルの形状探索[4.23), 4.24), 4.25), 4.26), 4.27]，また，

現実に建設（写真 4.3.2 の大英博物館等参照)されているが，これらは，ラチスシェルの新規の方向を示している．

単層ラチスシェルでは，前述のように，形状，層構成や接合部だけでなく，形状初期不整等で座屈耐力の大小が影響される．したがって，これらの要因の影響を把握して耐力の算定を行う．一方，複層ラチスシェルでは部材せいが単層に比べて大きいので，部材せいがきわめて小さい特別な場合を除いて初期不整の影響は少ない．また，部材せいがあるため，ある程度の大きさの曲げモーメントの発生でも断面にはそれほど影響は現れない．したがって，以下の記述は，主に，単層ラチスシェルを想定した記述であることに留意されたい．なお，複層ラチスシェルであっても，単層ラチスシェルと同じ考えが適用でき，実際上は，単層ラチスシェルでの検討の一部が省かれることとなる．

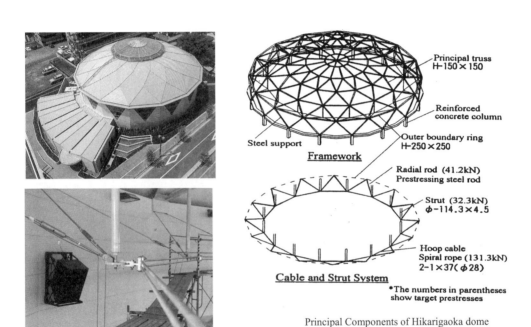

写真 4.3.1 サスペンドーム

写真 4.3.2 自由曲面ラチスシェルの例

2) 偏載等の荷重分布に応じた終局設計用荷重分布と参照点の荷重（参照荷重）の大きさ P_0

座屈耐力の算定では，同じ強さの荷重についても，複数の終局設計用荷重の分布を適切に設定する．この複数の荷重分布のそれぞれについて座屈解析を行う際，通常は，それぞれの分布に応じた終局設計用荷重に対してラチスシェルの各節点の荷重分担面積等を考慮して節点に集中荷重として作用させる．本指針では，図 4.3.1 のように各節点に作用する終局設計用荷重時の分布を作用させる．

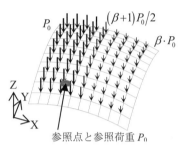

図 4.3.1　荷重分布と参照荷重 P_0

節点のうち，ある特定の節点等を荷重の参照点（reference point of load，荷重代表節点）に選び，この参照点の屋根下方に作用する荷重を P_0 と表し，これを参照荷重として用いる．座屈解析では，P_0 の値が最大となる点を参照点とすると便利である．したがって，それぞれ異なる荷重分布ごとに参照荷重を定め，座屈解析が行われるものとして解説する．

3) 終局設計用荷重に対する線形解析

3.4 節で定めた終局設計用荷重に対して線形挙動を分析する．多くはマトリクス法が適用されると想定されるが，適切なモデルと解析法を用いる．それぞれの分布に応じた荷重分布にしたがって作成した荷重をベクトル $\{P\}$ とする．

ラチスシェルの荷重・変形特性が線形的に挙動すると仮定する．線形剛性マトリクスを $[K_L]$，荷重を $\{P\}$ とすると，終局設計用荷重に対する変位ベクトル $\{D_0\}$ は，次式で得られる．

$$[K_L]\{D_0\} = \lambda\{P\} \tag{C4.3.1}$$

ただし，λ は荷重増分用の係数であり，終局設計用荷重に対する線形解は，$\lambda=1$ とすることで得られる．なお，以後，特に断らない限り荷重増分用の係数を荷重増分係数あるいは荷重係数と呼ぶ．終局設計用荷重に対して線形解析から得られる変位 $\{D_0\}$ を用いて各部材（部材番号 i）の軸力 $N_{0(i)}$ を求める．圧縮軸力を受けるすべての部材のうち，λ が増加するとき，軸圧縮で最初に降伏軸力に達する部材を特定部材（代表部材）(m) とする．なお，接合部の曲げ剛性がきわめて小さい場合を除けば，軸力 $N_{0(i)}$ の値は，接合部の曲げ剛性にはほとんど影響されないので，半剛接の場合の軸力は，剛接の場合の軸力で代替できる．

荷重が荷重係数 λ に比例し λ がゼロから増加する場合には，各部材の軸力は次式で表される．

$$N_{(i)} = \lambda N_{0(i)} \tag{C4.3.2}$$

4) 個材座屈によるラチスシェルの座屈耐力の把握

以下では，終局設計用荷重に対して線形座屈解析から個材座屈による線形座屈荷重 $P_{0cr(memb)}^{lin}$ を求める方法を解説する．接合部が剛接あるいは半剛接であっても，線形解析による軸力が，両端ピン支持の圧縮材の許容圧縮耐力に至る荷重をもって個材座屈による座屈耐力とみなすのも簡便で実用的である．ただし，この場合，節点座屈（局部座屈）や接合部で節点回転座屈等他の座屈が生じないものとする．

両端ピン支持とした場合の各部材のオイラー座屈軸力は，

$$N_{(i)}^E = \frac{\pi^2 EI_{(i)}}{l_{k(i)}^2} \tag{C4.3.3}$$

である．$l_{k(i)}$ は，接合部が剛接の場合には，節点間の距離をもって有効座屈長さとする．ただし，接合部が半剛接の場合には，接合部剛性や近接部材の寄与を考慮に入れて部材 i の有効座屈長さを定めるものとするが，最小でも節点間部材長を限度とする．

荷重増分係数 λ の増加に比例して軸力が増加すると仮定すれば，各部材について次式

$$N_{(i)}^E = \frac{\pi^2 EI_{(i)}}{l_{k(i)}^2} = \lambda N_{0(i)} \tag{C4.3.4}$$

から λ を求め，その最小値を個材座屈による線形座屈に対する荷重増分係数 λ_E^{lin} とする．なお，多くの場合は，個材座屈に関しては，線形座屈荷重係数と弾性座屈荷重係数は，概ね等しいと仮定しても誤差は大きくない．最小値 λ_E^{lin} を与える部材を E 部材（個材座屈特定部材）と名づけ，この部材の有効座屈長さを用いると，この E 部材について鋼構造設計規準式から短期許容圧縮耐力 $N_{cr(E)}$ が算定されるので，次式

$$N_{cr(E)} = \lambda_{(E)} N_{0(E)} \tag{C4.3.5}$$

から，個材座屈による座屈耐力時の荷重増分係数 $\lambda_{(E)}$ が得られる．したがって，個材座屈によるラチスシェルの座屈耐力（弾塑性座屈荷重）の近似値が，次式から算定できる．

$$P_{cr(memb)} = \lambda_{(E)} P_0 \tag{C4.3.6}$$

個材座屈を線形座屈解析から求める別の近似的方法は，後述の線形座屈解析の式(C4.3.7)において，ラチスシェルの節点の並進変位をゼロとする方法がある．個材座屈荷重は一般にラチスシェルの数部材にわたる初期不整があっても，大きな影響を受けないので，通常はこの値をもって，個材の座屈による線形座屈荷重 $P_{cr(memb)}^{lin}$ とみなせる．この結果から個材の座屈が発生している部材を割り出し，この部材の有効座屈長さを援用してこの部材の許容圧縮耐力を鋼構造設計規準式から求める．この部材が鋼構造設計規準式による許容圧縮耐力に至る荷重を，個材座屈による耐力 $P_{cr(memb)}$ とすることも出来る．この方法は，特に，複層ラチスシェルの個材座屈による座屈耐力の算定において，接合部の大きさや剛性，さらに，節点回転座屈も考慮して有効座屈長さを求め，この有効座屈長さを用いて耐力（弾塑性座屈荷重）を求める場合に有効である．

5) 単層ラチスシェルの線形座屈荷重の把握

ラチスシェル部材や補剛材の断面，また，境界条件等が設定された後，3.4節で設定した分布の異なる複数の終局設計用荷重ごとに，ラチスシェルの線形座屈解析を行い，座屈荷重，座屈特性，変

形性状を把握する必要がある．この段階では，接合部が半剛接であっても，まず，接合部が剛接の場合の線形座屈荷重の計算を進め，次に，半剛接の場合の線形座屈荷重の数値解析を行う．両者の差が大きい場合には，接合部の剛性が低すぎピン接合に近い可能性があり，接合部の剛性を高める必要がある．なお，設計に用いられる解析では，多くは線材要素などによる有限要素法が適用されると想定されるが，線形解析の場合と同様に，適切な要素による部材のモデル化が必要となる．

線形座屈解析は，各部材の軸力が，式(C4.3.2)で表されるように荷重係数λに比例して増加すると仮定して行う．線形剛性マトリクス$[K_L]$，幾何剛性マトリクス$[K_G(N_{0(i)})]$を用いると，線形座屈する時点の荷重係数λは，次式を満たす．

$$([K_L] + \lambda [K_G(N_{0(i)})])\{D\} = \{0\} \tag{C4.3.7}$$

上式を満たすλを，線形座屈荷重係数（あるいは線形座屈固有値）といい，λ_{cr}^{lin}で表す．λ_{cr}^{lin}の値は，一般には式(C4.3.7)の未知数の数だけ得られるが，値の小さなものから，1次，2次等と順序づける．対応するλ_{cr1}^{lin}，λ_{cr2}^{lin}，・・・が，線形座屈荷重係数であり，対応して1次座屈モード$\{D_{cr1}^{lin}\}$，2次座屈モード$\{D_{cr2}^{lin}\}$・・・が得られる．通常は，一番値の低い1次の固有値を線形座屈固有値として採用し，これを線形座屈荷重係数λ_{cr}^{lin}として表記する．この場合，添え字'1'を省略して表す．またこれに対応して，1次の座屈モードを$\{D_{cr}^{lin}\}$として表記する．

1次の線形座屈荷重係数λ_{cr}^{lin}に対する各部材の軸力は，次式

$$N_{cr(i)}^{lin} = \lambda_{cr}^{lin} N_{0(i)} \tag{C4.3.8}$$

で計算できる．特定部材（代表部材）の線形座屈軸力は，次式で表記できる．

$$N_{cr(m)}^{lin} = \lambda_{cr}^{lin} N_{0(m)} \tag{C4.3.9}$$

また，参照点の荷重P_0に対応する線形座屈荷重は次式で表わされる．

$$P_{0cr}^{lin} = \lambda_{cr}^{lin} P_0 \tag{C4.3.10}$$

ただし，この線形座屈解析から，1次（最低次）の座屈として個材座屈が現れる場合には，この座屈はラチスシェルの全体座屈とは見なさずに，後述の弾性座屈解析を行い，同様な個材座屈が現れることを確認する必要がある．あるいは，きわめて近似的であるが，たとえばシェル面内に変形するような個材座屈の場合では，この個材座屈が生じないモデル化（たとえば，個材座屈による変形の発生を防止するため，該当する部材の曲げ剛性を人為的に増加させたモデル）を用いた場合，該当する個材座屈の消滅を確認することで，個材座屈であることが確認できる．なお，個材座屈では，初期不整を考慮した弾性座屈解析でも，それほど大きな座屈荷重の低下が現れない傾向がある．

また，前述のように，分布の異なる複数の終局設計用荷重に対して線形座屈解析を行うが，さらに接合部が剛接，半剛接にかかわらず，線形座屈解析を行う．表4.3.1のP_{0cr}^{lin}，$P_{0cr(\kappa)}^{lin}$は，それぞれ，剛接の場合と半剛接の場合の線形座屈荷重であるが．線形座屈解析にあっては線形座屈荷重に対して形状初期不整の影響は一般には小さいので，初期不整の無い場合を算定する．なお，具体的な解析結果の記述はないが，標準的な形状，部材配置および境界条件の場合の線形座屈荷重の算定式の例については付録Bを参照されたい．

6) 初期不整敏感性と弾性座屈荷重の把握

初期不整の影響を把握するため，初期不整の無い場合および初期不整を考慮した場合について，弾性座屈解析を進める．このとき，接合部が剛接の場合には接合部を剛接として，半剛接の場合には剛接および半剛接の両方の場合を解析する．ただし，前述のように，本指針では原則として，弾性座屈荷重に対する形状初期不整の振幅は，スパンの 1000 分の 1，および，等価シェル厚の 20% との小なる方としている．なお，既述のように，これを超える形状初期不整を許容する場合にあっては，想定される初期不整の振幅，分布等を適切に考慮し，座屈耐力の低下度合いを分析しその結果に基づいて耐力を算定することとする．また，建設した構造においては，設定した初期不整を超える場合には，適切な対応をとる必要がある．

なお，表 4.3.2 において，$P_{0cr(perf,\infty)}^{el}$, $P_{0cr(imp,\infty)}^{el}$, $P_{0cr(perf,\kappa)}^{el}$, $P_{0cr(imp,\kappa)}^{el}$ は，それぞれ，剛接で初期不整の無い場合，剛接で初期不整のある場合，半剛接で初期不整の無い場合，半剛接で初期不整のある場合の弾性座屈荷重を表す．

表 4.3.1 分布の異なる複数の終局設計用荷重に対して必要な線形座屈荷重

設計上の接合部	解析における接合部の仮定	初期不整なし（完全系）
剛接	剛接	P_{0cr}^{lin}
半剛接	剛接	P_{0cr}^{lin}
	半剛接	$P_{0cr(\kappa)}^{lin}$

表 4.3.2 分布の異なる複数の終局設計用荷重に対して必要な弾性座屈荷重

設計上の接合部	解析における接合部の仮定	初期不整なし（完全系）	$\pm w_{i0}$ の初期不整
剛接	剛接	$P_{0cr(perf,\infty)}^{el}$	$P_{0cr(imp,\infty)}^{el}$
半剛接	剛接	$P_{0cr(perf,\infty)}^{el}$	$P_{0cr(imp,\infty)}^{el}$
	半剛接	$P_{0cr(perf,\kappa)}^{el}$	$P_{0cr(imp,\kappa)}^{el}$

ここで，

$$\alpha_0 = \frac{P_{0cr(imp,\infty)}^{el}}{P_{0cr(perf,\infty)}^{lin}} \tag{C4.3.11}$$

$$\beta(\kappa) = \frac{P_{0cr(imp,\kappa)}^{el}}{P_{0cr(imp,\infty)}^{el}} \tag{C4.3.12}$$

を用いて $P_{0cr(imp,\kappa)}^{el}$ を

$$P_{0cr(imp,\kappa)}^{el} = \beta(\kappa) \cdot \alpha_0 \cdot P_{0cr}^{lin} \tag{C4.3.13}$$

と表すとき，α_0 と $\beta(\kappa)$ をそれぞれ，初期不整による弾性座屈荷重低減係数，および，接合部半剛接による弾性座屈荷重低減係数と呼ぶ．ただし，$P_{0cr(perf,\infty)}^{lin}$ の添え字を省略し，P_{0cr}^{lin} と略記する．

一般には α_0 と $\beta(\kappa)$ は，ともに，1.0以下となる．剛接の場合には，$\beta(\kappa)=1$ である．

本指針で想定する前述の初期不整の振幅に対しては，既往の成果[4.1),4.3)]を勘案し，周辺単純支持，周辺ピン支持，あるいはこれらと同等の境界とする場合には，α_0 として 0.5 が適用できるものとする（付録 C 参照）．ただし，さらに大きな初期不整，また，これらと異なる複雑な境界条件，剛性と耐力の低い境界補剛梁を用いる場合は，これらを考慮した弾性座屈解析から適切に定める必要がある．

なお，接合部の半剛接による座屈荷重低減係数と初期不整を考慮した場合の座屈荷重低減係数の例，また，全体座屈を考慮して部材の有効座屈長さの算出例については，付録 D を参照されたい．

7) 降伏荷重の把握

降伏荷重の把握のため，終局設計用荷重に対して線形解析に基づき，表 4.3.3 に示す降伏荷重を算定する．このとき，接合部の曲げ剛性と曲げ耐力が著しく小さくない場合には，曲げモーメントを無視し，接合部を剛接として扱ってよい．なお，本指針で想定する初期不整の振幅の範囲以下では，形状初期不整を考慮しないでよい．

表 4.3.3 分布の異なる複数の終局設計用荷重に対して必要な降伏荷重

設計上の接合部	解析における接合部の仮定	初期不整なし（完全系）
剛接	剛接	$P_{0(\infty)}^{pl}$
半剛接	剛接	$P_{0(\infty)}^{pl}$
	半剛接	$P_{0(\kappa)}^{pl}$

終局設計用荷重に比例する荷重分布を用いて順次荷重を増大させたとき，多くの圧縮部材のうち，原則として，どれか 1 個の部材が最初に部材の降伏軸力に至る時点の荷重（参照荷重）を降伏荷重 P_0^{pl}（あるいは P_{0SQ}）で記述する．降伏荷重に至る時点の荷重係数を，降伏荷重係数 λ^{pl} とする．

$$P_0^{pl} = \lambda^{pl} P_0 \tag{C4.3.14}$$

なお，最初に圧縮降伏する部材は，線形座屈荷重で定めた特定部材（あるいは代表部材）に一致する．単層ラチスシェルでは，材料非線形，幾何線形解析の場合の最大耐力は，最初の部材が降伏してもその後の荷重再配分効果により，この降伏荷重よりは大きくなるものの，設計される多くの部材はほぼ同時に降伏荷重になるように断面が定められていることが多いので，この降伏荷重 P_0^{pl} で，概ね，弾塑性座屈荷重を近似できる．より正確な降伏荷重が必要な場合には塑性解析からこれを求める．

8) 弾塑性座屈荷重の把握

弾塑性座屈荷重の把握のため，3.4 節で設定した分布の異なる複数の終局設計用荷重に対して表 4.3.4 に示す弾塑性座屈荷重を分析し，それぞれの荷重分布に関して，弾塑性座屈特性を把握する．なお，接合部の剛性，境界条件，形状初期不整を適切に考慮する．

表 4.3.4　各荷重分布に対する必要な弾塑性座屈荷重

設計上の接合部	接合部の仮定	初期不整なし（完全系）	$\pm w_{i0}$ の初期不整
剛接	剛接	$P_{0cr(perf,\infty)}$	$P_{0cr(imp,\infty)}$
半剛接	剛接	$P_{0cr(perf,\infty)}$	$P_{0cr(imp,\infty)}$
	半剛接	$P_{0cr(perf,\kappa)}$	$P_{0cr(imp,\kappa)}$

(2) 弾性座屈荷重，降伏荷重，弾塑性座屈荷重の経験的関連

具体的な座屈耐力の算定ルートについて図 4.4.1 および図 4.4.2 に示す．図 4.4.1 は付録 B に基づき線形座屈荷重 P_{0cr}^{lin} をシェル理論等から求めるルート，図 4.4.2 は本節(1) 5)に基づき線形座屈荷重 P_{0cr}^{lin} を FEM 解析から求めるルートである．以下，線形座屈荷重 P_{0cr}^{lin} から弾塑性座屈荷重 P_{0cr} を求める算定ルートについて解説する．

1) 参照点の参照荷重に基づく耐力の算定法（図 4.4.1, A1 , A2 ）

等分布状かそれに近い荷重分布であれば参照荷重による耐力の評価が可能となる．既往の研究[4.1),4.3),4.21),4.28),4.29),4.30),4.32),4.33),4.34)] によると，形状初期不整の振幅が等価シェル厚の20%と梁間スパンの 1/1000 のうちどちらか小さい値以内を採用した場合に，修正ダンカレー式と呼ばれる次式で弾塑性座屈荷重が安全側に略算できることが知られている[4.1)]．

$$\Lambda_S^2 \left(\frac{k_{SB} P_{0cr}}{P_0^{pl}} \right) + \left(\frac{P_{0cr}}{P_0^{pl}} \right)^2 = 1 \tag{C4.3.15}$$

ここで，P_0^{pl} は降伏荷重（4.3 節(1) 7) 付録 E），P_{0cr} は式(C4.3.16)で略算した座屈耐力（弾塑性座屈荷重）である。上式から P_{0cr} は次式で計算できる．

$$\frac{P_{0cr}}{P_0^{pl}} = \frac{2}{\sqrt{k_{SB}^2 \Lambda_S^4 + 4} + k_{SB} \Lambda_S^2} \tag{C4.3.16}$$

ここで，Λ_S は降伏荷重と弾性座屈荷重 P_{0cr}^{el} （付録 C）から計算される正規化細長比である．

$$\Lambda_S = \sqrt{\frac{P_0^{pl}}{P_{0cr}^{el}}} \tag{C4.3.17}$$

また，k_{SB} は弾性座屈に対する部分安全率[4.3)]である．なお，弾性座屈荷重 P_{0cr}^{el} は，初期不整を考慮して算定した値である．

鋼構造設計規準の短期許容圧縮耐力は，式(C3.3.3), (C3.3.4)を用いると，次式で表される．

$$\frac{P_{0cr}}{P_0^{pl}} = \begin{cases} \dfrac{1 - 0.24\Lambda_S^2}{1 + \dfrac{4}{15}\Lambda_S^2} & \text{for } \Lambda_S \leq \dfrac{1}{\sqrt{0.6}} \\ \dfrac{9}{13\Lambda_S^2} & \text{for } \Lambda_S \geq \dfrac{1}{\sqrt{0.6}} \end{cases} \tag{C4.3.18}$$

ラチスシェルの座屈耐力算定に関して，式(C4.3.15)の適用が考えられるが，柱要素の座屈に適用される鋼構造設計規準の短期許容圧縮応力度との整合性を考慮して，本指針では，耐力を式(C4.3.18)で算定する．ただし，形状初期不整の最大振幅が本指針で定めた値以内であること，また，節点回

転座屈，局部座屈が防止されているとの条件の下に鋼構造設計規準式を用いる．なお，式(C4.3.18)で，数値 13/9 は，弾性座屈に対する安全率に相当するものであり，式(C4.3.16)で k_{SB}=13/9 とすると，図 4.3.2 に示すように，両者は，ほぼ類似するが，式(C4.3.18)は，k_{SB}=13/9 を用いた式(C4.3.16)よりもやや高めの座屈耐力を与える．

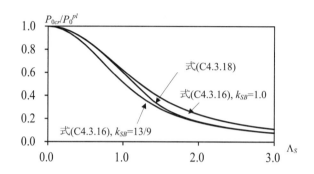

図 4.3.2　規準の短期許容圧縮強度と修正ダンカレー式との比較

2) 特定部材（代表部材）の弾性座屈軸力に基づく耐力の算定法（図 4.4.1, A3 , 図 4.4.2, B1 , B2 ）

式(C4.3.16), (C4.3.18)は，降伏荷重 P_0^{pl} と弾性座屈荷重 P_{0cr}^{el} を用いて，座屈耐力 P_{0cr} を算定するためのものである．これに対し，特定部材（代表部材）を用いた座屈耐力 P_{0cr} を算定する方法は，部材の座屈耐力を用いる方法である．また，荷重分布が等分布状でなくても適用できる．ここでは，この方法[4.1), 4.3), 4.21), 4.28), 4.29), 4.30), 4.32), 4.33), 4.34)] を解説する．

初期不整と接合部の剛性を考慮して求められる特定部材（代表部材）の弾性座屈軸力は次式で算定できる．

$$N_{cr(m)}^{el} = \beta(\kappa) \cdot \alpha_0 \cdot \lambda_{cr}^{lin} \cdot N_{0(m)} \tag{C4.3.19}$$

ただし，$N_{cr(m)}^{lin} = \lambda_{cr}^{lin} \cdot N_{0(m)}$ (C4.3.20)

特定部材（代表部材）を用いて正規化細長比 $\Lambda_{e(m)}$ を次式で定義し，

$$\Lambda_{e(m)} = \sqrt{\frac{N_{y(m)}}{N_{cr(m)}^{el}}} = \sqrt{\frac{N_{y(m)}}{\beta(\kappa)\alpha_0 N_{cr(m)}^{lin}}} \tag{C4.3.21}$$

鋼構造設計規準式(C4.3.18)を適用すると，

$$\frac{N_{cr(m)}}{N_{y(m)}} = \begin{cases} \dfrac{1 - 0.24\Lambda_{e(m)}^2}{1 + \dfrac{4}{15}\Lambda_{e(m)}^2} & \text{for } \Lambda_{e(m)} \leq \dfrac{1}{\sqrt{0.6}} \\ \dfrac{9}{13\Lambda_{e(m)}^2} & \text{for } \Lambda_{e(m)} \geq \dfrac{1}{\sqrt{0.6}} \end{cases} \tag{C4.3.18'}$$

上式から特定部材（代表部材）の圧縮強度 $N_{cr(m)}$ が算定できる．ただし，上式で，$N_{y(m)}$ は特定部材の降伏軸力である．

単層ラチスシェルに関して，式(C4.3.18')の特定部材の圧縮強度 $N_{cr(m)}$ を特定部材の軸断面積で除して得られる応力度は，短期許容応力度設計用あるいは終局設計用に関わらず，ラチスシェルのすべての圧縮部材について共通して，断面検定に用いるための許容圧縮応力度あるいは終局圧縮強度

として用いる．

特定部材の圧縮強度は $N_{cr(m)}$ であるので，この部材が圧縮強度に至るときの荷重，つまり，耐力は次式で算定できる．

$$P_{0cr} = \frac{N_{cr(m)}}{N_{0(m)}} P_0 \tag{C4.3.22}$$

詳しい説明を省くが，初期降伏荷重（どれか1個の部材が軸降伏する荷重）を用いる場合には，式(C4.3.17)の Λ_S と式(C4.3.21)の $\Lambda_{e(m)}$ は同じ値となり，かつ，求められる耐力時の耐力係数（弾塑性座屈荷重係数）λ_{cr} は同じ値として得られる．

3）直接に有限要素法等で弾塑性座屈荷重（座屈耐力）を算定する方法（図4.4.2, C1, C2）

前述のように，現在の解析ソフトと計算機の能力を勘案すると，有限要素法等の数値解析に基づいて，弾性座屈荷重，降伏荷重，弾塑性座屈荷重を求めることができる．鋼構造設計規準式あるいは修正ダンカレー式を用いる場合には，弾性座屈に対する安全率が使用されている．したがって，直接に弾塑性座屈荷重を求めた場合にあっては，本指針で採用した弾性座屈安全率13/9に相当する安全率を考慮して，座屈耐力を算定する[4.3]．このため，FEM等の適切な解析法で弾性座屈荷重 P_{0cr}^{el} と降伏耐力 P_0^{pl} を求めた上，両者を用いて式(C4.3.17)の正規化細長比 Λ_S を算定し，FEM等で求めた弾塑性座屈荷重 P_{0cr} を，次の安全率 $F_B(\Lambda_S)$

$$F_B(\Lambda_S) = \begin{cases} 1 + \dfrac{4}{15} \Lambda_S^2 & \text{for } \Lambda_S \leq \dfrac{1}{\sqrt{0.6}} \\ \dfrac{13}{9} & \text{for } \Lambda_S \geq \dfrac{1}{\sqrt{0.6}} \end{cases} \tag{C4.3.23}$$

で除した値を改めて座屈耐力とする．

ラチスシェルがほぼ弾性座屈する場合を想定すると，FEM等による弾塑性座屈解析から得られる座屈耐力は，弾性座屈荷重に一致する．設計計算では，想定する形状初期不整（スパンの1000分の1，および，等価シェル厚の20%との小なる方）を考慮してFEM等で座屈耐力を求めることになるが，FEM等による結果には，鋼構造設計規準式における弾性座屈に対する安全率13/9が含まれない．したがって上述のように，式(C4.3.23)の安全率を考慮して座屈耐力を求めることにしている．ただし，初期不整の変動性を考慮した信頼性解析[4.35]，あるいは確率有限要素法等[4.36]による場合には，この安全率 $F_B(\Lambda_S)$ は考慮しない．

4.4 終局設計用荷重に対する座屈耐力の検定

> 3.4節で設定した複数の終局設計用荷重のそれぞれに対して，個材座屈，全体座屈を考慮して弾塑性座屈荷重（座屈耐力）を求め，この座屈耐力がそれぞれの終局設計用荷重以上であることを確認する．なお，原則として，局部座屈と節点回転座屈による耐力は，個材座屈と全体座屈による耐力以上となるように設計する．

3.4節で設定した複数の終局設計用荷重のそれぞれに対して，4.3節に従って求めた座屈耐力が，対応する終局設計用荷重以上であることを確認する．

ただし，本指針では，部分座屈と節点回転座屈による耐力は，個材座屈および全体座屈のうちの小なる値よりも大きいことを前提とする．この前提は，式(C4.1.1)と式(C4.1.2)で満たされるものとするので，設計では，この条件とともに耐力時において接合部は，剛性と耐力を確保できるように設計されなくてはならない．

また，部材に開断面を用いる場合には，断面の補剛方法によっては，弱軸方向の部材の座屈あるいは横座屈が生ずる危険性がある．この場合には，終局設計用荷重を作用させて得られる当該部材の断面力に対して，部材が耐力に至る荷重を座屈耐力とする．ただし，これらの座屈は全体座屈（シェル的な座屈）とはみなさず，特に大きい形状初期不整の場合を除いて，形状初期不整の影響は考慮しないものとする．

接合部が座屈耐力前に耐力に至る場合においても，同様に，これをもって座屈耐力とする．総じて，全体座屈（シェル的な座屈），個材座屈，横座屈等から得られる最小値をもって，座屈耐力とする．

なお，本章では具体的な座屈耐力の算定例を記述していないが，前述のように標準的なシェル形状の線形座屈荷重の算定式，初期不整等による座屈荷重低減係数，ラチスシェルの全体座屈を考慮した部材の有効座屈長，降伏荷重（塑性荷重）については，それぞれ付録 B, C, D, E を，また，座屈耐力の具体的な算定方法（球状ラチスシェル，円筒ラチスシェル）については 8 章の設計例題を参照されたい．なお，設計例題の座屈耐力の算定では，図 4.4.1，図 4.4.2 の耐力の検討手順との対応も配慮されているので，これも参照されたい．

地震荷重時の座屈耐力の算定もこの章で記述した方法と同様に適用できるが，8 章の設計例題で一部解説されるので参照されたい．なお，地震荷重時の座屈耐力の算定については，成果報告[4.37), 4.38), 4.39)]は少ないが，これらも有用な資料であり，8 章の設計例題とともに参照されたい．

4 章 屋根構造の座屈耐力 —57—

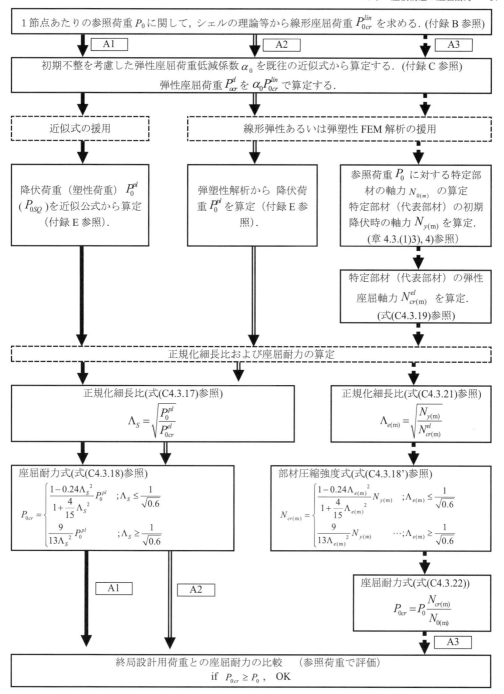

注：個材の曲げ座屈および横座屈，接合部の降伏，局部座屈が発生しないことを鋼構造諸規準に基づき別途検討する必要がある．また，式(C4.1.1)による節点座屈，式(C4.1.2) に基づき接合部の回転座屈が予想されるときには，別途詳細な検討が必要である．

図 4.4.1 主にシェル理論による座屈耐力の算定ルート，A1，A2，A3

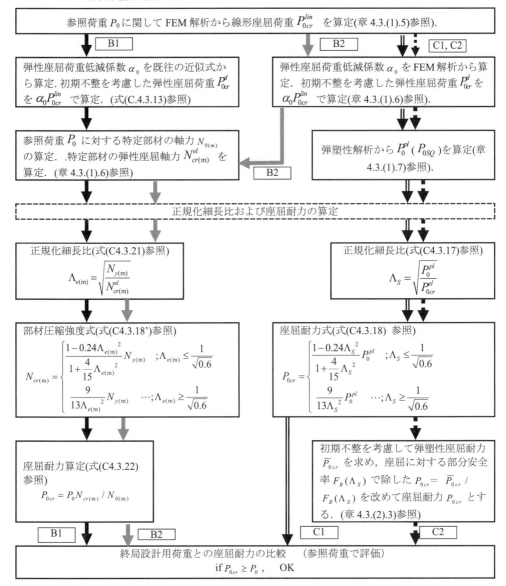

図 4.4.2　主に FEM 解析を主とする耐力の算定ルート，B1，B2，C1，C2

注：個材の曲げ座屈および横座屈，接合部の降伏，局部座屈が発生しないことを鋼構造諸規準に基づき別途検討する必要がある．また，式(C4.1.1)による節点座屈，式(C4.1.2)に基づき接合部の回転座屈が予想されるときには，別途詳細な検討が必要である．

参 考 文 献

4.1) 日本建築学会：ラチスシェルの座屈と耐力，2010
4.2) 日本建築学会：鋼構造物の座屈に関する諸問題2013，2013
4.3) IASS WG 8：(Draft) Guide to Buckling Load Evaluation of Metal Reticulated Roof Structures, 2014.10
4.4) 加藤史郎・石川浩一郎：ピン接合単層ラチスドームの弾塑性座屈荷重について，日本建築学会構造系論文報告集，第404号，pp.105-114, 1989.10

4.5) 植木隆司・向山洋一・加藤史郎：両端に回転ばねのある部材で構成される単層ラチスドームの線形および弾性座屈荷重　矩形平面形状をした裁断球殻状ドームについて，日本建築学会構造系論文報告集，第411号，pp.117-129, 1990.5

4.6) 植木隆司・向山洋一・庄村昌明・加藤史郎：単層ラチスドームの載荷試験および弾塑性座屈解析，日本建築学会構造系論文報告集，第421号，pp.117-128, 1991.3

4.7) 中山雄貴・小島浩士・竹内　徹・小河利行・林　賢一：中空円筒型接合部を用いた単層格子屋根構造の座屈荷重　その1　接合部の剛性，耐力実験と屋根架構の振動測定，その2　接合部剛性を考慮した単層直交格子ドームの座屈荷重，日本建築学会大会学術講演梗概集，構造Ⅰ，（関東）pp. 649-652, 2011.8

4.8) 坂　壽二・日置興一郎：ねじ込み接合で組み立てた立体トラスの座屈挙動，日本建築学会構造系論文報告集，第331号，pp.1-9, 1983.9

4.9) 竹内　徹・松井良太・西本晃治・髙橋聡史・大山翔也：拘束材端部回転剛性を考慮した座屈拘束ブレースの有効座屈長，日本建築学会構造系論文集，第639号，pp.925-934, 2009.5

4.10) 多田元英・西　豊・井上一朗：管通し平板ガセット形式接合部を有する軸力材の弾性座屈挙動，日本建築学会構造系論文集，第503号，pp.131-138, 1998.1

4.11) 多田元英・山田能功：管通し平板ガセット形式接合部を有する軸力材の非弾性座屈荷重の算定，日本建築学会構造系論文集，第530号，pp.163-170, 2000.4

4.12) 日本建築学会：建築工事標準仕様書 JASS6 鉄骨工事，2015.3

4.13) J.M. Rotter, H. Schmidt: Buckling of Steel Shells European Design Recommendations (5th Edition), 2008

4.14) L.A. Samuelson, S. Eggwertz: Shell Stability Handbook, Elsevier Applied Science, 1992

4.15) 山田聖志：座屈前に幾何学的非線形性を有するシェル構造物へのＲＳ法の適用，日本建築学会構造系論文報告集，第390号，pp.88-97, 1988.8

4.16) 服部正太・中澤祥二・加藤史郎・髙橋直生：固定荷重に対する単層ラチスドームの初期不整敏感性に関する研究，日本建築学会大会学術講演梗概集，構造Ⅰ，（北海道），pp.871-872, 2013.8

4.17) D.T. Wright: Membrane Forces and Buckling in Reticulated Shells, J. of ST, ASCE Vol.91, No.ST1, pp. 173-201, 1965.2

4.18) 山田大彦・山本章起久・有山伸之：雪荷重を受ける単層剛接合ラチスドームの座屈特性 その5，第7回日本雪工学会大会論文報告集，pp.71-76,1990.11

4.19) 粉川　牧：任意母線縁境界をもつ円筒網目シェル屋根の全体座屈解析　その3，日本建築学会論文報告集，第295号，pp.51-61, 1980.9

4.20) M. Fujimoto, K. Imai, T. Saka : ffects of Mesh Pattern on Buckling Behaviour of Single Layer Latticed Cylindrical Shell, Proc. of APCS Conference 1966, pp.516-523, 1996.5

4.21) 神戸健彰・加藤史郎・中澤祥二・柳澤利昌：偏載荷重を受ける屋根型円筒ラチスシェルの座屈耐力の評価法の再考察，日本建築学会大会学術講演梗概集，構造Ⅰ，（北海道）pp.867-868, 2013.8

4.22) M. Kawaguchi, M. Abe, I. Tatemichi : Design, Tests and Realization of "SUSPEN-DOME" System, J. of IASS, Vol. 40, n. 131, pp. 179-192, 1999

4.23) 大森博司・山本憲以：応力分布を目的関数とする空間構造の形状最適化に関する研究　その2，日本建築学会構造系論文報告集，第503号，pp. 77-83, 1998.1

4.24) 藤田慎之輔・大崎　純：ひずみエネルギーとパラメトリック曲面の代数不変量を考慮したシェルの形状最適化，日本建築学会構造系論文集，第639号，pp.857-863, 2009.5

4.25) 宮下真希男・山下哲郎：鉄骨円筒型シェル屋根構造の形状の改良に関する研究，構造工学論文集　Vol.57B，pp.185-190,日本建築学会，2011.3

4.26) Y. Takiuchi, S. Kato, S. Nakazawa, K. Kaneda: Structural design strategy for Free-Form Lattice Shells in Regions of High Seismicity, Proc. of IASS2012, Korea, 2012.5

4.27) 小河利行・大崎　純・立石理恵：線形座屈荷重最大化と部材長一様化を目的とした単層ラチスシェルの形状最適化，日本建築学会構造系論文報告集，第570号，pp.129-136, 2003.8

4.28) S. Kato, M. Fujimoto, T. Ogawa: Buckling Load of Steel Single-Layer Reticulated Domes of Circular Plan, J. of IASS, Vol.46, No.1(April n.147), pp.41-63, 2005

4.29) T. Ogawa, T. Kumagai, K. Minowa, S. Kato: Buckling load of Saddle-shaped HP Reticulated Shells, J. of IASS, Vol.53, No.1, pp.21-36, 2012

4.30) 日本建築学会：鋼構造座屈設計指針，2009

4.31) 日本建築学会：鋼構造座屈設計指針，2000

4.32) 加藤史郎・藤本益美：ラチスシェルの耐力評価例，「シェル・空間構造」セミナー2013 第1章，pp. 1-28, 2014.2

4.33) 加藤史郎・中澤祥二・神戸健彰・柳澤利昌：等分布荷重を受ける屋根型単層円筒ラチスシェルの耐力評価法に関する研究 単純支持およびピン支持に関する検討，日本建築学会構造系論文集，第692号，pp.1777-1786, 2013.10

4.34) 加藤史郎・飯田 稔：偏載荷重を受ける周辺単純支持された単層円筒ラチス屋根の座屈荷重，日本建築学会構造系論文集，第486号，pp.53-62, 1996.8

4.35) S. Kato, T. Yanagisawa, S. Nakazawa: Re-consideration of Global Load Factor in Buckling Load Evaluation for Reticulated Spherical Domes Related to Reliability Index, J. of IASS, Vol.56(2015)Non.3,pp.199-215, 2015

4.36) 中桐 滋・久田敏明：確率有限要素法入門，培風館，1985

4.37) 中澤祥二・加藤史郎, 高橋直生：静的地震荷重を用いた単層ラチスドームの耐震性評価に関する研究 その2，日本建築学会大会学術講演梗概集，構造Ⅰ，（北海道）pp.911-912, 2013.8

4.38) 小河利行・山岡幸介・箕輪健一・竹内 徹：静的地震荷重に対する単層ラチスドームの座屈耐力，日本建築学会構造系論文集,,，第704号，pp.1523-1534, 2014.10

4.39) 中澤祥二・柳澤利昌・加藤史郎：単層ラチスドームを対象とした地震荷重と耐震性能評価法の提案，日本建築学会構造系論文集，第703号, pp.1287-1298, 2014.9

4.40) 加藤史郎・庄村昌明：接合部の曲げ剛性が円形平面状の単層ラチスドームの座屈荷重に与える影響：部材の座屈応力度曲線の表現について，日本建築学会構造系論文集，第465号, pp.97-107,1994.11

5章　屋根構造の地震応答

5.1　基本事項

> ライズを有するラチスシェル屋根構造は水平地震動に対し複数のモードが連成した鉛直・水平応答が励起される等，重層構造には無い特有の地震応答特性を有する．屋根形状に関わらず，ライズ／スパン比が 0.10（半開角 25°）以上のラチスシェル屋根構造の地震応答を検定する際には，このような空間構造特有の応答特性を考慮し，屋根各部の変形および部材応力の検定を行う．

　現行の耐震設計諸規準は原則として重量の主体となる各階床面が同レベルであり，かつほぼ一体に水平変形するいわゆる剛床仮定に基づいて応答を評価している．また設計用の等価静的応答外力は水平方向を主体とし，柱・梁を主要素とする鉛直架構を層ごとのせん断ばねに模擬した多層せん断棒モデルの一次振動モードを主体として定められている．この背景には多層せん断棒モデルの水平入力に対する振動モードはある程度以下の高さの建物では 1 次モードが主体となり，2 次モード以下の有効質量比は小さく，固有周期も 1 次モードと乖離しているため連成振動の影響が比較的小さい点が挙げられる．極めて稀に遭遇する地震に対する弾塑性設計も，多層せん断棒モデルのせん断ばねが非線形となるのみで，弾性設計の振動モードを基に外力分布を仮定し，保有水平耐力を評価している．

　しかしながら，ライズを有するラチスシェル屋根構造では，一般的に水平地震入力に対し屋根各部が多数の固有周期が近接する振動モードで水平，鉛直方向に応答し，かつ励起されるモードは下部構造との関係により大きく変化するため，その応答値を通常の多層架構の設計用せん断力で捕捉することはできない（図 5.1.1）．また屋根面は必ずしも剛ではなく，水平応答も屋根各部で変化するという問題点がある．このような応答の複雑さに加え，弾塑性時の崩壊系も複雑となりやすく，幾何学的非線形性による剛性および耐力の低下と相まってその性能評価を困難にしている．その一方で適切な設計を行えば一般的な形状の屋根架構自身は水平力に対し高い抵抗力を有する特性があり，下部構造で崩壊系を特定する等の設計も可能となる．

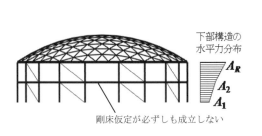
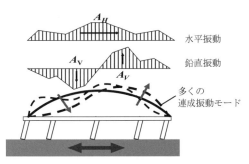

図 5.1.1　下部構造付きラチスシェル屋根の地震応答概念図

本章では，このような複雑な特性を有するラチスシェル屋根構造の地震応答を数値解析や等価な静的荷重として評価し，地震応答に対するラチスシェル屋根構造の安全性を検定する手法について概説する．なお，設計手順およびクライテリアは3章の許容応力度設計および終局設計に沿ったものとし，全体座屈に関しては4章を準用した検定を行う．スパンの大きなラチスシェルでは鉛直方向地震入力の影響や入力位相差の影響も無視し得ない場合があるが，本指針で対象とする60m程度以下のラチスシェル屋根構造では鉛直方向の応答増幅や位相差は顕著とはならないため，これらの影響は考慮しないものとする．また，屋根材に膜材を使用する等，重量の小さい仕上げ材を有する場合は，構成部材が風荷重で決定されることがほとんどとなるため，耐震性の検定は原則として省略できる．省略可能な条件としては5.2節のいずれかで定義される地震応答荷重分布が屋根各部で風圧力による荷重分布より下回っていることとする．

一方，屋根支持部や下部構造に免震支承や制振部材を導入し，入力エネルギーを特定部材で吸収することによって屋根部の応答を低減する試みも多くなされるようになってきている．このような設計では支承部または下部構造の剛性を低下させるため，屋根部特有の複雑な応答性状が単純化され，かつ極めて稀な地震に対しても弾性設計も可能となることが多い．5.3節ではこのような構造の応答評価手法についても概説する．

5.2 地震応答評価

> 下部構造付きラチスシェル構造の地震応答を評価する方法としては，(方法1) 下部構造を含めた3次元部材モデルを用いた動的解析による方法，(方法2) 屋根部の複数振動モードを表現した並列多質点系モデルによる方法，(方法3) 等価静的地震荷重を用いた静的解析による方法等がある．(方法1)は，自由形状を含む一般的な形状のラチスシェル屋根構造に，(方法2)は球形ラチスドームに，(方法3)は複層の球形ラチスドーム，円筒ラチスシェル，山形ラチスシェル，小梁・ブレースで連結されたアーチ等に適用できる．

本節で解説する応答評価は，3次元骨組構造モデルを用いた動的解析手法による評価（応答スペクトル法，時刻歴応答解析），並列多質点系モデルによる評価，等価静的地震荷重による評価である．本節で用いる層および構造部位の定義を図5.2.1に，それぞれの手法の適用範囲を図5.2.2に示す．設計者は対象とする屋根構造の動的特性に応じ，適切な手法を用いて応答評価を行うことができる．

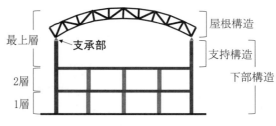

図5.2.1 層と構造部位の定義

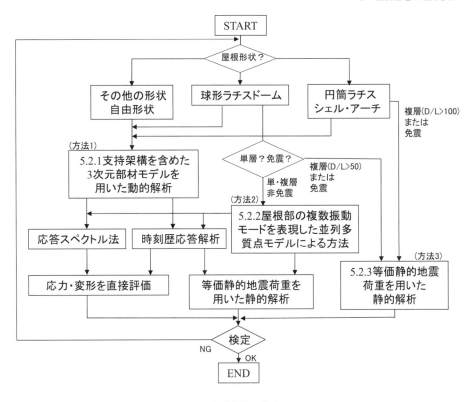

図 5.2.2 地震応答の検定フロー

5.2.1 3次元部材モデルを用いた動的解析による評価

　一般的な形状のラチスシェル屋根構造の地震応答については，3次元部材モデルを作成し，応答スペクトル法または時刻歴応答解析により評価することができる．

(1) 応答スペクトル法
　応答スペクトル法を用いる際にはCQC法を基本とする．3次元部材モデルに対し振動固有値解析を行い，下式に基づき水平方向ごとに主要振動モードの刺激係数および有効質量を求める．

$$刺激係数 \ {}_s\beta = \frac{\{{}_s\phi\}^T[M]\{I\}}{\{{}_s\phi\}^T[M]\{{}_s\phi\}} \tag{5.1}$$

$$有効質量 \ {}_sm_{eq} = {}_s\beta^2 \ {}_sm = \frac{\left(\{{}_s\phi\}^T[M]\{I\}\right)^2}{\{{}_s\phi\}^T[M]\{{}_s\phi\}} = \frac{\left(\sum m_i \ {}_s\phi_i\right)^2}{\sum m_i \ {}_s\phi_i^2} \tag{5.2}$$

ここに，${}_sm$：s次振動モード一般化質量，$\{{}_s\phi\}$：s次振動モードベクトル，$[M]$：質量マトリクス，$\{I\}$：地震入力方向の自由度のみに1が入ったベクトル，m_i：i点質量，${}_s\phi_i$：s次振動モードにおけるi点の値である．
　CQC法による応答評価値は下式で与えられる．

$$|u|_{max} = \sqrt{\sum_{s=1}^{N}\sum_{r=1}^{N}\left({}_s\beta\{{}_s\phi_i\}S(T_s,h_s)\right)\rho_{sr}\left({}_r\beta\{{}_r\phi_i\}S(T_r,h_r)\right)} \tag{5.3}$$

ここに，T_s, T_rはs次モード，r次モードの固有周期，$S(\ )$は応答スペクトルの値を示す．ρ_{sr}は，s次モードとr次モード間の相関係数で，下式で表される．

変形・速度： $$\rho_{sr} = \frac{8\sqrt{h_s h_r}(h_s + \gamma h_r)\gamma^{3/2}}{(1-\gamma^2)^2 + 4h_s h_r \gamma(1+\gamma^2) + 4(h_s^2 + h_r^2)\gamma^2}$$ (5.4)

加速度： $$\rho_{sr} = \frac{8\sqrt{h_s h_r}\{h_r + \gamma^3 h_s + 4\gamma h_s h_r(h_r + \gamma h_s)\}\sqrt{\gamma}}{\sqrt{(1+4h_s^2)(1+4h_r^2)}\{(1-\gamma^2)^2 + 4h_s h_r\gamma(1+\gamma^2) + 4(h_s^2 + h_r^2)\gamma^2\}}$$ (5.5)

また，$\gamma = \omega_r/\omega_s$，$\omega_s, \omega_r$: s次，r次モード円振動数，h_s, h_r: s次，r次モード減衰定数である．部材応力は各モードの変形に準じて合成することで求められる．

部材応力を求める方法としては，変位の合成式を用いて各モードの部材応力を合成する方法と，合成された加速度応答分布を静的等価地震荷重係数として取り扱い，静的応力・変形解析により各値を求める方法がある．

(2) 時刻歴応答解析

時刻歴応答解析による応答評価は，3次元部材モデルに具体的な設計用地震入力を1方向または2方向に加え，直接積分法により各時刻における応答値を求める方法である．地震入力の設定方法は3章に準ずる．各部の最大変位や部材応力を求める方法としては，各時刻歴の最大値を抽出する方法と，総ひずみエネルギー最大時刻の各値を利用する方法，最大応答加速度分布より静的等価地震荷重係数を設定する方法が利用できる．

本項では動的解析を用いて耐震性を評価する手法および留意点について記述する．

空間構造物の応答を評価する方法には，対象構造物の振動特性の複雑度に応じて様々な方法を使い分ける必要がある．本項では，3次元部材モデルを用いた動的数値解析による評価方法について述べる．以下，特に記載する場合を除き，解析は水平2方向の入力に対して個別に行うこととする．

(1) 応答スペクトル法

梁・柱を曲げ剛性と軸剛性（必要に応じせん断剛性）を考慮した線材要素，ブレースを軸剛性を考慮したトラス要素でモデル化し，対象架構全体を3次元部材モデルで表現する．組立梁・組立柱は線材で置換しても良い．構成したモデルに対して振動固有値解析を行い，水平方向ごとに主要振動モードの刺激係数および有効質量を求める．これらの値は式(5.1),(5.2)により求められる．

考慮すべき振動モード数としては採用モードの有効質量和が全質量の90％程度以上あれば十分な精度が得られることが報告されている[5.24)]．

応答スペクトル法による評価は，各次の振動モードが励起される応答量をその固有周期と設計用応答スペクトルを用いて評価し，モード応答の重合せによって最大応答を推定する方法である．組合せの方法は重層構造では以下が一般的に使用されている．

(ABS/Absolute Sum)： $|u_i|_{max} = \sum_{m=1}^{N}|_m\beta\{_m\phi_i\}S(T_m, h_m)|$ (C5.2.1)

(SRSS/Square Root of Sum of Square)： $|u_i|_{max} = \sqrt{\sum_{m=1}^{N}|_m\beta\{_m\phi_i\}S(T_m, h_m)|^2}$ (C5.2.2)

しかしながら，ラチスシェル屋根構造では有効質量比と固有周期の近接する多くのモードが相関

することが頻繁に起こるため，一般的に ABS は過大評価，SRSS は過小評価となることが多い．そこでモード間の相関係数を用いた CQC 法 / Complete Quadratic Combination Method が用いられることが多い[5.3)-5.5)]．CQC 法の評価式については本文中の式(5.2)〜(5.5)のとおりである．CQC 法は，モード間の相関が小さくなるにつれ対角項のみが残り SRSS に近くなる．上記の各種法は基本的に屋根構造が弾性の範囲において有効となる．

弾塑性応答を求める場合には以下のような手順で応答評価する手法が既往の研究で紹介されている．以下，簡単のため，1 次モードのみを用いるものとし記述する．

1. 減衰定数を仮定し，対象としている限界状態に対応する変位と加速度の応答スペクトルを定める．各部材の剛性は弾性の初期剛性とする．
2. 1 次モード形の荷重パターンに対する荷重係数を少し増加させる．
3. 適切な方法で塑性率を定めて，等価線形化によって剛性と減衰定数を求める．
4. 振動固有値解析を行い，1 次モードの変位応答スペクトルと加速度応答スペクトル（履歴減衰を考慮した減衰定数によって低減）を求める．
5. 荷重変位曲線が変位・加速度応答スペクトルの曲線に達していなければ 2 へ．

あるいは，Capacity Spectrum Method と同様に，次のような繰返し計算を用いることもできる．

1. 減衰定数を仮定し，各部材の剛性は弾性の初期剛性とする．
2. 対象としている限界状態に対応する変位と加速度の応答スペクトルを定める．
3. 1 次モード形の荷重パターンで静的増分解析を行い，荷重変位曲線と変位・加速度応答スペクトルの曲線の交点を求める．
4. 適切な方法で塑性率を定めて，等価線形化法あるいは簡便式によって剛性と減衰定数を求める．
5. 収束していなければ，上記減衰係数によって応答スペクトルを修正して，3 へ．

地震動 1 方向の入力では不十分で 2 方向あるいは 3 方向の成分を考慮しなければならない場合には，地震動の 3 成分を考慮したモーダルアナリシスとして，CQC3-rule, GCQC3-rule 等が提案されている[5.6)-5.8)]．また，30%-rule, 40%-rule, IBC-1, IBC-2 等の簡易手法を用いることも可能である[5.9)]．

(2) 時刻歴応答解析による方法

時刻歴応答解析は，3 次元部材モデルによる解析と簡易モデルによる解析の 2 つに分けられる．

3 次元部材モデルでは，構造物を梁・柱やトラス要素で分割し，限界状態ごとに定められたレベルの数種類の地震動を入力して，直接積分法により応答評価を行うものである．ここで，塑性化が予想される部分は，細かく梁要素で分割する，ファイバーモデルを用いる，適切な一般化塑性ヒンジを用いる，等の配慮が必要である．3 次元部材モデルは，基本的に 1 方向〜3 方向入力の立体解析となる．この方法では，許容応力度設計に用いる弾性応答評価と終局設計に用いる弾塑性応答評価を共通のモデルで行うことができるが，部材モデルの弾塑性時刻歴応答解析は一般的に計算時間が多大にかかり，また個々の地震入力に対する応答にばらつきが見られる場合があるため，他の簡便法を併用し参考とすることが望ましい．

簡易モデルでは，まず，多層骨組を適切な質点系（極端な場合は等価 1 質点系）に分割して「静

的増分解析」を行い，層の復元力特性をトリリニアでモデル化する．このモデルに対して地震応答解析を行い，部材の応答を層の応答から逆算する．ただし，屋根各部の応答は屋根が支持されている層（多くの場合最上層）の水平応答よりさらに増幅するため，屋根各部で5.2.2項で述べるような応答増幅率を評価し乗じる必要がある．

地震動のレベルは，3.4節で定めるとおりであり，基本的に通常の多層構造と同じである．部材応力および変形の照査を行うにあたっては，時刻歴応答の最大値を直接用いる方法と，時刻歴応答より等価な静的地震荷重を設定し，静的応力・変形解析を再度行う方法が考えられる．後者を採用する場合の等価静的地震荷重の設定方法としては，各部の加速度応答最大値の包絡値を利用する方法や，ひずみエネルギー最大時刻の加速度分布を用いる方法等がある．時刻歴応答解析による方法は，与えられた地震動に対する解析結果は高精度であるが，応答量が地震動に依存するため，数個の地震動を用いてばらつきの範囲を考慮する必要がある．また，ブレースの劣化挙動のモデル化[例えば 5.10-5.13]については，端部拘束，断面の特性等を考慮してこれを定める必要がある．

上下動の評価に模擬地震動あるいは観測地震波を用いる場合には，上下動の大きさは，水平動の1/2程度とする[5.14]．ただし，特に多雪地域の構造物では鉛直荷重に対して十分な安全率を有するように設計されるので，上下動の影響はそれほど大きくはない．

空間構造は，重量や非構造材の分布が重層骨組構造とは異なるので，減衰特性に関してはその特性を考慮して設定しなければならない．実際の空間構造の測定結果に基づく減衰評価例を5.3.2節解説中に示す．将来はさらに統計データが整備されるものと考えられるが，現状ではデータ量は十分でなく，ラチスシェル屋根に対しては0.02程度とすることが一般的である．主要モードは複数が並列することが多いことから減衰形式は主要2モードを対象としたレイリー減衰とすることが多く行われている．

弾塑性解析を行う場合には部材の破壊形式に応じた復元力特性を与えることが求められる．また，予想される変形量に対して応力状態の変化が予想される場合には，幾何学的非線形性を考慮した解析を行う．

5.2.2 並列多質点系モデルによる評価

> 球形ラチスドームでテンションリングの剛性が十分に大きい場合，並列多質点系モデルを用いて屋根部の複数の振動モードを表現し，応答スペクトル法または時刻歴応答解析により最大応答（部材応力，変形）を求めることができる．なお，(1)上部構造は線形弾性範囲であり，(2)下部構造には重量や剛性の偏りがなく，(3)全支承部の水平変位を同時変位とみなせる場合において，並列多質点系モデルを用いることができる．

5.1節で述べられているように，ラチスシェル屋根構造は上部の屋根構造と下部構造(うち屋根を直接支持する支持構造)から構成されている．上部屋根構造の応答性状の分析には下部構造の動的挙動を適切に評価する必要がある．また，5.5節で述べるように支持構造に制振部材を導入した場合や屋根架構の支承部に免震装置が導入される設計では，制振装置や免震装置の応答低減効果を考慮し

た屋根構造の最大応答を求める必要がある．

(1) 弾性設計

許容応力度設計の範囲や下部構造および支持構造に制振装置や免震装置を導入した場合，屋根構造は弾性挙動をする．並列多質点系モデル[5.20)]は，屋根構造が線形弾性挙動することを前提とし，屋根構造の3次元部材モデルを用いて振動固有値解析を行い，屋根構造の振動モードを有効質量比の大きいものから数個抽出し，有効質量と有効剛性を用いて図5.2.3(b)のように並列多質点系モデルに置換する．採用モードは合計有効質量比が0.9以上となるよう定める．

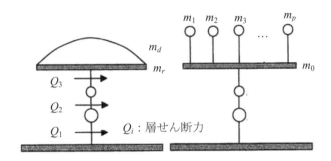

(a) 支持構造せん断モデル　　(b) 並列多質点系モデル
図 5.2.3　並列多質点系モデルの構成

文献5.20)に基づき，屋根構造の採用モード数をp，並列多質点系モデルにおける等価質点番号をsとし，低次のモードから$s=1, 2, \cdots, p$と呼ぶことにする．また，$s=0$は下部構造層間変位を指す．ドーム総質量をm_d，テンションリング質量をm_rとすると，s次モードの質量m_s，剛性k_sとテンションリング位置の質量m_0は，

$$m_s = {}_s\beta^2 m_d \ , \ \ k_s = {}_s\omega^2 {}_s\beta^2 m_d \ , \ \ m_0 = m_r + \left(1 - \sum_{s=1}^{p} {}_s\beta\right) m_d \tag{C5.2.3}$$

となる．${}_s\omega$は屋根構造のs次モードの固有円振動数，${}_s\beta$は屋根構造のs次モードの刺激係数である．屋根構造の固有振動モード$\{{}_s\phi\}$は屋根構造の質量マトリクス$[M_d]$を介して，$\{{}_s\phi\}^\mathrm{T}[M_d]\{{}_s\phi\}=m_d$となるように正規化する．

文献5.20)では，2層ブレース架構に支持された単層ラチスドーム（解析パラメータとして，スパンを50m，75m，100m，半開角を30，35，40，45度，部材細長比を10，30，50）を対象とし，時刻歴応答解析における並列多質点系モデルと3次元部材モデルの最大応答値の比較を行っている．球形のドームに関しては，並列多質点系モデルの誤差は採用したモードの刺激係数の自乗和である有効質量比に大きく依存し，対象としたドームの範囲においては，有効質量比が0.9程度であれば，3次元部材モデルの解析結果との比較において，最大で30%程度の誤差に抑えることができることが述べられている．

屋根構造の固有周期，固有モード，有効質量は一般には振動固有値解析を行うことにより得られる．一方，円筒ラチスシェル等の基本形状に関しては，連続体置換を用いて固有周期や有効質量を求めることができる．

(2) 下部構造が塑性化する場合の応答評価

下部構造が早期に降伏する空間構造では，下部構造の塑性化により上部屋根架構への入力が低減される．したがって，下部構造が塑性化する場合，下部構造の動特性の変化（下部構造のエネルギー吸収や下部構造の固有周期の長周期化等）を考慮して屋根構造の応答値を推定する必要がある．これらの効果を考慮した応答推定法の1つに，荷重モードを刻々変更させるモード適合型静的増分解析がある．ここでは，図5.2.4に示すような下部構造を有する複層ラチスドームを例に挙げ，以下に手順を説明する．

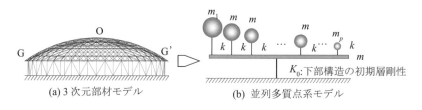

図5.2.4　ラチスドームの並列多質点系モデルへの置換

下部構造降伏型の空間構造では，屋根構造への入力が低減されるため，屋根構造はほぼ弾性と考えることができる．そこで，屋根構造については前述の等価質点モデル（図5.2.4）でモデル化する．

下部構造は図5.2.5のように降伏後の剛性が0の座屈拘束ブレースと弾性フレームから成る混合架構を対象とする．ここで，(1) 混合架構は面内方向のみに剛性を有し，(2)下部構造のリング梁は剛であり，柱頭は剛床と仮定する．単位混合架構の初期剛性を k_1，2次剛性を k_2 とし，初期剛性に対する2次剛性の比を $r=k_2/k_1$ とする．

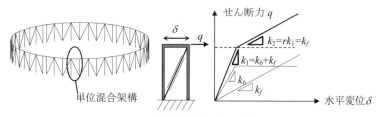

図5.2.5　単位混合架構

下部構造に層せん断力 Q_B が作用すると，図5.2.6に示すように中央のブレースから降伏する．荷重－水平変形関係をバイリニアに置き換え，下部構造の降伏層せん断力 Q_y に対する下部構造の層せん断力 Q_B の比を $\alpha = Q_B/Q_y$，下部構造の塑性変位 δ_y に対する下部構造の水平変位 δ_0 の比を塑性率 $\mu = \delta_0/\delta_y$ とし，α と μ の関係を求める．

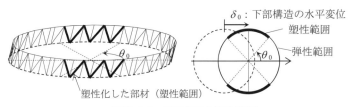

図 5.2.6　下部構造の塑性範囲

下部構造が弾性である場合は，

$$\alpha = \mu \tag{C5.2.4}$$

であり，下部構造が塑性化した場合は，次式となる．

$$\alpha = \left\{\frac{2\theta_0}{\pi}(1-r) - \frac{1-r}{\pi}\sin 2\theta_0 + r\right\}\mu + \frac{4(1-r)\cos\theta_0}{\pi} \tag{C5.2.5}$$

ただし，θ_0 は図 5.2.6 において塑性範囲を示す角度である．

$$\sin\theta_0 = \delta_y/\delta_0 = 1/\mu \tag{C5.2.6}$$

また，下部構造の初期層剛性 K_0 に対する剛性低下率 κ は，塑性率の関数とし次式のように表される．

$$\kappa = \frac{K_{eq}}{K_0} = \frac{Q_B/\delta_0}{Q_y/\delta_y} = \frac{\alpha}{\mu} = \left\{\frac{2\theta_0}{\pi}(1-r) - \frac{1-r}{\pi}\sin 2\theta_0 + r\right\} + \frac{4(1-r)\cos\theta_0}{\pi\mu} \tag{C5.2.7}$$

以上より，屋根構造および下部構造を図 5.2.4 のような並列多質点系モデルに置き換えることができる．図 5.2.4 の並列多質点系モデルに対して，各質点 s に $_\beta S_A$ を乗じモードに比例した荷重を用いて静的増分解析を行うことにより弾塑性応答評価が可能となり，屋根構造の応答評価を行うことができる．既往の研究[5.21)]では，主に 1 次モードが支配的な複層ラチスドームを対象とし，並列多質点系モデルによるモード適合型静的増分解析の有効性を検討している．

下部構造を有する複層ラチスドームにおいて，弾性時の 1 次モードの有効質量比が 0.8 以上であれば，並列多質点系モデルを用いて 1 モードのみを考慮した通常の限界耐力計算から応答推定が可能と結論づけている．この場合，下部構造の剛性が小さいほど，また，上部構造のデプスが大きいほど，モード適合型静的増分解析の精度は高いとしている．一方，下部構造の剛性が大きい，あるいは，屋根構造のデプスが小さい場合には，高次モードの影響を無視することができない．このような構造物に対しては，2 つのモードを考慮した静的増分解析より応答評価を行うことができる．文献 5.21)では，下部構造エネルギー吸収型の複層ドームにおいては，(1) 弾性振動における主要な 2 つモードの有効質量比の和が，ほぼ 85%以上であれば 2 モード型と判断できること，(2) また，多くの場合，下部構造の塑性化に伴い，構造全体が 2 モード型に移行する傾向が強く，(3) 並列多質点系モデルに置換されたドームと下部構造の静的増分解析で，その最大応答値がほぼ推定できることを示している．

(3) 静的増分解析による応答推定と時刻歴応答解析結果との比較

下部構造を有する複層ラチスドーム（スパン L=100m，デプス／スパン比率 D/L = 1/50，下部

構造の高さ $H = 6\mathrm{m}$，$\sigma_y=235\mathrm{MPa}$）について，2つのモードを考慮した静的増分解析による応答推定の一例を示す．モード適合型静的増分解析から推定したドーム稜線（図 5.2.4 の G-O-G'）の最大応答変位と時刻歴応答解析の最大応答変位の比較を図 5.2.7 に示す．実線は，本手法による応答推定値であり，■と●は，それぞれ，1次モードと2次モードの応答（静的増分解析）である．他の印（○，△，□，×，◇）は時刻歴応答解析の結果である．水平変位については，多少の誤差が認められるが，鉛直変位については，本応答評価値と時刻歴応答解析値は比較的一致し，本解析値は十分に時刻歴応答の傾向を把握できている．本解説では，詳細に述べないが，ドーム内の軸力についても，上弦材，下弦材，テンションリングのそれぞれについて，時刻歴応答の解とモード適合型静的増分解析による応答はよく一致している．これらの結果からもわかるように，下部構造の塑性化を考慮した並列多質点系モデルを用いることにより，下部構造が塑性化した場合の上部構造の最大変位，最大部材軸力を良好に評価することができる．

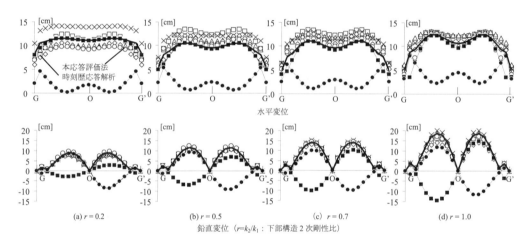

図 5.2.7 本応答評価法と時刻歴応答解析の比較（L=100m，D/L = 1/50，H = 6m）

5.2.3 等価静的荷重による評価

複層の球形ドーム,円筒シェル屋根等,その応答性状が比較的単純な屋根構造では,屋根部の応答を模擬する各種の等価な静的地震荷重に置換して算定し,静的応力解析による部材許容応力度設計および変形検定を行うことができる.本手法の適用範囲は,屋根ラチスのデプス／スパン比率 $D/L>1/50$ の球形ドーム,$D/L>1/100$ の円筒ラチスシェルとする.山形,寄棟屋根については円筒ラチスシェルを準用できる.

(1) 等価静的荷重

等価静的荷重は屋根ライズ(半開角),下部構造と屋根の剛比・重量比をパラメータとし,屋根部鉛直・水平荷重および下部構造各層の水平荷重として算定する.

具体的には,まず屋根を剛体と考えて高さ方向の地震外力分布に基づく各層の設計用せん断力を設定し,屋根と直下の支持構造で構成される最上層の層せん断力係数 C_n に対し,下図で示される応答増幅係数を乗じた等価加速度にその部位の単位面積あたりの屋根質量を乗じた値を等価な静的地震荷重とする.なお,表 5.1,表 5.2 はそれぞれ解説中の式 (C5.2.10)~(C5.2.13),および式 (C5.2.12),(C5.2.13),(C5.2.20),(C5.2.21)による数値を概算したものであり,これらの式を直接用いても良い.

(a)球形ラチスドームの場合 (半開角 40°以下)

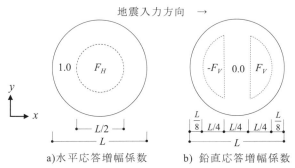

a)水平応答増幅係数   b) 鉛直応答増幅係数
図 5.1 球形ラチスドームの屋根面加速度増幅係数分布

水平増幅率 F_H,鉛直増幅率 F_V は,以下の表により求める.

表 5.1 応答増幅係数(球形ラチスドーム)

(a) 水平応答増幅係数 F_H

F_H	R_T						
	0	0.14	0.5	1.0	1.5	2.0	3.0以上
$R_M<1.2$	3.0	3.0	1.6	1.1	1.0	1.0	1.0
$1.2<R_M<5$	3.0	3.0	1.9	2.1	1.2	1.1	1.0
$5<R_M<20$	3.0	3.0	2.0	3.1	1.3	1.1	1.0

＊表に与えられた以外の数値に対しては,中間補間するものとする。

(b) 鉛直応答増幅係数 F_V

$F_V/(C_V\theta)$	R_T						
	0	0.3	0.5	1.0	2.0	3.0	5.0以上
$R_M<1.2$	3.0	3.0	2.2	1.2	0.6	0.3	0.0
$1.2<R_M<5$	3.0	3.0	2.4	2.6	0.7	0.3	0.0
$5<R_M<20$	3.0	3.0	2.5	4.6	0.7	0.3	0.0

F_V の値は,表中の数値に C_V と θ を乗じたものとする。
＊表に与えられた以外の数値に対しては,中間補間するものとする。

R_T：屋根を剛体として求めた構造全体の1次固有周期を屋根自体の逆対称1次モード固有周期で除した比

R_M：屋根と下部構造の重量和を，屋根の重量で除した比

C_V：1.85，　半開角：$\theta=\sin^{-1}\left(\dfrac{4(h/L)}{1+4(h/L)^2}\right)$，$h$：屋根ライズ，$L$：スパン

(b) 円筒ラチスシェル，山形，寄棟屋根の場合（半開角40°以下）

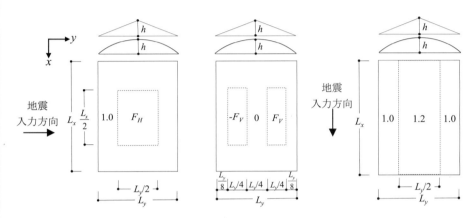

a)水平応答増幅係数(梁間入力) b)鉛直応答増幅係数(梁間入力)　c)水平応答増幅係数(桁行入力)

図5.2　円筒ラチスシェルの屋根面加速度増幅係数分布

ただし，梁間方向の水平増幅率 F_H，鉛直増幅率 F_V は，以下の表により求める．

表5.2　応答増幅係数

(a)　水平応答増幅係数 F_H

F_H	R_T						
	0	0.14	0.5	1.0	1.5	2.0	3.0以上
$R_M<1.2$	1.5	1.5	1.2	1.0	1.0	1.0	1.0
$1.2<R_M<5$	1.5	1.8	1.6	2.0	1.2	1.1	1.0
$5<R_M<20$	1.5	1.8	1.7	3.0	1.3	1.1	1.0

＊表に与えられた以外の数値に対しては，中間補間するものとする．

(b)　鉛直応答増幅係数 F_V

$F_V/(C_V\theta)$	R_T						
	0	0.3	0.5	1.0	2.0	3.0	5.0以上
$R_M<1.2$	3.0	3.0	2.2	1.2	0.6	0.3	0.0
$1.2<R_M<5$	3.0	3.0	2.4	2.6	0.7	0.3	0.0
$5<R_M<20$	3.0	3.0	2.5	4.6	0.7	0.3	0.0

F_Vの値は，表中の数値にC_Vとθを乗じたものとする．

＊表に与えられた以外の数値に対しては，中間補間するものとする．

R_T：屋根を剛体として求めた構造全体の1次固有周期を屋根自体の逆対称1次モード固有周期で除した比

R_M：屋根と下部構造の重量和を，屋根の重量で除した比

C_V：1.33，　半開角：$\theta=\sin^{-1}\left(\dfrac{4(h/L_y)}{1+4(h/L_y)^2}\right)$，$h$：屋根ライズ，$L_y$：梁間方向スパン

(2) 終局設計（弾塑性設計）の考え方

本設計法を用いる場合，終局設計に関しては崩壊メカニズムにおいて屋根部の塑性化を避け，下部構造の塑性化を先行させることを原則とする．具体的には屋根面への等価静的地震荷重を含めた増分解析を行い，崩壊メカニズム時の塑性ヒンジが屋根構造で発生しないことを確認するか，または最上層の応答せん断力係数に応答増幅率を乗じて得られた屋根分布荷重に対し屋根構造各部が弾性限度内にあることを確認する．

(1) 球形ラチスドームの地震応答評価

数値解析を基に球形ラチスドームの地震応答特性を定性的に捉えようという試みは，1980年代後半より文献5.15), 5.16)などを中心に進められてきた．文献5.20)では並列する複数の屋根部卓越振動系と下部構造を組み合わせることで，単層ラチスドームの応答特性を定性的に把握する簡易振動モデルが提案されている．

単層球形ラチスドームは多くの高次振動モードが並列に現れるが，複層球形ラチスドームではデプス／スパン比が1/50程度以上の範囲で振動モードが4種程度に集約され，それらによる最大応答加速度の屋根面における包絡分布が概ね逆対称一次モードの振動モード形状で模擬できることが知られている．その分布形状としては一例として以下のような分布が用いられることが多い [5.20), 5.24]．

水平方向
$$A_H(x,y) = A_{eq}\left\{1+(F_H-1)\cos\frac{\pi\sqrt{x^2+y^2}}{L}\right\} \tag{C5.2.8}$$

鉛直方向
$$A_V(x,y) = A_{eq}F_V\frac{x}{\sqrt{x^2+y^2}}\sin\frac{\pi\sqrt{x^2+y^2}}{L} \tag{C5.2.9}$$

ここに，A_{eq}：屋根を剛体としたときの屋根を含む最上層の水平応答加速度，F_H：水平方向の屋根面最大応答加速度のA_{eq}に対する比率，F_V：鉛直方向の屋根面最大応答加速度のA_{eq}に対する比率，(x,y)：頂点を原点とする屋根面の水平面投影座標である．x方向は地震入力方向とする．式(C5.2.8)

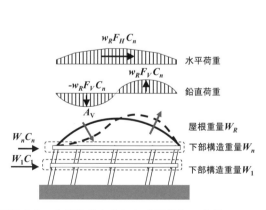

図5.2.8 水平地震入力による屋根部の応答

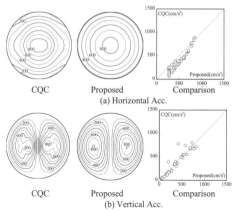

図5.2.9 式(C5.2.8),(C5.2.9)の加速度分布形状とCQC解析との比較例 [5.24]

は外周部で A_{eq}, 頂点で $F_H A_{eq}$ となる余弦分布を, 式(C5.2.9)は外周部および $x=0$ の点で 0, x が負の領域で最小値 $-F_V A_{eq}$, x が正の領域で最大値 $F_V A_{eq}$ の正弦分布を持つ逆対称モード形状となる.

図 5.2.8 に屋根応答の概念図, 図 5.2.9 に式(C5.2.8),(C5.2.9)屋根面における水平・鉛直加速度応答と応答スペクトル法(CQC 法)による数値解析との比較例を示す. 応答増幅率はまず一義的にライズ／スパン比の関数となり, 半開角 θ が 60°程度までは半開角が増えると共に水平方向, 鉛直方向共に増加していくことが知られている. 文献 5.18)ではアーチモデルを用いてライズ／スパン比と屋根部水平・鉛直方向応答増幅率の関係を定性的に求めようと試み, 水平方向に半開角に比例する増幅率を, 鉛直方向に一定値 2.5 の値を提案している. また, 文献 5.26)では 4 質点簡易アーチモデルを用いて水平・鉛直応答増幅率と半開角との関係を定量的に説明している. 両者の関係を図 5.2.10 に示す. さらに下部構造により屋根応答は増幅される. この増幅率は屋根架構自身の卓越振動モード固有周期 T_R と屋根を剛体と考えた場合の下部構造の水平剛性で決定される等価一質点系モデルの固有周期 T_{eq} との比率 $R_T=T_{eq}/T_R$ により決定される. また, R_T が 1 に近接する範囲では下部構造による屋根構造の振動励起現象が生じ, 屋根部の有効質量 M_R に対する下部構造と一体化した一質点系の質量 M_{eq} との比率 $R_M=M_{eq}/M_R$ が大きいと急激に応答が励起される. これらの特性は文献 5.19)等で屋根と下部構造よりなる 2 質点系モデルを用いた検討により報告され, その後文献 5.31), 5.32)等で高次モードの影響も含めて近似式が提案されている. 図 5.2.11 は屋根部の振動に逆対称 1 次モードのみを考慮した場合の鉛直方向増幅率の例であるが, 高次振動モードを含めると R_T が 1 以下の範囲で水平方向応答増幅率 F_H, 鉛直方向応答増幅率 F_V ともに 2.5～3.5 程度の範囲に分布することが知られている. 文献 5.32)にまとめられた球形ラチスドームの F_H, F_V の評価式を以下に示す.

$$F_H = \begin{cases} 3 & (0 < R_T \leq 5/36) \\ \sqrt{5/4R_T} & (5/36 < R_T \leq 5/4) \\ 1 & (5/4 < R_T) \end{cases} \quad \text{(C5.2.10)}$$

$$F_V = \begin{cases} 3C_V\theta & (0 < R_T \leq 5/16) \\ \left(\sqrt{5/R_T} - 1\right)C_V\theta & (5/16 < R_T \leq 5) \\ 0 & (5 < R_T) \end{cases} \quad \text{(C5.2.11)}$$

また, $R_M>1.2$ かつ $R_T<1.5$ の範囲では, 下部構造による屋根部の応答増幅を考慮し, 以下の補正式が提案されている [5.31].

$$F_H' = \sqrt{F_H^2 + \frac{1}{(1-R_T^2)^2 + (1/R_M)^\theta}} \quad \text{(C5.2.12)}$$

$$F_V' = \sqrt{F_V^2 + \frac{1}{(1-R_T^2)^2 + (1/R_M)}} \quad \text{(C5.2.13)}$$

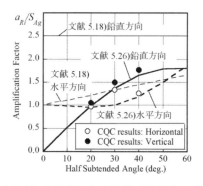
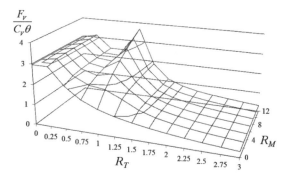

図 5.2.10 半開角による屋根面増幅率の変化   図 5.2.11 周期比，質量比による屋根面増幅率の推移（鉛直方向）5.31)

ここに，C_V=1.88 である．なお，式(C.5.2.12), (C.5.2.13)中のθは半開角(rad)である．表 5.1 の各値は式(C5.2.10)～(C5.2.13)式の値に基づき定められているが，他の文献による増幅率も概ね同様の値を示す．

なお，文献 5.50)においては，デプス／スパン比率が比較的小さい $D/L=2i/L=340$(i:屋根構成部材の断面 2 次半径)程度までの下部構造を持たない単層ラチスドームにおいても，等価静的地震荷重において鉛直方向応答増幅率を台形状にとることによって応答を概ね評価できることが示されている．これより，R_T<0.3 の剛性の高い下部構造を持つ $1/300<2i/L<1/50$ の単層ラチスドームにおいても，表 5.1(a)の水平応答増幅率を頂部から $L/2$ の範囲，表 5.1(b)の鉛直応答増幅率を逆対称に全面に考慮することで応答評価を行えることが示されている．静的地震荷重の分布形状は台形(全面)とし，水平，鉛直加速度分布は下記で評価できるとされている．

<u>水平加速度分布 A_H</u>

$$A_H = p_H A_{\max}\left[1+\left(\frac{S_{a0}(T)F_H G_s}{A_{\max 0}}-1\right)\cos\left(\frac{\pi r}{L}\omega\right)\right] \quad (C5.2.14)$$

ただし，r はドームの平面座標 x, y に関する極座標 $r=\sqrt{x^2+y^2}$，$A_{\max 0}$：地動最大加速度，$S_{a0}(T)$：固有周期に対応した基盤設計用応答加速度スペクトル，G_s：地表増幅率，F_H=1.38 とする．文献 5.49)では，p_H=0.9 が提案されているが，本指針では加速度を大きめに評価し p_H=1.0 とすることを推奨する．

<u>逆対称鉛直加速度分布 A_V</u>

$$A_V = p_{V1}p_{V2}A_{\max}\cdot\frac{S_{a0}(T)F_H G_s}{A_{\max 0}}\cdot\cos\left(\frac{x}{r}\right)\cdot f \quad (C5.2.15)$$

ただし，f は逆対称の台形分布であり，p_{V1} と p_{V2} は，次に示すようなドームの半開角ϕ_0の関数である．

$$p_{V1}=\frac{0.609\sqrt{\phi_0}}{1-1.488\phi_0+1.155\phi_0^2}, \quad p_{V2}=\frac{1.522\sqrt{\phi_0}}{1-0.986\phi_0+0.948\phi_0^2} \quad (C5.2.16,17)$$

(2) 円筒ラチスシェルの地震応答評価

円筒ラチスシェルは梁間方向に地震入力を受ける場合に球形ドームと同様の水平・鉛直振動が励

起され，その性状が1990年代後半より文献5.17), 5.23)を中心に分析されてきた．文献5.26)では概ねデプス／スパン比が1/100程度以上の範囲で梁間方向(y方向)入力に対する各振動モードによる最大応答加速度の屋根面における包絡分布が概ね逆対称一次モードの振動モード形状で模擬できる程度に集約されることが報告されている．その分布形状としては例えば以下のような分布が提案されている．

水平方向　　$A_H(x,y) = A_{eq}\left\{1+(F_H-1)\cos\pi\left(\dfrac{x}{L_x}\right)\cos\pi\left(\dfrac{y}{L_y}\right)\right\}$ (C5.2.18)

鉛直方向　　$A_V(x,y) = A_{eq}F_V \sin\pi\left(\dfrac{2y}{L_y}\right)\cos\pi\left(\dfrac{x}{L_x}\right)$ (C5.2.19)

式(C5.2.18)は外周部でA_{eq}，頂点で$F_H A_{eq}$となる余弦分布を，式(C5.2.19)は外周部および$y=0$の点で0，yが負の領域で最小値$-F_V A_{eq}$，yが正の領域で最大値$F_V A_{eq}$の正弦分布を持つ逆対称モード形状となる．図5.2.12に式(C5.2.18),(C5.2.19)と応答スペクトル法(CQC法)による数値解析との比較例を示す．

ライズ／スパン比（半開角）および下部構造の周期比，質量比に伴う屋根部の応答増幅については概ね球形ラチスドームと同様の特性を有する．ただし，下部構造付き円筒ラチスシェル屋根では，球形ドームと比較し屋根支持レベルの架構水平面のひずみにより，屋根応答がさらに増幅する特性が報告されている．

一方，桁行方向の応答についてはスパン／桁行方向辺長比により励起される屋根振動モードが異なってくるものの，一般的なスパン／桁行方向辺長比1：1.5～2.0の範囲では概ね逆対称一波が卓越することが報告されている[5.23), 5.29), 5.30)]．また，斜め方向からの地震入力に対する応答は，基本的に直交2方向からの入力に対する応答を合成することで求められる．なお，円筒アーチや山形屋根架構における応答は，円筒シェルに対する評価式を準用しても概ね適正な値が得られることが報告されている[5.26), 5.35)]．

文献5.32)にまとめられた円筒ラチスシェルのF_H，F_Vの評価式を以下に示す．

$$F_H = \begin{cases} 3/2 & (0 < R_T \leq 1/4) \\ 1/2\left(\sqrt{1/R_T}+1\right) & (1/4 < R_T \leq 1) \\ 1 & (1 < R_T) \end{cases}$$ (C5.2.20)

$$F_V = \begin{cases} 3C_V\theta & (0 < R_T \leq 5/16) \\ \left(\sqrt{5/R_T}-1\right)C_V\theta & (5/16 < R_T \leq 5) \\ 0 & (5 < R_T) \end{cases}$$ (C5.2.21)

ここにC_V=1.33である．なお，R_M>1.2 かつ R_T<1.5 の範囲では，下部構造による屋根部の応答増幅を考慮し，式(C5.2.12), (C5.2.13)を準用する．表5.2の各値は式(C5.2.20), (C5.2.21)および式(C5.2.12), (C5.2.13)の値に基づき定められている．

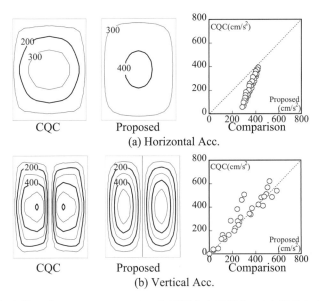

図 5.2.12 式(C5.2.18),(C5.2.19)の加速度分布形状と CQC 解析との比較例

(3) 多層の下部構造で支持されたラチス屋根構造の応答評価

多層の下部構造で支持されたラチス屋根構造に関しては，いったん，屋根部を剛体として質量のみ評価して多層構造と同じように各層の弾性応答せん断力を求め，屋根を含む最上層の応答せん断力係数を A_{eq} として取り扱い，前述した式(C5.2.8)〜(C5.2.21)を適用することで屋根各部の最大応答加速度分布を概ね得られることが文献 5.31)により報告されている．式(C5.2.8)〜(C5.2.21)中の F_H および F_V を求めるためには R_T, R_M が必要となるが，これに必要な振動固有周期 T_{eq} および有効質量 M_{eq} は屋根を剛体とした構造全体モデルの振動固有値解析，または静的地震荷重に対する各層の変位を固有振動モードと見なして求めることができる．なお，鉄筋コンクリート層と鉄骨層が混在する学校体育館のように層毎の剛性が大きく異なる場合には設計用せん断力分布より振動固有値解析および振動モードに基づく評価の方が良い精度が得られることが多い[5.34]．

(4) 高ライズドーム，高ライズ円筒シェルの屋根部応答

半開角が 60°を超える高ライズ球形ラチスドーム，円筒シェルにおいては，水平応答増幅率は単調に半開角と共に増加するが，鉛直応答増幅率は逆に減少に転じることが知られており，F_H および F_V を求めるための評価式が文献 5.33), 5.34)等で提示されており，同問題の先駆的研究である文献 5.15), 5.16)と概ね同等の値を与える．また，屋根上の加速度応答分布も式(C5.2.8)〜(C5.2.21)の関数を屋根のむくりを考慮した極座標で表現できることが報告されている．半開角が 60°〜90°に至るまでの応答増幅率の数値解析結果および提案式の分布を図 5.2.13 に示す．

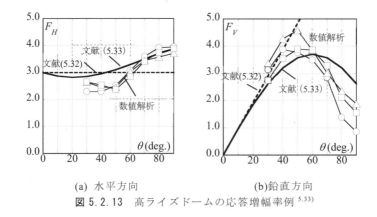

(a) 水平方向　　　　　　　　　(b)鉛直方向
図 5.2.13　高ライズドームの応答増幅率例 [5.33]

(5) 屋根構造の固有周期・減衰の評価

上述した簡易応答評価法を利用するためには屋根構造の固有周期 T_R を求める必要がある．この値を求めるには屋根部の立体部材モデルの振動固有値解析を行えば良い．一方，文献 5.46)は，過去に行われた振動測定結果と屋根仕上げ，スパンの関係を分析し，金属屋根架構については1次固有周期とスパンの間に大まかな相関関係があることを示しており，今後，屋根架構形式を含めたより精度の高い予測が可能となれば，ばらつきの範囲内で安全側の応答評価を行うことも考え得る．また，減衰定数もスパンとの相関関係があることが報告されており，各種応答評価時の参考となろう．

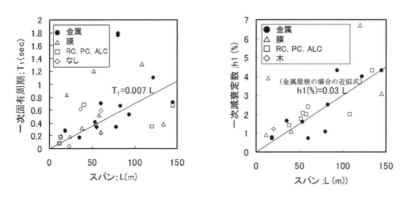

(a) 一次固有周期とスパンの関係　　　(b)減衰定数とスパンの関係
図 5.2.14　屋根仕上げ，スパンと固有周期，減衰定数の測定結果 [5.46]

(6) 高次モードの影響

上記の手法で得られた屋根部の最大応答加速度包絡分布は屋根各部の質量を乗じることで静的地震荷重として使用でき，応力解析を行うことで屋根各部の変形および部材応力を求めることができる．ただしこれらの分布は屋根部の逆対称一次モードに対応しているため，高次振動モードにより加わる局部的な面外せん断力は捕捉されない．このため，上記静的地震荷重により得られた結果は，変形および弦材軸力に関しては概ね良い精度が得られるものの，斜材軸力に関してはややばらつく傾向がある [5.28]．これに対し，時刻歴応答内で最大ひずみエネルギーが発生する時間の応答加速度を捕捉し，静的地震荷重として使用する考え方がある [5.30]．このような方法を援用することでより

精度の高い評価が可能であることが報告されている.

(7) 終局設計の考え方

終局設計時に下部構造付きラチスシェル屋根構造の弾塑性応答を求める際には，屋根構造の水平・鉛直静的地震荷重を各層の水平せん断力分布とともに加えて静的増分解析を行い，得られた履歴の割線剛性および履歴減衰を評価し，等価線形化手法等を用いて応答を概ね求め得ること，また静的増分解析より屋根部を含めた崩壊メカニズムおよび保有水平耐力を評価することができることが文献 5.22)や文献 5.25)により示されている．また文献 5.35)では，半開角 30°程度の学校体育館では，屋根構造の水平・鉛直地震荷重を考慮した保有水平耐力と単純に水平方向のみ加えて評価した保有水平耐力との差はあまり生じないことが報告されている．一方，屋根構造の応答変形と下部構造の水平変形の位相は必ずしも一致するとは限らない．このため，文献 5.22)では屋根構造と下部構造の応答位相の向きを入れ替えて組み合わせた 2 つの応答モードで静的増分解析を行い，組み合わせて評価する手法が提案されている．

鉛直荷重を支持する屋根構造は不静定次数が高い場合，部材が局所的に曲げ塑性化しても全体剛性・耐力に与える影響は限定的である．しかしながら，部分または全体崩壊メカニズムを構成するような塑性化が屋根に生ずると，重力のために振動中心が下部に変位し，ついには崩壊に至る．このことから，建物の崩壊メカニズムは下部構造の梁崩壊または安定した耐震要素を先行させることが望ましい．

上記の考え方による検討方法としては，例えば以下のような方法が考えられる．

1) 屋根荷重連動型増分解析による方法

下部構造の保有水平耐力を求める際に，表 5.1, 5.2 の係数を屋根を含む最上層の層せん断力に乗じた等価静的地震荷重を屋根部に加えながら静的増分解析を行い，個材座屈または塑性ヒンジが屋根構造部で発生しないことを確認する．

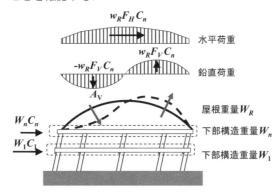

図 5.2.15 屋根荷重連動型静的増分解析

2) 下部構造の保有水平耐力による方法
1) 屋根を剛体として構造全体の静的増分解析を行い，各層の保有水平耐力を求める．
2) 屋根を含む最上層の保有水平耐力を屋根総重量で除した値を最上層のせん断力係数 C_{un} とし，

表5.1, 5.2の係数を乗じて屋根部静的地震荷重を評価する．
3) 屋根部静的地震荷重に対して屋根部材および支承部の弾性応力解析を行い，各部材が終局耐力以下に収まっていることを確認する．

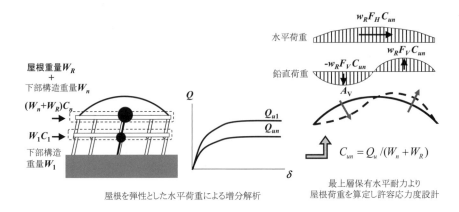

図5.2.16 終局時の下部構造の保有水平耐力による方法

上記の方法はいずれも終局状態における屋根構造の安全性を担保するものであるが，下部構造が許容変形量より求まる必要保有水平耐力に対し余裕のある設計となっている場合には，屋根構造の設計荷重がかなり大きくなることが考えられる．これより崩壊メカニズムに達していなくても，想定される地震入力に対する最上層の水平応答に対し表5.1, 5.2の係数を乗じて屋根部静的地震荷重を評価し，屋根構造の安全性を確認する方法を認める．ただしこの方法では終局時における屋根部の塑性ヒンジ発生の回避が保障されていないため，屋根構造または支承部の塑性化が部分または全体崩壊につながる危険性が無いことを確認することが必要である．

5.3 部材の検定と架構の変形・加速度の検定

> レベル1の応答評価により得られた屋根各部の部材応力，変形に対し，以下の検定を行う．
> (1) 各部材および接合部の応力が許容応力度以下であることを確認する．
> (2) 屋根部の最大鉛直変形が，スパンの1/300以下であることを確認する．
> レベル2の応答評価により得られた屋根各部の部材応力，変形に対し，以下の検定を行う．
> (3) 屋根の各部材および接合部の応力が終局耐力以下であることを確認する．屋根部材の一部が塑性化する場合には鉛直方向の崩壊メカニズムに達していないこと，部材塑性率が耐力低下を生じない範囲にとどまっていることを確認する．

5.2節の各手法により得られた屋根各部の最大応答に対し，架構の安定性確認を行う．地震荷重下における全体座屈安全性の確認に関しては，5.4節で概説する．

(1)の部材ならびに接合部の許容応力度検定に関しては，本会「鋼構造設計規準－許容応力度設計法－」に準拠して行う．(2)の許容最大応答変形クライテリアに関しては，屋根外装・内装の健全性を確保する観点より暫定的に定めたものである．個別に上記性能が確認された場合には，これを超

えた変形量を許容することができる．

(3)の大地震入力を対象とした終局設計においては下部構造の塑性化は許容されるものの，屋根部では塑性化に伴う変形と重力方向が一致し非線形的に崩壊に結びつく危険性がある．したがって屋根部では重層構造のような完全塑性メカニズムの形成は認められず，部材レベルの塑性ヒンジが形成される以前（終局耐力以下）に収めることが望ましい．この範囲であれば，屋根部の座屈検定はそれぞれ(1)と同様の手法で行うことができる．もし屋根部に部分的な塑性変形が進展するようであれば，幾何学的非線性を考慮した時刻歴応答解析により，残留変形が許容範囲以下に収まっていることを確認する必要がある．

なお，本項の規定には含まれていないが，近年の地震における空間構造の屋根部に設置された天井材，照明等の非構造材の落下事故も安全性上大きな課題となっている．屋根面の高い空間構造では床面に落下した時点での非構造材の破壊力は人命確保の面からも無視しえず，安全対策が必要となる．具体的な指針に関しては7章に示す．

大地震入力に対し，屋根各部材を終局耐力以下に収め，応答加速度を一定以下に抑制するためには，下部構造を先行して塑性化させ，入力エネルギーを屋根部に上げないことが効果的である．この考え方を積極的に進めたものが免震支承・制振部材の適用であり，具体的な設計法を5.5節に述べる．

5.4 地震荷重下の座屈耐力検定

> 単層ラチスシェル屋根においては，地震荷重下における座屈耐力の検討を行うことが望ましい．地震荷重下の座屈耐力の検定を行う場合には4章を援用し，各種応答評価手法により得られた最大応答値と等価静的地震荷重下の座屈耐力を比較することにより行う．

単層ラチスシェル屋根においては，地震荷重下における座屈耐力の検定を行うことが望ましい．地震荷重下の座屈耐力の検定については，5.2.1～5.2.3で述べた応答評価手法ごとに以下のような手法が考えられる．

1) 5.2.1の応答スペクトル法，時刻歴応答解析，5.2.2の並列多質点系モデル，5.2.3の等価静的地震荷重による応答評価では，それぞれ最大応答を模擬する等価静的地震荷重を設定することができる．この荷重モードに対する線形座屈固有値解析を実施し，座屈耐力が予測される最大応答を超えていることを確認する．なお，均等荷重下の座屈荷重と比較し，逆対称モードに代表される等価静的地震荷重下の座屈荷重は強い幾何学的非線形性を有していることが報告されており[5.47),5.48)]，幾何学的非線形性を考慮した静的増分解析を行うか，または4章および付録Cを参照に適切な座屈荷重低減係数を考慮する等の措置をとることが望ましい．上記文献では，部材の塑性化を考慮した座屈耐力は概ねDunkerley式により評価できることが示されているが，文献5.47)では，特に円筒ラチスシェルで逆対称モード下の座屈固有値解析に際し，曲げの影響により座屈荷重低減係数を小さめに設定することが必要とされる．もちろん，幾何学的非線形性および材料非線形性を考慮した増分型の座屈固有値解析を行うこともできる．

2) 5.2.1 の時刻歴応答解析では，幾何学的非線形性および材料非線形性を考慮することで，動的不安定の有無を直接評価する方法も考えられる．ただしこの手法は大変手間がかかり，結果がモデル化や入力地震動に大きく依存する傾向があるため，パラメータを変化させて解のばらつきを確認することが望まれる．

文献 5.47), 5.48)では，逆対称荷重分布に対するラチスドームおよび円筒ラチスシェル屋根構造の座屈耐力に相当する等価静的地震荷重式(5.2.11), (5.2.21)の最大値が均等分布荷重による座屈荷重値に対してラチスドームでおよそ80%以上，円筒ラチスシェル屋根構造でおよそ70%以上であることが報告されている．このような場合には，均等固定荷重に対する線形座屈固有値の余裕度が一定程度以上確保されていれば，地震時の安定性検定を省略できる可能性がある．今後このような知見が充実すれば，地震荷重下の座屈耐力検定を簡便に行うことも可能となろう．

5.5 免震支承・制振部材適用時の応答評価

> ラチス屋根支持部に免震支承を挿入した構造，または下部構造に制振部材を挿入した構造の屋根部応答を求める方法としては，免震支承や制振部材を含めた3次元部材モデルを用いた動的解析による方法(方法1)，または等価静的地震荷重および等価線形化法による方法(方法2)がある．
> (1) 一般的な形状のラチスシェル屋根構造の地震応答については，免震支承または制振部材を適切に組み込んだ3次元の骨組構造解析モデルを作成し，時刻歴応答解析により評価することができる．
> (2) 複層球形ドーム，円筒シェルおよびアーチ，山形トラス屋根等，その応答性状が比較的単純な屋根構造に免震支承や制振部材を組み込んだ構造では，免震支承や制振部材の応答低減効果を考慮して 5.2.3 節で解説された等価な静的地震荷重を評価し，静的応力解析による屋根各部の許容応力度設計および変形検定を行うことができる．
> レベル 2 の応答評価より得られた屋根各部の部材応力，変形，加速度に対し，以下の検定を行う．
> (3) 免震支承部，制振部材の最大変形が許容変形量以下に収まっていることを確認する．
> (4) 各部材および接合部の応力が許容応力度内に収まっていることを確認する．
> (5) 屋根部の最大鉛直変形が，スパンの 1/300 以下となっていることを確認する．

図 5.5.1 (R-2)に見るように屋根支承部に免震支承を挿入し免震化すると，水平・鉛直応答加速度共に屋根部の応答が大幅に低減されることが知られており，その適用例が日本・中国を中心に急速に増加している[5.36)-5.39), 5.44, 5.45]．一般的に特に鉛直方向の大幅な応答低減が期待できることが多い．ただし免震層に初期剛性の高い弾塑性ダンパーを付加した場合には，屋根部鉛直応答が励起される場合がある．

また，下部構造の水平剛性を低く設計し，ここに制振ダンパー（弾塑性ダンパー，粘性ダンパー）を付加することで応答低減を図る図 5.5.1(R-3)構造形式も実施例の多い構法であり，学校体育館等，耐震改修にも適している．免震構造と同様，弾塑性ダンパーは初期剛性が小さいほど屋根部で励起される応答加速度が小さく，粘性ダンパーは下部構造の層間変形角の低減効果は弾塑性ダンパーに劣るが，屋根部の加速度や屋根ブレースへの負担は小さく済むことが多い．

図 5.5.1 のうち，(R-1)の屋根面内制振は，屋根面内の水平応答の低減には効果的であるが，面外

方向の鉛直応答の低減には効果が小さいため，(R-3)の下部構造制振と組み合わせて用いられることが多い．また，(R-4)の全体免震は一体化された多層下部構造が存在する場合に適用例が見られるが，一般的には免震層を一体化するための床板が必要となるため，経済的に不利となる場合が多い．一方，屋根免震，下部構造制振に関しては今後普及が大きく期待される構造形式と言える．

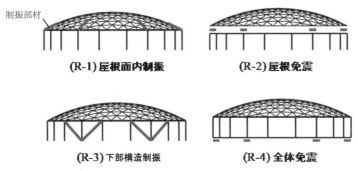

図 5.5.1 ラチスシェル屋根構造のパッシブ応答制御形式

(1) 3次元部材モデルを用いた時刻歴応答解析による評価

時刻歴応答解析を用いて免震支承で支持されたラチスシェル屋根構造の地震応答を評価する場合には，3次元部材モデルの屋根支持点と下部構造との間に，免震支承をモデル化した要素を組み込むことによって解析を実施する．免震支承は通常の免震構造と同様，積層ゴム等の弾性水平ばねと粘性ダンパー，弾塑性ダンパー等の履歴を組み合わせた弾塑性ばねを多方向に組み合わせたマルチスプリング(MSS)モデルを用いることが一般的である．

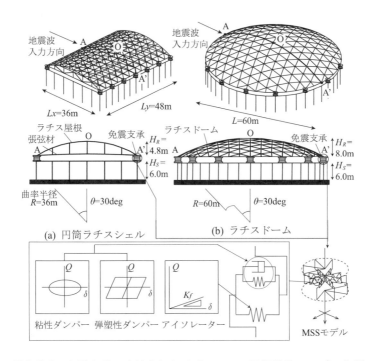

図 5.5.2 免震支承で支持されたラチスシェル屋根構造のモデル化例

時刻歴応答解析を用いて下部構造に制振部材を設置したラチスシェル屋根構造の地震応答を評価する場合には，3 次元部材モデルの下部構造との間に，制振部材をモデル化した要素を組み込むことによって解析を実施する．制振部材は通常の制振構造と同様，粘性ダンパー，弾塑性ダンパー等の履歴特性をモデル化した要素を用いることが一般的である．

(2) 等価静的荷重および等価線形化法による評価

屋根免震構造においては単層ラチスシェルであっても屋根部の振動モードが単純化され，デプス・スパン比に関わらず 5.2.3 節の逆対称一波モードに基づく応答評価手法が適用できることが知られている[5.45]．下部構造に対する屋根構造の質量比が $R_M \leq 1.2$，下部構造と支持構造に対する免震層の周期比 $\beta = T_{eq}/T_S > 5.0$ の範囲においては支持構造を剛体と見なし，免震層を支持構造として R_T, F_H, F_V を評価し，式(5.2.8)～(5.2.21)を適用すればよい．免震ダンパーを用いた場合にはダンパーの等価剛性，等価減衰を評価し A_{eq} を求める．なお，鉛直応答加速度は免震層を挿入し長周期化することによる応答低減は期待できるが，減衰の効果はあまり見られないため，鉛直応答のみ減衰低減効果を無視すると良い精度で応答が評価できる．また，弾塑性ダンパーを用いた場合の屋根モデルの鉛直応答加速度は，ダンパーの初期剛性を小さくするほど応答低減効果が期待でき，R_T を評価するための等価一質点系固有周期の算定には，免震層の最大変形割線剛性と弾性剛性との平均値を採用すると，屋根各部の最大応答加速度を概ね評価できることが分かっている．具体的には，以下の手順で検討を行う．

まず，屋根を支持するダンパーを除いた免震支承剛性 K_f を，屋根を剛体とした時の固有周期 $T_f = 2\pi\sqrt{M_R/K_f} > 2.0\mathrm{sec}$ となるように設定する．ここに M_R は屋根質量である．

1) 弾塑性ダンパーを用いる場合

a) 免震層の限界変形 δ_s を設定し，限界変形時固有周期 T_S を求める．K_S は δ_s 時の割線剛性で式(C5.5.2)より求める．

$$T_S = 2\pi\sqrt{M_R/K_S}, \quad K_S = K_f + Q_{dy}/\delta_s \tag{C5.5.1, 2}$$

ここに，K_f：アイソレータ弾性剛性，Q_{dy}：弾塑性ダンパーの降伏せん断力である．

b) 変位振幅 δ_s 時の等価減衰 h_{eq} を式(C5.5.3)より求める．

$$h_{eq} = h_0 + \frac{K_0/K_f}{\pi\mu_{ma}}\ln\frac{K_0/K_f + \mu_{ma} - 1}{(K_0/K_f)\mu_{ma}^{K_f/K_0}} \tag{C5.5.3}$$

$$\mu_{ma} = \delta_s/\delta_y \tag{C5.5.4}$$

ここに，δ_y は弾塑性ダンパーの降伏変位，μ_{ma} は弾塑性ダンパーの塑性率である．

c) 図 5.5.3 に示すように，減衰 h_{eq} での S_A-S_D スペクトル曲線に免震層の復元力特性および限界変形 δ_s での割線剛性を重ね，それらの交点より免震層に働くせん断力 Q_r を求める．応答加速度は Q_r を用いて次式で求める．

$$_H A_{eq} = \frac{Q_r}{M_R}, \quad _V A_{eq} = \frac{_H A_{eq}}{F_h} \quad \text{ただし}, \quad F_h = \sqrt{\frac{1+25h_0}{1+25h_{eq}}} \tag{C5.5.5～7}$$

免震層の最大変位 δ_m は式(C5.4.8)により求める．

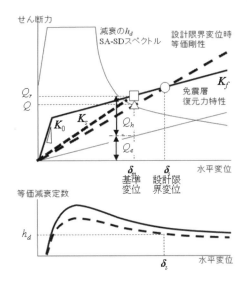

図 5.5.3 免震層の応答評価

$$\delta_m = Q_r / K_S \qquad (C5.4.8)$$

d) 次に式(C5.5.5, 6)により得られた水平基準加速度 $_HA_{eq}$ および鉛直基準加速度 $_VA_{eq}$ に 5.2.3 項の増幅係数を乗じることで屋根各部設計用の地震荷重を求める．既往の研究[5.49)]では応答スペクトルでの応答加速度評価の際に，弾性周期 T_0 と最大変形時の周期 T_S の平均値を用い，R_T の評価にもその値を使う事で屋根部の応答を精度良く評価出来ることを示している．本項ではこれを簡略化し，R_T の評価に用いる屋根応答評価用の固有周期 T_{eq} を求める際に，初期剛性 K_0 と限界変形時の剛性 K_S の平均を取り，同値を用いた式(C5.5.10〜11)により固有周期 T_{eq} を評価する．

$$R_T = T_{eq}/T_R, \quad T_{eq} = 2\pi\sqrt{\frac{2M_R}{K_0 + K_S}} \quad (T_0 < 0.5\text{sec}), \quad T_{eq} = T_0 \quad (T_0 \geq 0.5\text{sec}), T_0 = 2\pi\sqrt{M_R/K_0} \qquad (C5.5.9 \sim 12)$$

e) $_HA_{eq}$ および $_VA_{eq}$ に 5.2.3 項の増幅係数を乗じた加速度に屋根各部の質量を乗じた値を等価静的地震荷重として屋根各部に加え，発生した応力に対し各部材の検定を行う．また，屋根各部の変形を確認する．

2) 粘性ダンパーを用いる場合

免震層に粘性ダンパーを用いたラチスシェル屋根構造の応答評価法は，弾塑性ダンパーを用いる場合と同様，K_f を $T_f \geq 2.0\text{sec}$ となるよう設定し，減衰 h_{eq} での S_A-S_D スペクトル曲線と免震層の復元力特性の交点より求まるせん断力 Q_r を用いて式(C5.5.5〜7)より応答加速度を求め，5.2.3 節の増幅係数を乗じた加速度に屋根各部の質量を乗じた値を等価静的地震荷重として屋根各部に加え，発生した応力に対し各部材の検定を行う．ただし，R_T を求める際は屋根応答評価用の固有周期 $T_{eq}=T_f$ とし，以下による．

$$R_T = T_f/T_R \qquad (C5.5.13)$$

上記手法で求められた球形ドーム，張弦材付き円筒ラチスシェル屋根構造の評価精度例（時刻歴応答解析との比較）を以下に示す[5.48]．図中，黒印が最大水平応答加速度，白印が最大鉛直応答加速度である．免震化することで鉛直応答加速度が劇的に減少すること，評価式(5.5.1)～(5.5.13)が概ね時刻歴応答解析に近い値をあたえることがわかる．

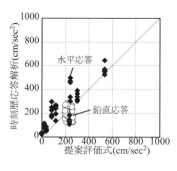 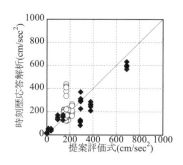

(a) 円筒ラチスシェル　　　　　　　(b) ラチスドーム

図 5.5.4　最大応答加速度精度(弾塑性ダンパー)

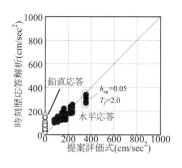 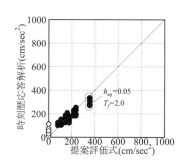

(a) 円筒ラチスシェル　　　　　　　(b) ラチスドーム

図 5.5.5　最大応答加速度精度(粘性ダンパー)

(3) 部材の検定と架構の変形・加速度の検定

　免震支承または制振部材を組み込んだラチス屋根構造では，屋根構造の応答が低減するため，一般的に終局設計用の地震入力に対しても屋根部材を弾性範囲に抑えることが可能となる．したがって，5.5 節(1)～(2)に示した方法により屋根各部の応答を評価し，クライテリアに対する検討を行う．免震支承およびダンパーにはそれぞれ限界変形があり，終局設計用の地震入力に対し各部材が許容変形内にあることを確認する．例えば積層ゴムでは，概ね直径の 6 割程度が許容水平変形となる．これ以外のクライテリアに関しては，一般のラチスシェル屋根構造(5.3～5.4) に準じる．

参 考 文 献

5.1) 日本建築学会：空間構造の数値解析ガイドライン，2011
5.2) 日本建築学会：ラチスシェル構造の動的挙動と耐震設計，2006
5.3) E.L.Wilson, et al.:Short Communications A Replacement for the SRSS Method in Seismic Analysis, Earthquake Engineering and Structural Dynamics, Vol.9, pp.187-194, 1981
5.4) 渡辺基史・滝澤春男：モード別単振子の時刻歴応答間に見られる相関度，日本建築学会大会学術講演梗概集，構造I分冊，p.743，1994.9
5.5) 大網浩一：CQC法におけるモード相関係数の簡便な近似式とその適用例，日本建築学会構造系論文集，大571号，pp.83-89，1999.1
5.6) A. Lopez, A. K. Chopra and J. J. Hernandez, Adapting the CQC3 rule for three seismic components with different spectra, J. Struct. Eng., Vol. 130(3), pp. 403-410, 2004.
5.7) A. Lopez, A. K. Chopra and J. J. Hernandez, Critical response of structures to multicomponent earthquake excitation, EESD, Vol. 29, pp. 1759-1778, 2000.
5.8) J. J. Hernandez and O. A. Lopez, Response to three-component seismic motion of arbitrary direction, EESD, Vol. 31, pp. 55-77, 2002.
5.9) Recommended Seismic Design Criteria for New Steel Moment-Frame Buildings, FEMA-350. Federal Emergency Management Agency: Washington, DC, 2000.
5.10) 柴田道生・中村　武・若林　實：鉄骨筋違の履歴特性の定式化-その1　定式化関数の誘導-，日本建築学会論文報告集，第316号，pp.18-23，1982.6
5.11) 柴田道生・若林　實：鉄骨筋違の履歴特性の定式化-その2　応答関数への適用-，日本建築学会論文報告集，第320号，pp.29-34，1982.10
5.12) Chopra AK, Goel RK. Capacity-demand-diagram method for estimating seismic deformations of inelastic structures: SDF systems. Report No. PEER-1999/02, Pacific Earthquake Engineering Research Center, University of California, Berkeley, April 1999.
5.13) 竹内　徹・中村　悠・松井良太：接合部剛性を考慮したH形断面ブレースの座屈後履歴性状及び累積変形性能，日本建築学会構造系論文集，No.653，2010.7
5.14) 建築研究所・日本建築センター：設計用入力地震動作成手法技術指針（案）　本文解説編，p.5，1992.3　等
5.15) 加藤史郎・向山洋一・植木隆司：高ライズの単層ラチスドームの地震応答性状，日本建築学会構造系論文報告集，No.442，pp.101-109，1992.12
5.16) 加藤史郎・向山洋一：高ライズラチスドームの地震層せん断力係数に関する研究，日本建築学会構造系論文報告集，No.466，pp.87-95，1994.12
5.17) 竹内明子・山田聖志・多田敬幸：単層円筒ラチスシェル屋根を有する鋼構造物の地震応答性状，鋼構造論文集，大6巻第23号，pp.91-98，1999.9
5.18) 鄭　讃愚・山田大彦：アーチの地震時加速度応答分布特性　変位，加速度，縁応力または反力を判定基準とした分布特性，日本建築学会大会学術講演梗概集，B-1分冊，p.859，2000.9
5.19) 山田大彦：空間構造の地震応答に及ぼす下部構造の影響に関する初歩的考察，第10回シェル・空間構造セミナー資料，日本建築学会構造委員会，シェル・空間構造運営委員会，pp.65-77，2001.11
5.20) 加藤史郎・小西克尚・中澤祥二・向山洋一・打越瑞昌：下部構造に支持された空間構造の振動解析用質点簡易モデル，構造工学論文集，Vol.48B,pp.37-47,2002.3
5.21) 加藤史郎・小西克尚：ラチスドームのPush-over analysisに基づく地震応答推定に関する一考察-―1次モード支配型の空間構造に対する検討-，日本建築学会構造系論文集，第561号，pp.153-160，2002.11
5.22) 小西克尚・加藤史郎・中澤祥二・倉本　洋：ラチスドームのPush-over analysisに基づく地震応答推定に関する一考察-―2つのモードが支配的な空間構造物に対する検討-，日本建築学会構造系論文集，第569号，pp.89-96，2003.7
5.23) 山田聖志・松本幸大・加藤史郎：屋根型単層円筒ラチスの地震動による応答性状と静的地震荷重に関する考察，鋼構造論文集，第11巻第41号，pp.33-46，2004.3
5.24) 竹内　徹・小河利行・中川美香・熊谷知彦：応答スペクトル法による中規模ラチスドームの地震応答評価，日本建築学会構造系論文集，No.579，pp.71-78，2004.5
5.25) 竹内　徹・小河利行・中間明子・熊谷知彦：弾塑性架構で支持されたラチスドームの地震応答評価，日本

建築学会構造系論文集, No.596, pp.49-56, 2005.10

5.26) 竹内　徹・小河利行・山形知香・熊谷知彦：支持架構付き屋根型円筒シェルの地震応答評価，日本建築学会構造系論文集, No.596, pp.57-64, 2005.10

5.27) 竹内　徹・小河利行・熊谷知彦・調　浩朗：等価な静的地震荷重による骨組膜屋根構造の応答評価　-格子状シングルレイヤードームへの適用例-，膜構造研究論文集, No.19, pp.9-16, 2005.12

5.28) 竹内　徹・小河利行・佐藤英輔・中間明子・熊谷知彦：支持架構付きラチスドームにおける地震応答評価手法の適用範囲，日本建築学会構造工学論文集, Vol.52B, pp.53-61, 2006.3

5.29) 鈴木　泉・竹内　徹・小河利行・熊谷知彦：桁行き方向に地震動を受ける支持架構付き屋根型円筒シェルの地震応答評価，日本建築学会大会学術講演梗概集, B-1, pp.753-754, 2006.7

5.30) 山田聖志・松本幸大・齋藤英二：単層円筒ラチスシェル構造物の連続体置換を用いた静的地震荷重設定法，日本建築学会構造系論文集, No.610, pp.115-122, 2006.12

5.31) 竹内　徹・熊谷知彦・調　浩朗・小河利行：多層架構で支持されたラチス屋根構造の地震応答評価，日本建築学会構造系論文集, No.619, pp.97-104, 2007.9

5.32) T. Takeuchi, T. Ogawa, T. Kumagai: Seismic Response Evaluation of Lattice Shell Roofs using Amplification Factors, Journal of the Int. Assoc. for Shell and Spatial Structures, Vol.48(2007), No.3, 2007.12

5.33) 竹内　徹・熊谷知彦・岡山俊介・小河利行：ライズの高い支持架構付きラチスドームの地震応答評価，日本建築学会構造系論文集　No.629, pp.11-19, 2008.7

5.34) 竹内　徹・渡辺　覚・熊谷知彦・小河利行：ライズの高い支持架構付き円筒ラチスシェルの地震応答評価，日本建築学会構造系論文集, Vo.76, No.666, pp.1515-1522, 2011.8

5.35) 竹内　徹・堤　友紀・熊谷知彦・小河利行：制振部材を用いた鉄骨造学校体育館の耐震改修および屋根部の地震応答，日本建築学会構造系論文集, Vol.75 No.656, pp.1891-1900, 2010.10

5.36) 加藤史郎・中澤祥二・打越瑞昌・大杉文哉・向山洋一：入力低減型支持機構を有する大スパンドーム構造物の地震応答性状，免震層の降伏せん断力係数の影響について，日本建築学会構造系論文集, No.518, pp.57-64, 1999.4

5.37) 加藤史郎・打越瑞昌・大杉文哉・中澤祥二・向山洋一：入力低減型支持機構を有する大スパンドーム構造物の地震応答性状，下部構造の剛性と重量の影響について，日本建築学会構造系論文集, No.525, pp.71-78, 1999.11

5.38) 金田勝徳：張弦梁構造を持つ免震構造－京都アクアリーナ－，新「シェル・空間構造セミナー」, 2002.11

5.39) Y. Hitomi, Kazumasa Osawa, Susumu Nakagawa and Masao Saitoh：Structural Design of the YAMAGUCHI DOME, IASS Symposium 2001, Nagoya, pp.346-347, 2001

5.40) 中澤祥二・加藤史郎：等価線形化法を用いた中間層免震単層ラチスドームの地震応答推定法，日本建築学会大会学術講演梗概集(東海), B-1, pp.803-804, 2003.9

5.41) 竹内　徹・小河利行：空間構造の応答性状と制振・免震技術の応用，2005年度日本建築学会大会(近畿)構造部門(シェル・空間構造)パネルディスカッション資料　体育館・公共ホールの地震被害と耐震改修，pp.28-39,2005.9

5.42) 加藤史郎・中澤祥二・打越瑞昌・向山洋一：入力低減型支持機構を有する大スパンドーム構造物の地震応答性状，下部構造の不均質性が応答に与える影響，日本建築学会構造系論文集, No.532, pp.111-118, 2000.6

5.43) 松井徹哉・古池秀伸：応答スペクトルに基づく免震空間構造の地震応答簡易予測，日本建築学会大会学術講演梗概集(関東), B-1, pp.781-784, 2006.9

5.44) T. Takeuchi, S. D. Xue, S. Kato, T. Ogawa, M. Fujimoto, S, Nakazawa : Recent Developments in Passive Control Technologies for Metal Spatial Structures, IASS Symposium 2006, Beijing, pp.398-399, 2006.10

5.45) 竹内　徹・髙松謙伍・熊谷知彦・小河利行：免震支承が挿入された支持架構付きラチスドームの地震応答評価，日本建築学会構造系論文集, No.641, pp.1259-1266, 2009.7

5.46) 立道郁生：既往の振動計測に基づく空間構造物の減衰特性に関する研究，日本建築学会技術報告集, 第20号, pp.87-92, 2004.12

5.47) 山岡幸介・熊谷知彦・竹内　徹・小河利行：逆対称荷重を受ける単層ラチスドームの座屈荷重，日本建築学会大会学術講演梗概集(東海), 構造1, pp. 727-728, 2012.9

5.48) 木内佑輔・竹内　徹・熊谷知彦・小河利行：逆対称荷重を受ける円筒ラチスシェルの座屈荷重，日本建築学会大会学術講演梗概集(東海), 構造1, pp. 725-726, 2012.9

5.49) 吉田道保・竹内　徹・熊谷知彦・小河利行：限界変形時の割線剛性を用いた免震ラチス屋根構造の地震応答評価，日本建築学会大会学術講演梗概集(北海道), 構造1, pp.903-905, 2013.9

5.50) 中澤祥二・柳澤利昌・加藤史郎：単層ラチスドームを対象とした地震荷重と耐震性能評価法の提案，日本建築学会構造系論文集, Vol.79, No.703, pp.1287-1298, 2014

6章　耐震診断と耐震改修

6.1　基本事項

> 下部構造付きラチスシェル屋根構造の耐震診断および耐震改修においては，空間構造に特有の地震応答特性を考慮する．対象とする用途は学校体育館・公共体育館とする．

(1) 本章の特徴と対象

　2011年東北地方太平洋沖地震では，学校体育館や公共体育館など空間構造の多くが被災した地域の避難所，防災センターや物資の集積所などに用いられ，改めてその重要性が認識されることになった．本章では学校体育館を中心に，既存のラチスシェル屋根構造の耐震診断・改修手法について述べるが，既往の耐震診断指針[6.1]-[6.3]や改修マニュアル等[6.4]-[6.6]とは以下の点で異なる．

- 動的応答特性を反映する一般的な耐震指標 $_eJ_{si}$ を定義し，既往の耐震性評価式と対比してその意味を明らかにしている．これにより，空間構造特有の動的特性や，免震・制振といった応答制御技術の効果を直接耐震指標に反映することが可能となっている．
- 靱性より強度を要求される屋根面ブレースと支承部については，耐震性の指標として強度充足率を新たに定義すると共に，下部構造の振動を考慮した地震時応力（要求強度）の略算法を示している．
- 等価線形化法の考え方に基づき弾塑性応答と靱性指標の関係を解説し，弾塑性ダンパーを使用した耐震改修効果の静的評価方法を示している．一方，既往の耐震診断指針，改修マニュアル等と重複する内容は可能な限り省略している．

　本章の対象は，学校体育館や公共スポーツホール等の，鋼構造屋根を有する空間構造である．これらは概して図6.1.1(a)～(c)の形式に集約される．(a)は1層の鋼構造であり，梁間方向を門型ラーメンやトラス梁として大空間を形成し，桁行方向の壁面と屋根面はブレース構造である．また妻壁をブレース構造やトラス梁として屋根構造を円筒ラチスシェルとしたものや，全体を斜交差立体トラスで構成するものもある．(b)はRC重層構造の最上階に(a)のタイプの上屋が設置されたものである．なお本章では(a)(b)タイプにおいて屋根に作用する水平力に抵抗する耐震要素が配置される桁行方向の壁面や妻壁の構造を支持構造と呼び，RCの下部構造とは区別することにする．一方，(c)は1層または重層のRC構造の最上階に片持ち柱を設置し，柱頭の支承部の上に鋼構造屋根を載せる構造（以下この形式を置屋根構造と呼ぶ）である．屋根構造自体は大梁（トラス）＋小梁＋ブレースで構成する場合が多いが，立体トラス構造もある．(a)，(b)は学校体育館に多い形式であり，(c)は公共スポーツホール等に多い．

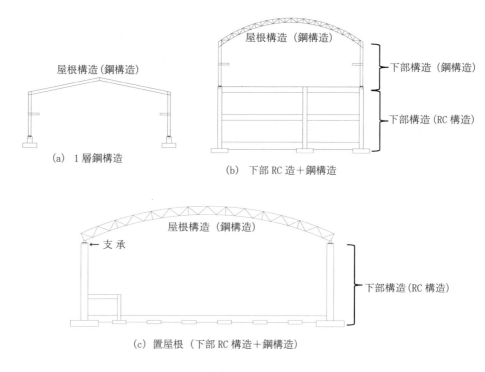

図 6.1.1　体育館の主な形式

(2) 体育館の地震応答特性

このような体育館の耐震診断を実施するにあたっては，空間構造特有の動的応答特性や地震被害を理解しておく必要がある．

現在，体育館等の耐震診断・補強は，文献 6.1)～6.5)等によって行われていることが多い．これらの指針類はいずれも剛強な床面と，床面に集中的に分布する質量を有する重層構造の振動特性に基づき設定された耐震診断・補強方法を準用したものである．しかしながら，5 章で述べたように本指針で取り扱うような空間構造では，地震応答特性に重層構造と異なる点が多い．また剛床でない屋根面の取り扱いや，鋼構造屋根と下部 RC 構造をつなぐ支承部のように空間構造特有の問題もあり，これらが実質的な耐震診断・補強を難しくしている．

重層構造の振動理論に基づく学校体育館の耐震診断で捕捉されていないと考えられる応答特性として，大きくは以下のような項目が挙げられる．

a) 屋根の勾配により励起される屋根面の面外方向の振動
b) 下部構造の振動特性の差が屋根面ブレースに及ぼす影響
c) 屋根面と下部構造の動的相互作用が支承部応力に及ぼす影響
d) 非構造材の振動と落下

以下，各項目に沿ってその特性を解説する．

a) 屋根の勾配により励起される屋根面の面外方向の振動

5章ではラチスシェル屋根の地震応答について詳細に解説したが，H形鋼などによる山形ラーメン構造でも，屋根に勾配がある場合，屋根の面外方向にも応答加速度が生じる．図6.1.2に示すように，下部構造の水平方向剛性が屋根部に比べ十分小さい場合には，下部構造の水平変位が大きく現れ，屋根面はほとんど変形しないが，下部構造の剛性が大きい場合には，水平方向加振により屋根面には鉛直方向応答が生じることになり，勾配が大きくなるにつれその値は大きくなる．ラーメン架構ではこの面外方向の応答の部材応力への影響は比較的小さいが，屋根面に吊り下げられた天井や照明器具などの非構造材は水平方向に振動するだけではなく上下方向に飛び跳ねることになり，落下の一因となる．

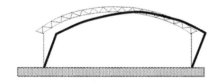 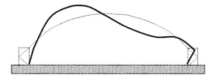

(a) 下部構造が柔らかい場合　　　　　(b) 下部構造が硬い場合

図6.1.2　下部構造の剛性の違いによる屋根面の振動性状

b) 下部構造の振動特性の差が屋根面ブレースに及ぼす影響

通常の層状構造物はコンクリートスラブの面内剛性が十分に高く，床を面内に完全に剛体として扱う，いわゆる剛床仮定を導入して設計が行われる．5章では基本的に3角形格子の面内剛性が十分に高いラチスシェルを対象としているが，ラチスシェルや一部の立体トラスを除く一般的な梁間方向ラーメン，桁行方向ブレース構造の学校体育館の場合，屋根面を剛床と仮定し得るほど面内剛性は高くない場合が多い．

梁間方向の架構の耐力が不足する場合，屋根面ブレースの荷重伝達能力に期待して妻壁面をブレースにより補強することがよく行われている．屋根面が重層構造の床スラブのように剛体的に挙動するのであれば，地震による層せん断力は各支持柱が弾性域ではその剛比，塑性域ではその保有水平耐力の比率に応じて負担することになるが，屋根面の面内剛性は一般に低いため，妻面と中央部のフレームの応答変位が異なる．この応答変位の差は屋根面ブレースの軸力となって表れるが，妻面ブレースと屋根面ブレースの強度と剛性により振動モードや応答挙動は大きく変化する．

また，地震力は水平2方向に作用する．したがって屋根面ブレースは桁行方向と上記の梁間方向の振動の影響を同時に受け，その応答は複雑になることが予想される．

c) 屋根面と下部構造の応答が支承部応力に及ぼす影響

下部構造がRC構造で屋根面が鋼構造の置屋根の場合，剛性と周期の異なる下部構造と屋根構造が動的に相互作用を生じ，その影響がお互いを接合する支承部やその周辺に集中する．例えば妻面にRC片持壁が屋根レベルまで立ち上がっている形式の体育館では，妻壁直交方向の入力に対し妻

面架構の面外振動が生じ(図 6.1.3 参照),境界部の屋根面ブレース(写真 6.1.1)や妻面壁の屋根支承部(写真 6.1.2)が座屈・破壊する震害例が多く見られる.このような破壊形式も剛床仮定を前提とした重層構造では見られないものである.

写真 6.1.1 RC 妻面架構と鉄骨山形架構の境界屋根面ブレースの座屈

写真 6.1.2 RC 妻面架構と鋼構造シェル架構の境界支承部の損傷

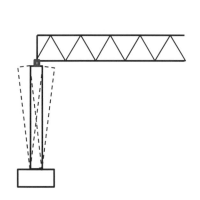

図 6.1.3 下部構造(妻壁)の振動と被害例

d) 非構造材の振動と落下

　天井やステージ上部の垂壁も過去の地震において数多く被害の見られる部位である．天井は一般の住居や事務所ビルより高く，広い面積を覆うため落下した場合に人的被害を生じる可能性が高いが，前述したように空間構造の振動特性は複雑で応答加速度も大きく，そこから吊り下げられる天井も一般的に構造体として扱うには施工精度が低く，解析モデル構築も困難なため定量的にその耐震性を評価することは難しい．取扱いについては本指針 7 章を参照されたい．

6.2 耐震診断

体育館の耐震診断は，耐震指標と耐力充足率に基づき行う．

(1) 式(6.2.1)で定義される第 i 層の耐震指標 $_eI_{si}$ を算定し，入力地震動の強さや施設の重要度を考慮した耐震判定指標 $_eI_{so}$ 以上であることを確認する．

$$_eI_{si} = \frac{_dI_{si}}{_dR_t} \tag{6.2.1}$$

ここに，
　$_dI_{si}$: 第 i 層の動的構造耐震指標で，対象構造物の弾塑性応答が，あらかじめ設計条件として定めた i 層の限界変形，あるいは構造要素の限界耐力に達するレベルの設計用地震動を，質量，減衰および剛性の等しい弾性モデルに入力したときの応答ベースシア係数である．
　$_dR_t$: 最大値を 1.0 に基準化したベースシア係数の応答スペクトルで，設計用地震動の特性を考慮して定める．

(2) 比較的整形な架構の場合，$_eI_{si}$ は静的解析を用いて式(6.2.2)により求めてもよい．

$$_eI_{si} = \frac{C_{yi} \cdot _eF_i}{k_{Fi} \cdot k_{VEi} \cdot \chi_m \cdot (S_a/g)} \tag{6.2.2}$$

ここに，
　k_{Fi} : 建築物各層の不整形性による i 層での層せん断力の割増係数
　S_a : 建物基礎底面に入力する地震動の弾性 1 次モードの加速度応答スペクトル
　g : 重力加速度
　k_{VEi} : i 層での層せん断力係数の分布を表す係数
　χ_m : 多自由度系を 1 自由度系で評価した時の補正係数
　k_{Fi}, S_a, k_{VEi}, χ_m の算定は本会「建築物荷重指針・同解説(2015)」による．
　C_{yi} : 第 i 層の降伏層せん断力係数で，屋根面を含む層の場合，屋根と支持構造の応答特性を考慮した静的地震荷重（5 章参照）を用いて求める．
　$_eF_i$: 第 i 層の靱性指標で，式(6.2.3)により算定する．

$$_eF_i = \frac{\sqrt{2\mu_i - 1}}{D_{hi}} \tag{6.2.3}$$

　μ_i : 架構の限界変形に対応する i 層の塑性率で，限界変形が弾性域にある場合は 1 とする．
　D_{hi} : 弾塑性ダンパーを使用する場合の i 層の応答低減効果を反映する係数で，式(6.2.4)で算定する．使用しない場合は 1 とする．

$$D_{hi} = C_{eci}\sqrt{\frac{1 + 25h_o}{1 + 25h_{eqi}}} \tag{6.2.4}$$

　C_{eci} : 応答の偏りを補正する係数で，$C_{eci} = 1/(1 - 0.025k_{di}/k_{fi}) > 0$（$k_{di}$: 弾塑性ダンパー群の地震動入力方向の弾性剛性，k_{fi} : 架構の地震動入力方向の弾性剛性）

h_o ：弾性状態における架構の減衰定数

h_{eqi} ：弾塑性ダンパーの効果を考慮した i 層の等価粘性減衰定数で，式(6.2.5)で算定する．

$$h_{eqi} = h_o + \frac{2(1+k_{di}/k_{fi})}{\pi \mu_{di}} \ln \frac{\mu_{di} + k_{di}/k_{fi}}{(1+k_{di}/k_{fi})\mu_{di}^{\frac{1}{1+k_{di}/k_{fi}}}} \quad (6.2.5)$$

μ_{di} ：限界変位に対応するエネルギー吸収部材の塑性率

(3) 屋根ブレースおよび置屋根の支承部については弾性設計を基本とし，それぞれ式(6.2.6)，式(6.2.7)により算定する耐力充足率で耐震性を評価する．耐力充足率は原則として 1.0 以上とする．

$$\text{屋根ブレース：} K_r^R = \frac{Q_u^R}{Q_{un}^R} \geq 1.0 \quad (6.2.6)$$

$$\text{支承部(下部 RC 構造の場合)：} K_r^S = \frac{Q_u^S}{Q_{un}^S} \geq 1.0 \quad (6.2.7)$$

ここに

K_r^R ：屋根ブレースの耐力充足率．
Q_u^R ：端部屋根ブレース列の弾性限界耐力．
Q_{un}^R ：端部屋根ブレース列の必要耐力．
K_r^S ：支承部の耐力充足率．
Q_u^S ：支承部の弾性限界耐力．
Q_{un}^S ：支承部の必要耐力．

必要耐力は，耐震判定指標 $_eI_{so}$ に相当するレベルの入力地震動に対する部材応力とする．耐力充足率の算定には，適宜下部構造の面外振動による慣性力を考慮する．

(1) 基本的な考え方

本指針で定義される耐震指標 $_eI_{si}$ は，屋根を含む第 i 層（最上層，図 5.2.1 参照）に設計限界変形と等しい弾塑性応答変形を生じさせる地震入力の弾性系に対するベースシア係数として動的構造耐震指標 $_dI_{si}$ を定め[6.7]，これを加速度応答スペクトルに類似したベースシア係数のスペクトルである $_dR_t$ で除した値として式(6.2.1)で定義される．動的構造耐震指標 $_dI_{si}$ は弾性性モデルに対し漸増動的応答解析（検討階の弾塑性応答変形が設計限界変形と等しくなるまで繰り返し入力地震動を漸増あるいは漸減する応答解析）を実施し，下式にて求める．

$$_dI_{si} = \lambda_{Ei} \cdot C_o \quad (\text{C6.2.1})$$

ここに，C_o ：構造物に損傷限界変形を生じる入力地震動（損傷限界入力）を与えたときのベースシア係数，λ_{Ei} ：検討階に設計限界変形（または応力）に等しい弾塑性応答を生じる入力地震動の損傷限界入力に対する倍率，である．換言すると $_dI_{si}$ は設計限界変形を生じる入力地震動を質量，減衰，剛性の等しい弾性モデル（以下弾性系と呼ぶ）に入力したときのベースシア係数である．$_dI_{si}$ はベースシア係数そのものであるので構造物と入力地震動の周波数特性に依存し，一般に長周期構造物ほどその値が低くなる．これを補正し，構造物の固有周期によらず耐震指標を評価するために導入するものが分母の $_dR_t$ である．実際に $_dR_t$ を直接的に定めることは困難であるため，最大値を 1 に基準化した設計用加速度応答スペクトルや，建築基準法の R_t 曲線[6.9]で代用することが考えられ

る．$_dI_{si}$ の算定には時刻歴応答解析が直接的な方法であるが，準動的解析ともいうべき限界耐力計算 [6.9] やエネルギー法 [6.9],[6.10] などを用いて応答を評価し $_dI_{si}$ を求めてもよい．

以下，本会「建築物荷重指針・同解説(2015)」[6.8] を引用しながら，一般的に用いられている耐震指標 [6.1],[6.2] との関係を説明する．

本会「建築物荷重指針・同解説(2015)」[6.8] は，固有値解析を行わない場合の i 層の地震荷重を定めている．その場合，耐震性判定式は式(C6.2.2)で表される．

$$Q_{ui} \geq k_{Di} \cdot k_{Fi} \cdot (S_a/g) \cdot k_{VEi} \cdot \chi_m \cdot \sum_{k=i}^{n} w_k \tag{C6.2.2}$$

ここに，Q_{ui}：i 層の保有水平耐力，k_{Di}：塑性変形能力による i 層での層せん断力の低減係数，k_{Fi}，S_a，g，k_{VEi}，χ_m：式(6.2.2)の定義による（「建築物荷重指針・同解説(2015)」[6.8] では χ_m ではなく記号 μ_m が用いられているが，本指針では塑性率との混同を避けるため χ_m とした），w_k：k 層の重量，n：総層数，である．

式(C6.2.2)の両辺が等しくなる入力レベル，すなわち i 層に塑性変形性能と等しい弾塑性応答変形が生じる入力レベルを考え，式(C6.2.2)を変形すると

$$\frac{\chi_m \cdot S_{ai}}{g} = \frac{C_i / k_{Di}}{k_{Fi} \cdot k_{VEi}} \tag{C6.2.3}$$

S_{ai} は等号が成立する加速度応答スペクトルで，$S_{ai} \geq S_a$ である．C_i は保有水平耐力 Q_{ui} に対応する i 層のせん断力係数である．式(C6.2.3)の左辺は加速度応答スペクトル S_{ai} の地震動により振動特性の等しい弾性構造物に生じる応答ベースシア係数（第1層の層せん断力係数）であり，構造物の保有性能をベースシア係数の形で表現したものである．動的構造耐震指標 $_dI_{si}$ は式(C6.2.3)の左辺に対応し，i 層に設計限界変形を生じる強さの設計用地震動を入力したときの弾性ベースシア係数と定義したものである．このときモード係数 χ_m は例えば1次モード支配型の構造では1次モード有効質量比の逆数であるが，屋根が薄肉のシェル構造で，支持構造の剛性が高い場合には複数の支配的な振動モードが現れるので，本指針5章を参考に χ_m を定める必要がある．

一方，既往の耐震診断法 [6.1],[6.2] では，診断対象とする i 層の保有水平耐力 Q_{ui} を用いて式(C6.2.4)で定義される耐震性指標 I_{si} を耐震判定指標 I_{so} と比較して耐震性評価を行っている．

$$I_{si} = \frac{C_i \cdot F_i}{F_{esi} \cdot A_i \cdot Z \cdot R_t} \geq I_{so} \tag{C6.2.4}$$

ここに，A_i：i 層の層せん断力分布係数（k_{VEi} に相当），F_{esi}：i 層の形状係数（k_{Fi} に相当），Z：地域係数，R_t：振動特性係数，である．式(C6.2.4)を変形すると

$$Z \cdot I_{si} = \frac{\left(\dfrac{C_i \cdot F_i}{A_i \cdot F_{esi}}\right)}{R_t} \geq Z \cdot I_{so} \tag{C6.2.5}$$

ここに F_i は靭性指標と呼ばれ，基本的には構造特性係数 D_s（式(C6.2.2)における k_{Di}）の逆数 [6.1],[6.2]

なので，右辺の $C_i \cdot F_i/(A_i \cdot F_{esi})$ は式(C6.2.3)の右辺と同じと考えてよく，式(6.2.1)の $_dI_{si}$ に対応する．また分母のベースシア係数の基準化スペクトル[6.9]である R_t は $_dR_t$ に対応する．

さらに，左辺の $Z \cdot I_{si}$ に式(6.2.1)の $_eI_{si}$ が対応し，耐震性を判定する不等号の右側の $Z \cdot I_{so}$ が式(6.2.1)の耐震判定指標 $_eI_{so}$ に対応する．したがって式(6.2.1)を用いて耐震性を判定する際は，判定指標の側に地震活動度を反映した係数を考慮する必要がある．

図 6.2.1 に耐震診断全体のプロセスを示す．

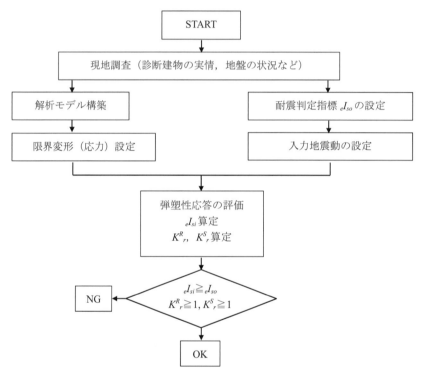

図 6.2.1 耐震診断のプロセス

本来立体的な振動特性を有する体育館は 3 次元骨組構造モデルを用いて構造解析を実施することが望ましい．しかしながら，例えば梁間方向架構が一定間隔で平行した同一の鋼構造ラーメンで形成されるなどの場合は文献 6.1), 6.2)で許容されているゾーニングを用い，平面フレーム解析で耐震診断を実施してもよい．ただしこの場合屋根面ブレースの損傷や破断が生じる可能性が高いため，屋根面ブレースなしでも構造全体の安定が確保されることや，地震後に施設に要求される機能上問題がない（例えば屋根面ブレースが破断すると避難所としては使用できない）ことを確認する必要がある．

(2) 保有水平耐力と靭性指標による耐震性の評価と弾塑性応答の関係

本指針では免震支承や制振部材の適用も視野に動的解析・準動的解析による応答評価を前提とした式(6.2.1)で耐震指標 $_eI_{si}$ を定義しているが，比較的整形の建物で 5 章の地震荷重が適用可能な場合

については，式(6.2.2)の形で静的解析を用いた算定ルートも用意した．この場合は弾塑性応答と対応した靱性指標の適切な評価が必要となる．式(C6.2.4)の靱性指標 F_i は建物の変形能力（粘り強さ）の程度を表す指標であり，文献 6.8)の k_{Di} や，文献 6.9)の構造特性係数 D_s の逆数にあたるとされている．しかしながら架構の塑性変形能力を使い切るほどの変形は往々にして過大であり，設計目標としては相応しくない場合も多いため，本指針では設計目標として定める限界変形に対応する塑性率を用いて靱性指標 $_eF_i$ を式(6.2.3)で定め，かつ弾塑性ダンパーのようなエネルギー吸収部材による応答低減効果を導入した．

本指針では靱性指標を本来の架構全体の等価な1自由度系のバイリニア荷重－変形関係に基づいて定義し，架構として許容しうる塑性率 μ_i により評価する方針とする．

以降，構造特性係数 D_s の評価の基となった Newmark-Hall によるエネルギー一定則，柴田らによる等価減衰則，およびパッシブ制振構造等で多用される等価線形化手法による弾塑性応答評価を比較し，靱性指標 $_eF_i$ および応答低減係数 D_h の位置付けを確認する．

塑性化に伴う応答低減指標としては，一般的に用いられる単調載荷履歴下のエネルギー一定側による式(C6.2.6)$^{6.11)}$ が知られている．これは比較的短周期の範囲で成立すると言われている．

$$D_s = \frac{1}{\sqrt{2\mu-1}} \tag{C6.2.6}$$

また，比較的長周期の範囲においては，最大応答変位が初期周期の等しい弾性系と同等となる，いわゆる変位一定側が知られている．

一方，弾塑性応答を履歴減衰による応答低減効果として説明する考え方もある．等価減衰による応答低減係数としては下式が多く用いられている $^{6.9)}$．

$$D_h = \frac{1+10h_0}{1+10h_{eq}} \tag{C6.2.7}$$

構造物あるいは部材の塑性率と減衰定数の関係としては，以下の式 $^{6.12),\ 6.13)}$ 等が知られている．

$$h_{eq} = h_0 + \gamma_1\left(1-\frac{1}{\sqrt{D_f}}\right) \tag{C6.2.8}$$

γ_1 は構成部材の構造形式に応じた建築物の減衰特性をあらわす値で，γ_1=0.25 等の値が用いられる．D_f は建築物の塑性の程度を表す数値で，次式が示されている（図 6.2.2 参照）．

$$D_f = \frac{Q_d/u_d}{Q_u/u_m} = \frac{k_e}{k_{eq}} \tag{C6.2.9}$$

完全弾塑性型の場合には，$D_f=\mu$ となる．μ は塑性率である．

ここに，Q_d は建築物の損傷限界耐力，u_d は損傷限界時の代表変位，Q_u は安全限界耐力，u_m は安全限界時の代表変位である．上式は，D_f が安全限界時の等価剛性 $k_{eq}=Q_u/u_m$ と損傷限界時の等価剛性 $k_e=Q_d/u_d$ の比，すなわち建築物全体の剛性低下の逆数で表されることを意味する．

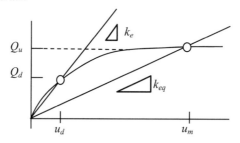

図 6.2.2 D_f の定義

　一方，パッシブ制振構造の応答評価 [6.14] においては，弾塑性要素の付加による応答低減効果を等価履歴減衰の付加および剛性(周期)の変化として評価する等価線形化手法が一般的に行われている．これを弾塑性系に準用すると以下のようになる．初期剛性 K，2次勾配零の完全弾塑性系の履歴において，塑性率 μ の変形に対する最大点割線剛性は K/μ となり，割線剛性に対する等価減衰定数は，

$$h'_{eq}(\mu) = \frac{2}{\pi}\left(1 - \frac{1}{\mu}\right) \tag{C6.2.10}$$

となる．応答振幅の変動を平均減衰法 [6.15] で表現すると，

$$h_{eq} = h_0 + \frac{1}{\mu}\int_1^\mu h'_{eq}(\mu')d\mu' = h_0 + \frac{2}{\pi}\left(1 - \frac{1}{\mu} - \frac{1}{\mu}\ln\mu\right) \tag{C6.2.11}$$

また，減衰による応答低減係数は(C6.2.11)に代わり次式で与えている [6.14]．

$$D_h = \sqrt{\frac{1 + 25h_0}{1 + 25h_{eq}}} \tag{C6.2.12}$$

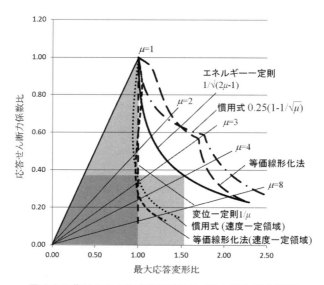

図 6.2.3 塑性化による応答低減効果（せん断力-変位関係）

図 6.2.3 は，式(C6.2.6)，式(C6.2.8)と(C6.2.9)，および式(C6.2.11)と (C6.2.12)によるせん断力-変位関係を比較したものである．短周期の加速度応答スペクトル一定領域では，剛性（周期）の変化に伴う応答せん断力係数の変化は少ない．一方，長周期の速度応答スペクトル一定領域では減衰のみならず周期（塑性率の平方根）にほぼ反比例して応答が低減される．図 6.2.3 中の(速度応答一定領域)は最大点剛性による周期の増加に伴うせん断力応答の低減効果($1/\sqrt{\mu}$)を考慮したものである．また，加速度応答一定領域の比較的周期の短い線でも，$\mu=3$ 以上では最大点剛性が速度応答一定領域に入ると仮定し，周期の増加に伴うせん断力応答の低減（$1/\sqrt{\mu}$）効果を考慮している[6.16]．図 6.2.3 を見ると，長周期化に伴う加速度応答の低減効果を考慮すると，慣用式や等価線形化法はエネルギー一定則に類似した評価を与えることがわかる．また，速度応答一定領域の長周期建物では，概ね変位一定則に近い評価を与えている．以上より，エネルギー一定側に基づく構造特性係数 D_s の評価式(C6.2.6)と等価線形化法の考え方が整合していることがわかる．

弾塑性ダンパーや粘性ダンパー等の減衰機構を付加した場合は，式(C6.2.6)で表される主架構の塑性化による応答低減とは別個にその効果を評価することとする．この評価において主架構は弾性と仮定する．水平剛性 k_f の弾性主架構に初期剛性 k_d，塑性率 μ_d のバイ・リニア型弾塑性ダンパーを付加した場合の最大点剛性に対する等価減衰定数は等価線形化法により下式で表される．

$$h'_{eq}(\mu_d) = \frac{E_d}{2\pi k_{eq}(\mu_d u_y)^2} = \frac{4(\mu_d-1)k_d}{2\pi\left(k_f + k_d/\mu_d\right)\mu_d^2} = \frac{2(\mu_d-1)k_d/k_f}{\pi\mu_d\left(\mu_d + k_d/k_f\right)} \tag{C6.2.13}$$

応答振幅の変動を平均減衰法で表現すると[6.14]，

$$h_{eq}(\mu_d) = h_o + \frac{1}{\mu_d}\int_1^{\mu_d} h'_{eq}(\mu)\,d\mu = h_o + \frac{2\left(1+k_d/k_f\right)}{\pi\mu_d}\ln\frac{\mu_d + k_d/k_f}{\left(1+k_d/k_f\right)\mu_d^{\frac{1}{1+k_d/k_f}}} \tag{C6.2.14}$$

通常の場合ダンパーの降伏変形は主架構の数分の 1 であるため，μ_d は主架構の塑性率 μ の数倍となることに注意する．

一方，バイリニア型弾塑性ダンパー付き弾性架構を図 6.2.2 および式(C6.2.9)に当てはめると

$$D_f = \frac{1+k_d/k_f}{1+k_d/\mu k_f} \tag{C6.2.15}$$

となる．式(C6.2.8)に式(C6.2.9)を代入して求めた等価減衰定数と式(C6.2.14)による h_{eq} を比較したものを図 6.2.4 に示す．等価線形化手法による等価付加減衰は $\gamma_1=0.35$ の式(C6.2.8)と概ね対応している．

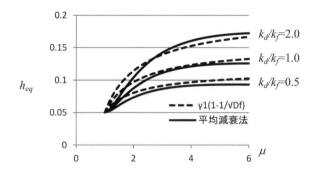

図 6.2.4 塑性率と等価減衰定数（$\gamma_1=0.35$）

以上より，本指針では靱性指標は式(6.2.3)に基づき評価する．減衰機構を付加した場合は式(C6.2.14)で算定した等価粘性減衰定数 h_{eq} と，履歴の偏りを考慮して式(C6.2.12)を C_{eci} で補正した本文の式(6.2.4)～(6.2.5)に基づき応答低減効果 D_h を評価することとする．

結局，静的に保有水平耐力により耐震指標 $_eI_{si}$ を評価する際には，弾塑性静的増分解析を実施し，ダンパーの塑性率 μ_d より定める応答低減効果 D_{hi} および限界変形より設定された層の塑性率 μ_l に応じた靱性指標 F_i を設定することで式(6.2.2)に基づき $_eI_{si}$ を算定することとなる．このとき屋根を含んだ層を1自由度系に集約した荷重変形曲線が必要になる．屋根構造の面内剛性が高く下部構造の塑性化の進行が比較的均一な場合，代表変位は下部構造の層間変位でよいが，屋根版の面内剛性が低く，架構の塑性率が場所により大きく異なる場合には限界耐力計算の手法を用いて変位ベクトルから算定した一般化変位を代表変位とする方法もある．

静的評価における靱性指標は，動的解析を用いて検証されている．文献 6.7)および 6.19)～6.22)は，スリップ型履歴とバイリニア型履歴を有する1自由度モデルにいわゆる告示波を入力したときの弾塑性地震応答を分析し，式(C6.2.1)の $_dI_s$ および，$_dI_s$ と架構の降伏耐力 C_y から定める式(C6.2.16)の動的靱性指標 $_dF$ を限界塑性率 μ_{cr} に応じて評価し，既往の靱性指標と比較，評価を行っている．図 6.2.5, 図 6.2.6 に結果例を示す．

$$_dF = \frac{_dI_s}{C_y} \tag{C6.2.16}$$

このように定められた $_dF$ 値は a) C_y にはあまり依存せず，b) 限界塑性率の増加に伴い増加すること，c) 対象構造物の初期固有周期の増加に伴い増加する傾向があること，d) 履歴の種類に依存することが知られている．例えば，2種地盤の地震動に対して，限界塑性率 $\mu_{cr}=4$（層間変形角が 1/100 程度）では，スリップ型履歴では $_dF=2$～2.5 程度，バイリニア型履歴では $_dF=4$～5 程度となる．文献 6.1)によれば，保有耐力接合の引張ブレースの F 値は 2.2 となっており，$\mu_{cr}=4$ としたスリップ型履歴の $_dF$ とほぼ同程度の値となる．また，靱性のないブレースの無い場合の塑性率を $\mu_{ave}=2$ と想定すると，$_dF$ は 1.4 程度であるので，文献 6.1)の $F=1.3$ とほぼ同程度の値となる．

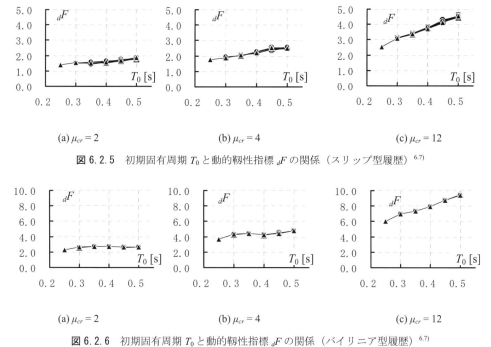

図 6.2.5 初期固有周期 T_0 と動的靱性指標 $_dF$ の関係（スリップ型履歴）[6.7]

図 6.2.6 初期固有周期 T_0 と動的靱性指標 $_dF$ の関係（バイリニア型履歴）[6.7]

(3) 増分解析時の留意点

時刻歴解析を用いず静的増分解析により保有水平耐力 Q_{ui} を求める場合，5.2.3 節で例示された等価静的地震荷重を用いた静的増分解析により実施する．以下に，増分解析において 5.2.3 節で解説した静的地震荷重を使用した場合についての検討例を示す[6.25]．具体的には増分解析にあたり，図 6.2.7(a)のように下部構造の各層に水平力のみをかけた場合と，屋根部の鉛直応答を考慮し，図 6.2.7(b)のように屋根架構に式(5.2.10),(5.2.11)に基づく応答加速度に屋根単位質量を乗じた等価静的地震荷重を鉛直・水平に加えた場合の双方を実施する．図 6.2.8 に荷重-変形関係および崩壊形を示す．

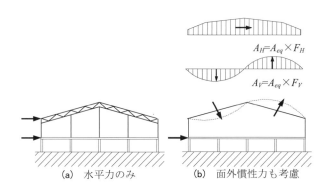

図 6.2.7 等価静的地震荷重

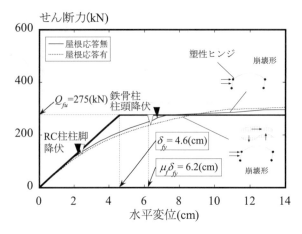

図 6.2.8 荷重変形関係の比較

屋根応答荷重をかけながら水平力をかけた場合，単純水平加力の場合と比較してやや剛性が低下する傾向が見られるが，本検討範囲では耐力，崩壊形ともに大きな差異は見られない．このことより半開角 30° 程度以下，スパン 40m 程度までの複層ラチス屋根を持つ学校体育館等では屋根部鉛直応答が保有水平耐力に与える影響は小さいと考えられる．しかしながら，シングルレイヤーのラチス屋根など，屋根面での塑性ヒンジ発生が予想されるような構造では，5.2.3 で定義したような等価静的地震荷重を増分解析時の外力分布に考慮することが望ましい．

(4) 屋根ブレースおよび屋根支承部の耐力充足率

　過去の震害例では，屋根面ブレースが下部構造の変形に伴い屋根面に発生するせん断力を伝達しきれず座屈・破断する事例が多く見られる．また，RC 下部構造上に設置された置屋根構造支承部では，2.2 節に示したようなアンカー部の破壊が数多く見られる．このような破壊形式は空間構造特有のものである．本指針では，このような基本的に弾性を保持すべき耐震要素である屋根面の架構および支承部の検定に際しては必要耐力に対する耐力充足率の概念をもって評価することとする．具体的には，屋根部および支承部を弾性部材で構成したモデルで動的応答解析または荷重増分解析を実施し，下部構造が限界変形に達する時点において屋根面ブレースに発生する部材応力 Q^R_{un} と降伏耐力 Q^R_u を比較することにより式(6.2.6)を用いて耐力充足率 K^R_r を評価する．合わせて下部 RC 構造の場合には屋根支承部に発生する部材応力 Q^S_{un} と降伏耐力 Q^S_u を比較することにより式(6.2.7)を用いて支承部の耐力充足率 K^S_r を評価する．3 次元立体解析モデルによる評価が望ましいが，適切に評価された並列ばねモデルを境界に持つ屋根平面モデルを用いることもできる．静的解析による場合は，5.2.3 節に定義された応答増幅係数を考慮する．

　RC 構造の上に設置されるいわゆる鉄骨造置屋根の支承部においては，片持 RC 壁付き架構の構面外応答に起因すると考えられる被害が多く報告されている．下部構造に十分な剛性・耐力がある場合には支承部は屋根板から伝達される地震力を下部構造に伝達する役割のみを考えればよいが，下部の RC 架構が片持ち形状であり，その構面外剛性・耐力が十分でない場合には，同架構の構面外振動による慣性力が支承部を介して屋根板に伝達され，これが支承部の破壊につながる場合が多い．

このような場合の具体的な耐力充足率の算定方法は(5)で述べる．

(5) 下部が RC 構造の場合の支承部および屋根ブレースの検討

RC 構造の上に設置されるいわゆる鉄骨造置屋根の支承部およびブレースの耐力充足率の算定方法を以下に述べる．

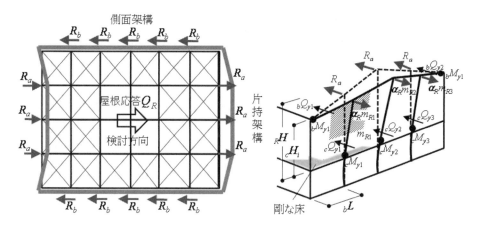

図 6.2.9　鉄骨置屋根架構の応答反力伝達の考え方　　図 6.2.10　RC 構造片持架構の構面外応答評価

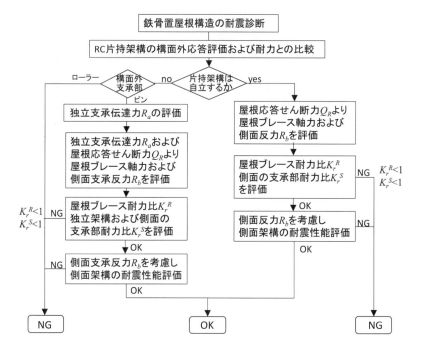

図 6.2.11　RC 片持架構を有する空間構造の耐震診断ルート例

検討はまず地震入力方向に直交する RC 片持架構の構面外静的応答評価より始まる．得られた応答に対する RC 片持架構の構面外耐力照査を行い，片持架構が構面外応答に対し自立しない場合には，支承部および屋根面架構を通じて直交方向架構（側面架構）に不足している反力を伝達することを基本とし，その荷重伝達経路に沿った耐力充足率の評価を行う（図 6.2.9）．設計ルートを図 6.2.11 に示す．以下ルートに沿って解説する．

1) まず屋根面を含む各層を剛床とした建物全体の弾性応答加速度分布を求め，屋根部の同値 α_G に屋根剛性・躯体剛性に依存した増幅係数 $F_{Gmax}(R'_T)$ を乗じて得た RC 構造片持架構等価質量高さレベルの応答加速度を α_R とする．

$$\alpha_R = F_{Gmax}(R'_T) \cdot \alpha_G \tag{C6.2.17}$$

なお $F_{Gmax}(R'_T)$ は RC 片持ち架構の応答増幅係数であり，屋根・壁棟部－側面架構周期比 R'_T の関数として与えられる．既往の耐震診断法[6.1)6.2)]の表現では α_G は $Z \cdot R_t \cdot A_i \cdot D_h \cdot C_o$ に相当するが，本項では式(6.2.1)で使用される $_dI_{si}$ を用いて良い．本形式の崩壊形式は下部構造の塑性化に先じて支承部がまず脆性的に破壊することが一般的であり，下部構造の塑性化に伴う応答低減はほとんど期待できないため靱性指標 $_eF_i$ は 1.0 を基本とする．ただし RC 支持構造の応答を制御し得る付加減衰機構を付加した場合には付加減衰による応答低減係数 D_h を考慮し $_eF_i$ を設定できる．

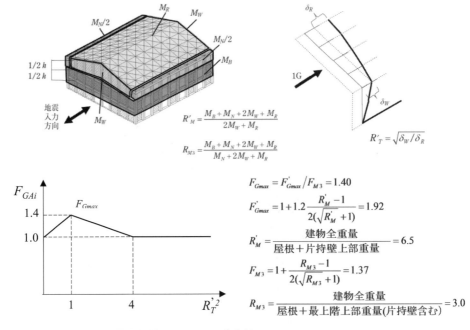

図 6.2.12　$F_{GAi}(R'_T)$ の分布例 (R'_M=6.5, R_{M3}=3)

$F_{Gmax}(R'_T)$ は一例として概ね図 6.2.12 のような特性を有することが報告されている[6.24),6.25)]．屋根－支持躯体周期比 R'_T は Ai 分布水平力に対する支持構造の層間変形 δ_W および棟-軒間の屋根部変形 δ_R を用いて，$R'_T = \sqrt{\delta_W/\delta_R}$ で評価してよい．簡易的に屋根面剛性が十分に高い場合（目安として $\delta_R < \delta_W/4$）

は $F_{GAi}(R'_T)$=1.0, 柔らかい場合は $F_{GAi}(R'_T)$=1.4 程度とすることもできる．ベースシア係数を 0.6〜0.7 とした場合，RC 片持架構の構面外に 1.0〜1.5G 程度の応答加速度が生じるとして初期検討を行う方法も考えられる．

このように決定した RC 片持架構屋根レベルの応答加速度 $α_R$ に片持架構上部の重量 m_{Ri} を乗じて得た応答水平力を上部ピン，下部剛とした RC 片持架構モデルの構面外方向に加えて鉄骨屋根支承部の反力 R_a を評価する．また，屋根面せん断剛性が比較的柔らかいブレース付き屋根構造の場合には，RC 片持架構基部の曲げ降伏まで屋根面が変形に追従し得るという仮定のもとで，評価した応答水平力の合計値より各柱のせん断耐力 $_cQ_{yi}$ および境界梁のせん断耐力の合計値 2_bQ_y を差し引き（図 6.2.10），下式により鉄骨屋根支承部の反力 R_a を評価してもよい．

$$R_a = \left(\sum_i (α_R \cdot m_{Ri} \cdot {_R}H_i) - \sum_i {_c}M_{yi} - 2_bQ_y \cdot {_R}H_0 \right) / (n \cdot {_R}H) \tag{C6.2.18}$$

ここに，

$_RH_i$：各柱最上層高さ

$_RH_0$：隅柱高さ

$_RH$：柱平均高さ

n：支承部数

$_cM_{yi}$：柱脚曲げ耐力

$_bQ_y=_bM_{y1}/_bL$

$_bM_{y1}$：隅梁弱軸まわり曲げ耐力，$_bL$：隅梁長さ

上式の精度は文献 6.25)に報告されている．R_a の値が負となる場合は，RC 片持架構が応答水平力に対し自立していることを意味する（図 6.2.11 右ルート）．一方，R_a の値が正となる場合は RC 片持ち架構が応答水平力に対し自立していないことを意味し，この値（不足分）を屋根構面を通じて側面架構に伝達しなければならない（図 6.2.11 左ルート）．なお文献 6.25)では式(C.6.2.18)において $_RH_i$ を片持ち壁等価質量高さとしているが，地震入力の余裕度や応答のばらつきを考慮し柱高さを採用する．同式を用いるにあたっては，側面梁の影響（式(C6.2.8)第 3 項）を無視し，$_RH_i$ を $_RH$ と読み替えて片持柱単体の検定を行っても良い．

この境界の支承部が RC 片持架構構面外方向にルーズ(ローラー)となっている場合には片持架構が自らを支えることができないことを意味し，式(C6.2.18)中の括弧内第 2, 3 項の和を第 1 項で除した値を RC 架構の耐力充足率として評価する．なお支承部がローラーの場合の高さ 10m 程度の RC 片持架構の固有周期は概ね 0.6 秒程度とされている [6.23]．この際の応答せん断力は式 (C6.2.17)の $α_R$ で安全側に評価することができる．

2) RC 片持架構が応答水平力に対し自立しておらず境界支承部が構面外方向に水平力伝達可能な場合（図 6.2.11 左ルート），反力 R_a を Q^S_{un} とし，各支承部耐力 Q^S_u の Q^S_{un} に対する比（耐力充足率 K^R_r）を評価する．また，図 6.2.9 に見るように屋根面の平面モデルに片持 RC 架構からの反力 R_a および屋根面の応答力 Q_R を加え，得られた各屋根ブレース列レベルの応答せん断力 Q_{un}^R に対する屋根ブレース各列の耐力充足率 K_r^R を評価する．なお屋根にライズがある場合は Q_R の算出にあたり 5.3.2

項に応じ増幅率を考慮し,水平力および鉛直力の双方を考慮する.

次に得られた側面壁支承部反力 R_b に対する支承部耐力の検定を行う.側面支承部の検定は各支承ごとに Q^S_{un} を R_b とし,各支承部耐力 Q^S_u の Q^S_{un} に対する比(耐力充足率 K^R_r)を評価する.なお,支承部耐力 Q^S_u を評価するにあたっては,鉛直アンカーボルト+ベースプレートによる支承部では,アンカーボルトのせん断耐力と合わせて本会「各種合成構造設計・施工指針」(2011)[6.26]等を参考に側面破壊耐力(図 6.2.13)を考慮する.また,均しモルタル厚がアンカーボルト径の 3 倍を超える支承部では,均しモルタル厚内上下端での塑性ヒンジ形成(図 6.2.14 参照)によるメカニズム水平耐力を評価し,側面破壊耐力との小さい方の耐力で Q^S_u を決定する.

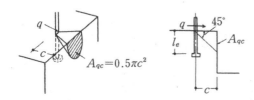
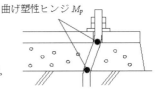

A_{qc}:せん断力方向の側面におけるコーン状破壊面の有効投影面積 $A_{qc}=0.5\pi c^2$,
 q:アンカーボルトに作用するせん断力,c:へりあき寸法,
 l_e:頭付きアンカーボルトの有効埋込み長さ

図 6.2.13 定着部側面破壊の検討(各種合成構造設計・施工指針)　**図 6.2.14** アンカーボルトの塑性化

以上を通じて,片持架構支承部の K^R_r,屋根ブレース各列の耐力充足率 K^R_i,および側面架構支承部の K^R_r のそれぞれが 1 以上となっている場合は耐震性能を満足していることを意味する.

3) 式(C6.2.18)の検定において RC 片持架構が自立している場合(図 6.2.11 右ルート)には,片持架構からの伝達力 R_a を零として,屋根部のみの応答に対し屋根ブレースせん断力および側面支承部反力 R_b を評価し,屋根ブレース各列の耐力充足率 K^R_r,側面架構支承部の K^R_r による評価を行う.

6.3 耐震改修

> (1) 体育館の耐震改修では,改修後の耐震性能を本指針 6.2 節に基づき評価し,目標耐震性能を有することを確認する.
> (2) 避難所や防災拠点として利用される予定の施設については,確実な人命保護に加えて地震後に期待される機能が発揮されるよう,総合的な視点に立って改修計画を実施する.

(1) 基本的な考え方

一般的に,1981 年以前の学校体育館の設計はベースシア係数 0.2 に対して許容応力度設計されていることが多く,耐震改修が必要な場合が多い.

改修設計においては,改修後の耐震指標が判定指標を上回るよう設計するが,判定指標の設定には注意が必要である.式(C6.2.4)における判定指標として慣用的に用いられる $I_{so}=0.7$[6.1]は,兵庫県南部地震の被害調査をもとに,構造体の損傷が概ね小破以下にとどまるよう経験的に定められたもの[6.27]

である．しかしながら，これを少し上回る程度の耐震指標では大きな応答変形を生じる可能性がある[6.28]．また下部構造に強度型補強を実施すると屋根面の応答加速度は地表面の数倍に増幅される場合がある．

　地震後に避難所や防災拠点として使用することを想定する場合，改修目標として「構造体の損傷が小破以下」では多くの場合不十分であろう．地震後に期待される機能を発揮するには，確実な人命保護に加えて非構造材や建築設備の被害も考慮した総合的な機能維持計画が必要であり，地震後の建物の状態がイメージできるよう，応答（変形，塑性率や加速度）を算定することが必要である．

　改修計画においては，強度型補強と靱性型補強を適切に使い分ける必要がある．屋根を支持する下部軸組構造では，靱性型，強度型いずれの補強も可能であるが，屋根面ブレースや支承部といった塑性化を許容しない部位では，耐力充足率を向上する強度型の改修が必要となる．一般的なブレース補強など強度型の補強方法については既往の文献6.1)～6.5)に譲り，ここでは，靱性型補強に有効な制振部材による補強および，支承部の補強に関する留意点について述べる．

(2) 制振部材を用いた耐震改修

　現在，耐震改修にあたっては，強度型ブレースによる耐力の向上を行うことが主流であるが，同構法は下部構造の剛性や耐力の上昇によりかえって屋根部応答が増幅する危険性が指摘されている．屋根部応答を低減するためには，下部構造や支持構造の剛性を高める改修より，制振部材などの導入により剛性を高め過ぎることなく「柔らかく」地震エネルギーを吸収する改修方法の方が適していると考えられる．

　一般的に補強前の架構は靱性が低く，架構の靱性指標 $_eF_i$=1.3，許容塑性率が μ_i=1.35 程度以下であることが多い．この場合でも D_{hi}=0.5 程度の付加減衰を追加すれば，2.6 程度の等価な靱性指標を得ることができる．非保有耐力接合のブレースを履歴型ダンパーに交換するなどして靱性指標 $_eF_i$=2.0，許容塑性率 μ_i=2.5 程度にした場合には D_{hi}=0.5 程度の付加減衰で 4.0 程度の等価な靱性指標を得ることが可能となる[6.23]．

(3) 支承部の改修

　支承部の改修は基本的に強度を増加し，6.2 節の耐力充足率 K^S_r を 1.0 以上とすることを目標とする．被害の多いアンカーボルト，ベースモルタルの補強や，RC 下部構造のアンカーボルト近辺の側方破壊の防止が必要となることが多い．文献 6.29)には 2011 年東北地方太平洋沖地震における被害例と，その後の改修例が記載されている．

　ただし，支承部そのものが強化されることで周辺部材の地震時応力が増加することに十分留意しなければならない．特に屋根構造がトラス構造である場合，支承部周辺の部材が損傷すると屋根版の自重が支持できなくなる場合があるので注意する（図 6.3.1）．6.2 節に算定方法を示した支承部応力が周辺部材で負担できない場合，部材の補強が必要となるが，特にトラス部材では部材や接合部が華奢なため補強が困難な場合が多い．このような事態を避け，効率よく改修を実施するために，支承部や周辺部材に損傷制御機構を導入することも考えられる．また下部独立柱を補強あるいはバ

ットレスなどを設けて自立させ，面外振動による支承部の応力を抑制するのも有効な方法である．

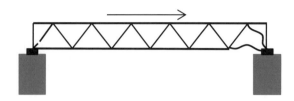

図6.3.1　支承部のみを補強する場合に生じ得る周辺の部材の損傷

(4) 非構造材の機能維持

　これまでの体育館の地震被害事例調査によれば，体育館の避難施設としての機能阻害要因として照明器具の落下や天井材や壁材などの仕上げ材の損傷・落下が大きな比重を占めている(写真6.3.1)．これら非構造材の落下防止対策については，文献6.31), 6.32)で各要素について記述されているが，特に空間構造に関する事項は本指針7章を参照し改修にあたり配慮する．

写真6.3.1　天井材の落下例

参 考 文 献

6.1)　文部科学省大臣官房文教施設部：屋内運動場等の耐震性能診断基準＜平成18年版／平成22年10月一部変更＞，2010
6.2)　日本建築防災協会：2011年改訂版，耐震改修促進法のための既存鉄骨造建築物の耐震診断および耐震改修指針・同解説，2011.9
6.3)　日本建築防災協会：2001年改訂版，既存鉄筋コンクリート造建築物の耐震診断基準・同解説，2001.10
6.4)　建築防災協会・建築研究振興協会：実務者のための既存鉄骨造体育館等の耐震改修の手引きと事例，2005.7
6.5)　文部科学省：学校施設の耐震補強マニュアル　S造屋内運動場編＜2003年改訂版＞，2004.1
6.6)　日本建築学会シェル・空間構造耐震性能小委員会：学校体育館等の耐震性能設計ガイドライン(案)，2008.3
6.7)　加藤史郎・中澤祥二・大家貴徳・柏井恭平：弾塑性地震応答解析に基づく体育館等のブレースの動的靭性指標の検討，日本建築学会構造系論文集，第647号，pp.129-135, 2010.1
6.8)　日本建築学会：建築物荷重指針・同解説(2015)，2015.2

6.9) 日本建築行政会議 (監修),建築物の構造関係技術基準解説書編集委員会 (編集):建築物の構造関係技術基準解説書〈2015年版〉, 2015
6.10) 長谷川隆・西山 功・向井昭義・石原 直・加村久哉:エネルギーの釣合に基づく履歴型ダンパー付鉄骨造骨組の地震応答予測,日本建築学会構造系論文集,第582号, pp.147-154, 2004.8
6.11) Newmark, N.M. and Hall, W.J.; seismic Design Criteria for Nuclear Reactor Facilities, Report No.46, Building Practices for Disaster Mitigation, National Bureau of Standards, U.S. Department of Commerce, 1973
6.12) 柴田明徳:等価線形解析による非線形地震応答の解析に関する一考察,東北大学建築学報,第16号, pp.27-39, 1975
6.13) 柴田明徳:最新 耐震構造解析 第2版,森北出版, 2003
6.14) 日本免震構造協会:パッシブ制振構造設計・施工指針(第2版) 2008
6.15) Newmark, N. M. and Rousenblueth, E. : Fundamentals of Earthquake Engineering Prentice-Hall Inc, 1971
6.16) 島崎和司:等価線形化法を利用した応答変位推定式による構造特性係数 Ds の評価,日本建築学会構造系論文集, No.516, pp.51-57, 1999.2
6.17) 倉本 洋・飯場正紀・和田 章:制振補強を施した既存鉄筋コンクリート造建築物の耐震診断法,日本建築学会構造系論文集, No.559, pp.189-195, 2002.9
6.18) 水畑耕治:履歴曲線と累積損傷,地震荷重-その現状と将来の展望,日本建築学会, pp.174-211,1987
6.19) 中澤祥二・加藤史郎・大家貴徳:弾塑性地震応答解析に基づく体育館の靱性指標評価の検討,桁面ブレースの検討,構造工学論文集, Vol.55B, pp.63-72, 2009.3
6.20) 大家貴徳・中澤祥二・柏井恭平・加藤史郎:弾塑性地震応答解析に基づく体育館の耐震性能評価 桁面ブレースの動的靱性指標と必要耐力に関する検討,構造工学論文集, Vol.56B, pp. 469-480, 2010.3
6.21) 中澤祥二・柏井恭平・大家貴徳・加藤史郎:エネルギー法に基づく体育館等の桁面ブレースの動的靱性指標の推定,日本建築学会構造系論文集,第75巻,第657号, 2010.11
6.22) 大家貴徳・加藤史郎・中澤祥二・柏井恭平:弾塑性地震応答解析に基づく体育館の耐震性能評価,日本建築学会構造系論文集,第76巻,第660号, pp.329-336,2011.2
6.23) 竹内 徹・堤 友紀・熊谷知彦・小河利行:制振部材を用いた鉄骨造学校体育館の耐震改修および屋根部の地震応答,日本建築学会構造系論文集, Vol.75 No.656, pp.1891-1900, 2010.10
6.24) 成田和彦・竹内 徹・松井良太:RC 妻面架構を有する鉄骨屋根体育館の耐震性能,日本建築学会構造系論文集,第693号, pp.1895-1902, 2013.11
6.25) 成田和彦・竹内 徹・松井良太:鉄骨屋根体育館における RC 片持壁付架構の応答評価,日本建築学会構造系論文集, Vol.80, No.708, 2015.2
6.26) 日本建築学会:各種合成構造設計指針・同解説, 2011.9
6.27) 大井謙一・高梨晃一・池田一成・張 旋:鉄骨造体育館の耐震診断に用いるじん性指標 F 値の改善について,日本建築学会大会学術講演梗概集, 1996年, C-1分冊, p.863-864, 1996.9
6.28) 米田良祐・山下哲郎:鉄骨体育館の桁行方向ブレース構造の弾塑性応答変形推定,日本建築学会技術報告集,第19巻,第42号, pp.501-506, 2013.6
6.29) 日本建築学会:東日本大震災被害調査報告第3編-2,シェル・空間構造, 2014.9
6.30) 日本建築学会関東支部:免震・制振構造の設計, 2007
6.31) 日本建築学会:非構造材の安全性評価及び落下事故防止に関する特別調査委員会報告書, 2013
6.32) 日本建築学会:天井等の非構造材の落下に対する安全対策指針, 2015.1

7章　非構造材の落下等に対する安全対策

7.1　基本事項

> 高所に設置される天井等の非構造材の損傷落下に対する安全性評価および対策については十分に留意する．

(1) 本章の特徴と対象

　建築空間には元来，過酷な自然環境や様々な危険から人命を護るためのシェルターとしての機能が期待されており，さまざまな力学的外乱に対しては，建築物の構造躯体が倒壊に至らない限り，人命は保護される，という了解事項がある．したがって，構造躯体によって実現されているこの安全性能を天井材等の仕上げ材や非構造材の落下事故によって低下させてしまうことは必ず避けなくてはならない．構造躯体は震度7に耐えたのに，震度6で重い天井が落ちてきた，という事態はあってはならない．特に大規模集客施設における高所設置の非構造材の落下は非常に危険な事故となる可能性があるため，確実な人命保護の実現が必須である．

　1995年1月17日の阪神淡路大震災から2011年3月11日の東北地方太平洋沖地震に至るまで，地震動によって倒壊した鋼構造体育館や軽量大空間建築は皆無である．一方で，天井等をはじめとする高所設置の非構造材により内部空間の安全性が大きく損なわれた建物は夥しい数にのぼり，死傷者も発生する事態となっている．本章ではこのような事実を背景に，いわゆる「大規模集客施設」の内部空間における天井等の非構造材の落下に対する安全性評価とその対策について述べる（図7.1.1参照）．

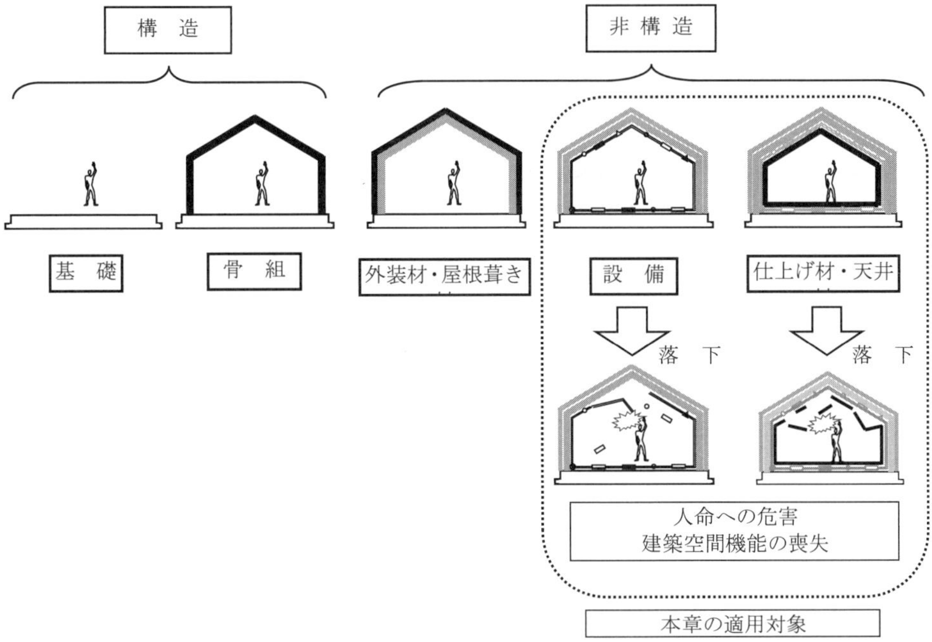

図 7.1.1 建築物における構造部材と非構造材および本章の適用対象[7.1)]

7.2 人命保護

> 天井等の非構造材は，平時，災害時に関わらず，脱落，落下により人命に危害を及ぼしてはならない．

(1) 人命保護と機能実現

天井等の非構造材は美観や空調，照明，断熱，音響といった建造物内部の環境を整えるための多くの機能を果たしている．非構造材という名のとおり，構造材とは異なり，建物を支えているわけではないが，一方で，それ以外の多くの機能の実現を期待されている部材である．だからこそ，天井を設置する場合は，以下の2つの基本的な性能に対して特別な注意が必要となる．

1. 確実な人命保護
2. 空間機能の実現・維持

「確実な人命保護」が最優先であり，上記の順番は決して入れ替えることはできない．

天井等の非構造材に何らかの損傷が発生した場合，これらが落下し人命に危害を及ぼすこととなる外力は「重力」である．落下のきっかけとなる損傷の原因は「経年劣化」「水分」「振動」「疲労」「熱」「風圧」「動植物の侵入」等多岐に存在する．「地震力」は落下のきっかけとなる損傷を作る一つの原因にすぎない．確実な人命保護の実現のためには，「重力」に対する対策が最も重要である．

重力に対する対策によって確実な人命保護が実現された後に，建築空間に要求される様々な機能の実現について考えることとなる．さらに，各種損傷が発生した後にどのような機能維持を要求し，これを実現するか，という問題がある．災害時の避難所機能や事業継続性等に関わる問題である．

これらは想定される各種損傷や外乱のレベルに対して，個別の損傷制御によって実現される．耐震補強は，主として水平力に対する損傷制御法であって，重力から直接人命を守る人命保護対策にはなっていない．

現在用いられている多くの天井材は使用される環境によって材料劣化の度合いにも大きな違いが現れ，一般には材料単独の理想的な耐用年数よりも短くなる傾向がある．また，広大な面積の天井を限られたアクセスと照明条件の中で目視などにより確実に安全管理していくことは非常に難しい．したがって，ごく限られた場合を除いて天井材の劣化を把握し，脱落を長年にわたって確実に防止することは難しい．

天井落下という事故を人命保護の観点から，自動車事故の考え方にならって整理を試みると表7.2.1 に示すように，大きく「予防安全」と「事後安全」に分けて考えることができる．人命保護には様々な方法があることが分かる．

表 7.2.1 天井落下事故に対する人命保護の方法 [7.1]

安全	概念	実現方法	具体例
予防安全	1. 暴露コントロール	事前の行動制御で事故に遭遇する危険を低減する．高所に危険な天井材を設置しない．	・室内に入らない ・天井材撤去
	2. 損傷防止	あらゆる外乱に対し，躯体倒壊以前に天井材および下地材が落下に至るような損傷を決して発生させない．	・軽量柔軟材料 ・準構造
事後安全	3. 落下防止	利用者の活動領域に至る落下を防ぐ．	・落下防止ネット ・崩壊形の制御
	4. 損傷コントロール	目に見える形でゆっくり損傷を進ませることで，確実に利用者避難や天井撤去の対策が行えるようにする．	・塑性変形や崩壊形を利用した損傷設計
	5. 傷害コントロール	落下発生時に傷害程度を低減させる．	・軽量柔軟材料
	6. 行動の変更	事後の行動で，事故に遭遇する危険を低減する．	・安全な場所への移動 ・机の下へ潜る

7.3 安全性評価

> 人命保護に関わる安全性は適切な安全性評価法を参考として判断する．

天井落下の安全性(あるいは危険性)は，発生し得る天井落下とその天井材の接触により発生し得る人体傷害の程度によって客観的に判断することができる．このような安全性評価法は人命保護を実現する天井の設計・施工時に役に立つと同時に，既存の天井の安全性を評価するために利用する

ことができる．

　天井落下を発生させる直接の外力は重力であるため，傷害の程度は主に落下する天井材の高さと材質によって決まると考えられる．したがって，天井落下の安全性は落下する天井材が人体接触時に与える物理的影響と，人体側の耐性によって，ある程度客観的に判断できる．

(1) 人体耐性値と傷害尺度 [7.1)]

　天井落下事故において最も傷害を受けやすく重症度の高い傷害となり得る人体部位は頭部であるため，天井落下が人体に与える危険性を評価する際の代表値として頭部傷害を考えることができる．
　傷害の「人命に対する危険度」の尺度として米国の AIS (Abbreviated Injury Scale)が知られている．AIS では，人体を9つの部位に分けて，0～6 の7つの傷害程度を表す順番が定義されている．頭部に関する AIS を表 7.3.1 に示す．頭部の最も重要な外傷は頭蓋と脳に対するものである．頭蓋の骨折は頭蓋底骨折，頭蓋冠の線状骨折と陥没骨折に分けられる．骨の変位のない線状骨折は AIS2 に分類される．骨の変位を伴う陥没骨折は AIS3 以上である．以下の人体耐性指標値では AIS2 以下で可逆的な傷害(後遺症なく速やかに元へ戻る)を許容する傷害レベルを閾値として用いている．

(2) 衝撃荷重を用いた頭部衝撃傷害耐性評価(実験による崩壊衝撃荷重)

　頭部の耐性指標には多くの研究がなされており，力積的な評価法としては HIC(Head Injury Criteria)が広く用いられている．また最大加速度や角加速度による評価法等も提案されている．一方で，本章で問題としているような頭部への接触を伴う衝撃荷重と頭部傷害耐性に関する研究も行われている．これらの研究では主に屍体頭部に対してインパクタ等で衝撃荷重を与える実験を行っている．これらの研究の中で，Nahum[7.1)]により提案されている側頭頭頂骨の傷害下限値 (最大衝撃荷重 450lbs≒2000N)は，女性の側頭頭頂骨の崩壊荷重実験値を参考に決められており，インパクト面積が1平方インチ程度の時に有効であるとしている．側頭頭頂骨は頭頂付近の骨としては崩壊荷重が低く，またこの値は既述の AIS のレベル2程度を意識して設定されているため，比較的安全側の閾値を与えると考えられる．

表 7.3.1　AIS(略式傷害尺度) [7.1)]

AIS：傷害度	頭　部
0：無傷	
1：軽傷	頭痛またはめまい感
2：中等傷	1時間未満の意識喪失,線状骨折
3：重症	1-6時間の意識喪失,陥没骨折
4：重篤	6-24時間の意識喪失,開放骨折
5：瀕死	24時間を越える意識喪失,100cc以上の頭蓋内血腫
6：即死	実質的に救命し得ない状況

(3) 各種天井材の人頭模型への衝突実験 [7.1]

　各種天井材が落下時に人頭へ与える力学的影響を計測するために，人頭模型への天井材の落下実験が行われている．人頭模型は乗車用人頭模型(マグネシウム合金製:JIS 規格)を用いており，図 7.3.1 のように H 形鋼および鉄板の土台の上に設置されている．人頭模型の下に設置したロードセルで人頭模型への時刻歴衝撃荷重，人頭模型付近に設置したスピードガンで時刻歴距離等を計測している．

　各天井材は水平を保ったまま，ほぼ中央で人頭模型に衝突するようにガイドワイヤーで適度に拘束されている．サイズは市販の大きさを基準として用いており，多くの場合 910mm×910mm である．これは天井材がパネルとして用いられた場合は市販のサイズで用いられ，その状態で落下する場合が多く，また，天井材の多くが人頭接触時にパンチング状の破壊性状を示し，落下天井全体の面積は余り関係がないことが予想される等の理由による．

　これらの実験の結果得られた落下高さと最大衝撃荷重のグラフを図 7.3.2，図 7.3.3 に示し，この実験に用いられた天井材と大きさ，質量等を表 7.3.2，表 7.3.3 に示す．

　ロックウール吸音板とアルミスパンドレルに関しては，実験に用いられた市販のパネルサイズが，そのほかのものと大きく異なる点に注意が必要である．また，本実験での落下高さは人頭模型頂部から天井下面までの距離であり，室内の天井高ではないことに注意する必要がある．

(4) 人頭模型への衝突実験値と頭部傷害耐性を用いた安全性評価法 [7.1]

　以上 2)と 3)の調査結果を比較することで天井材の安全性評価が可能となる．つまり，頭部衝撃傷害耐性の閾値として，比較的安全側と考えられる Nahum の最大衝撃荷重 2000N を採用するとすれば，図 7.3.2, 3 において 2000N 以上の衝撃荷重を与える場合は，当該天井材を当該高さに設置することは潜在的に人命に危害を及ぼし得るということになり，2000N を超えない場合には，仮に落下して人体に接触しても人命に危害を与える可能性は少ない，と判断される．これにより，それぞれの天井材に対して，たとえ落下しても人命に危害を加えることなく使用することの可能な高さを知ることができる．

7章 非構造材の落下等に対する安全対策 —115—

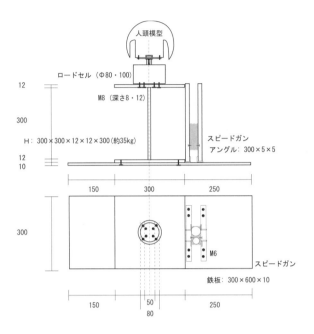

(a) 計測器設置状況

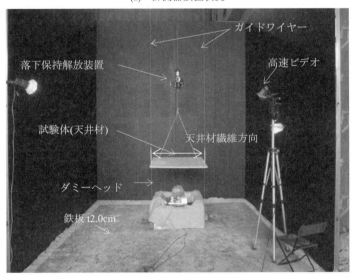

(b) 実験装置全体図

図 7.3.1 人頭模型を用いた天井落下衝突実験の概要[7.1]

表 7.3.2 落下実験に用いた天井材(石膏ボード)[7.1]

略称	材質	サイズ(mm)	質量(kg)	実験内容
GW	グラスウール	990×990×25.0	1.2	1～6m, 1mごと, 3回ずつ
GW	グラスウール	910×910×15.0	1.1	1～10m, 1mごと, 3回ずつ
AS	アルミスパンドレル	132×1000×1.0	0.5	2～20m, 2mごと, 3回ずつ
CS	ケイ酸カルシウム板	910×910×8.0	5.5	2～20m, 2mごと, 3回ずつ
CS+RW	ケイ酸カルシウム板	910×910×8.0	9.5	2～20m, 2mごと, 3回ずつ
	ロックウール吸音板	300×600×12.0		
CS+RW+F(4)	ケイ酸カルシウム板	910×910×8.0	10.5	2～20m, 2mごと, 3回ずつ
	ロックウール吸音板	300×600×12.0		
	シングル野縁	2-17×25×0.8		
	ダブル野縁	2-17×50×0.8		
MM①	膜(ポリエステル布+塩ビコーティング)	910×910×0.6	0.2	2, 10m, 3回ずつ
MM⑥	膜(ガラスクロス+フッ素コーティング)	910×910×0.8	1.2	2, 10m, 3回ずつ
RW	ロックウール吸音板	300×600×12.0	0.7	2～20m, 2mごと, 3回ずつ

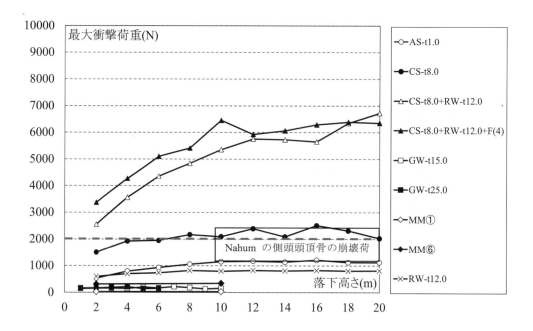

図 7.3.2 各種天井材の落下高さと最大衝撃荷重[7.1]

表 7.3.3 落下実験に用いた天井材(石膏ボード)[7.1]

略称	材質	サイズ(mm)	質量(kg)	実験内容
GB(D)	化粧石膏ボード	910×910×9.5	6.1	2〜16m, 2m ごと, 4回ずつ ただし6,10mのみ5回ずつ
GB(R)	石膏ボード	910×910×9.5	6.5	10m, 3回
GB(R)	石膏ボード	910×910×12.5	8.1	1m, 2〜16m, 2m ごと, 3回ずつ
GB(R)+RW	石膏ボード	910×910×9.5	8.6	2〜16m, 2m ごと, 3回ずつ ただし2,4mのみ4回ずつ
	ロックウール吸音板	300×600×12.0		
GB(R)+RW	石膏ボード	910×910×12.5	10.0	2〜16m, 2m ごと, 3回ずつ ただし12mのみ4回
	ロックウール吸音板	300×600×12.0		
GB(P)	石膏吸音ボード	910×910×9.5 (孔径6mm, ピッチ 22mm, 孔数40×40)	6.1	2〜16m, 2m ごと, 3回ずつ ただし8,12mのみ4回ずつ
GB(R)+GB(D)	石膏ボード	910×910×12.5	12.8	2〜16m, 2m ごと, 3回ずつ ただし8,12,16mのみ4回ずつ
	化粧石膏ボード	910×910×9.5		

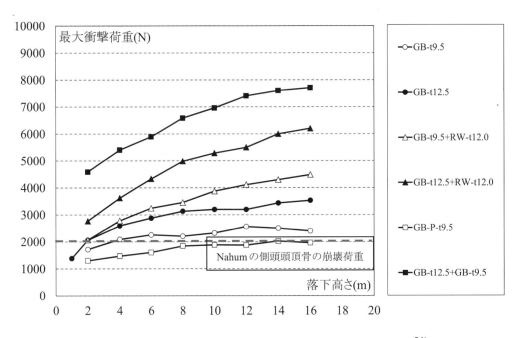

図 7.3.3 各種天井材の落下高さと最大衝撃荷重(石膏ボード)[7.1]

7.4 フェイルセーフ[7.1]

> 天井落下により人命に危険が及ぶことが予想される場合，あらかじめ意識的な設計によって天井材の人体への接触を防ぎ，人命保護を達成する．

　天井材の落下が発生しても，人命に危害を与えることがない材料であれば必然的に人命保護が達成される．しかしそうでない場合も，意識的な設計によって人命保護を達成することが可能である．つまり，安全性評価によって危険と判断された場合でも，天井材の落下を許容しつつ，これを想定した意識的な設計を行うことによって人命保護を達成することができる．これを「フェイルセーフ」と呼ぶ．

　例えば天井材の落下が発生しても，これが利用者の活動領域に達することがなければ，人命に危害を与えることはない．最も知られている方法は，落下防止ネットの設置である．また，天井パネルを通常の下地材とは独立に構造材へ緊結することによって落下を回避する「落下防止ワイヤ」という方法も考えられる．

(1) 落下防止ネット

　人命に危害を与える落下事故を防止するための有効な方法として，天井直下に目の細かいネット(あるいはメッシュ)を張り，落下物を受け止める「落下防止ネット」（写真 7.4.1，図 7.4.1）の設置がある．「落下防止ネット」には以下のような利点がある．

1. 既存の天井に対しても設置が容易で天井裏に入る作業が極めて少なくて済む
2. 既存天井材の断熱性や音響性等の機能も温存できる
3. 既存の照明や空調，音響，スプリンクラー等の機能を損なわない設置が可能
4. 設備機器の落下も受け止める設計が可能

　落下防止ネットは目の細かいネットだけでは強度が不足する場合が多いため，図 7.4.2 に示すようにネットと補強ケーブルを組み合わせて用いる場合が多い．目の細かいネットで受けた落下物の荷重を補強ケーブルが支え，補強ケーブルは周辺の構造物にしっかりと定着され支えられるように計画されなければならない．最終的な定着部分は周辺柱や梁，壁等の構造躯体であり，これらの構造躯体は補強ケーブルに対する反力を与える必要がある．

写真 7.4.1　フェイルセーフ設置の例（落下防止ネット）[7.1]

図 7.4.1 落下防止ネットの概念[7.1]

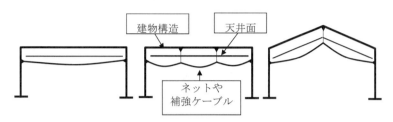

図 7.4.2 ネットや補強ケーブルの梁間方向イメージ[7.1]

(2) 一方向ケーブルの力学

　落下防止ネットの目的は，損傷によって発生する落下物の重量を支え，利用者の活動領域に達するのを防ぐことである．したがって，ネットの強度は予想される落下物重量と許容されるたわみ量から決まる．また，予想される危険な落下物の大きさから，ネットの格子サイズが決まる．さらに補強ケーブルの端部定着部は支えるべき落下物の重量と，ケーブルの張力に耐えるように設計する必要がある．

　天井が全面にわたって落下する場合を最も不利な場合と考えると，ケーブルが受ける荷重は等分布荷重に近くなると予想される．図 7.4.3 に示す等分布荷重 p を受けるケーブルの釣合い状態として次の近似式がよく知られている．これらの式より，ケーブルスパン L と単位長さあたりの荷重 p，およびたわみ w を与えれば，水平方向の反力および軸力を求めることができる．

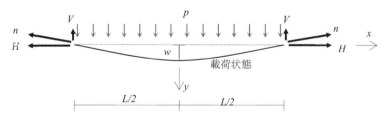

図 7.4.3 等分布荷重 p を受けるスパン L のケーブル

$$形状：y = w\left[1-\left(\frac{2x}{L}\right)^2\right] \tag{C7.4.1}$$

$$端部鉛直反力：V = \frac{pL}{2}，\quad 端部水平反力：H = \frac{pL^2}{8w} \tag{C7.4.2}$$

端部軸力： $n = \sqrt{H^2+V^2} = H\sqrt{1+16\left(\dfrac{w}{L}\right)^2}$ (C7.4.3)

以上の関係は，たわみ w を含めた最終的な釣合い形状がわかっている場合に用いることができるが，実際は荷重が加わることによりケーブルが伸び，その分，さらにたわみ w が増える．このようなケーブルの伸びを考慮した釣合いの近似式として次式がある．

$$\dfrac{L}{8w}\sqrt{1+16\left(\dfrac{w}{L}\right)^2} = \dfrac{EA}{pL}\dfrac{8}{3}\left(\dfrac{w}{L}\right)^2 + \dfrac{h_0}{pL}$$ (C7.4.4)

ここに，E はケーブルのヤング係数，A は断面積，h_0 はケーブル初期張力である．

(3) ネットの力学

落下防止ネットを構成する目の細かいネットやメッシュは落下物を直接受け止め，荷重を補強ケーブルへ伝える役割を果たす．天井面積が十分小さい場合は，1つの連続したネットだけで天井の荷重を受け，補強ケーブルは周辺のみに配置されてネットの荷重を集めて周辺構造体へ伝えるという構成の場合もある．

自重を受ける矩形の等張力膜の近似式として，次式が知られている．この式により，落下物を支えるネットの単位長さあたりの張力を概算することができる．

$$\dfrac{N}{ap} = \dfrac{16}{\pi^3}\dfrac{a}{w}\sum_{n=1,3,5,\cdots}^{\infty}\dfrac{(-1)^{(n-1)/2}}{n^3}\left[1 - \dfrac{\cosh(n\pi y/2a)}{\cosh(n\pi b/2a)}\right]\cos\dfrac{n\pi x}{2a}$$ (C7.4.5)

上式でネットの平面形状を正方形 ($a=b$) とし，安全側になるように簡略化すると次式となる．

$$N = 0.5\dfrac{pa^2}{w}$$ (C7.4.6)

式(C7.4.6)から明らかなように，N は p に対して比例，a に対して2次，w に対して反比例の関係となる．

図7.4.4に示すように，平面形が長方形のネットの場合，同一面積で同一サグの正方形ネットと考えて張力 N を計算すれば安全側の評価となる．

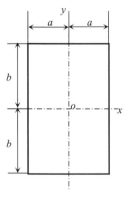
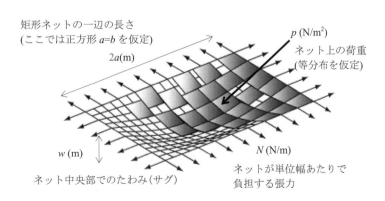

(a)矩形ネットの平面形状　　　　　(b)矩形ネットの概形と各条件

図7.4.4　矩形ネットの概形 [7.1)]

(4) その他の注意事項

　落下防止ネット等のフェイルセーフは，既存建物における安全措置として採用される場合が多く考えられる．このような場合には，落下防止ネット等が受ける荷重を既存の構造躯体へしっかりと伝える必要が発生する．

　伝えるべき荷重は，常時にかかっている初期張力と，想定される落下物が全て落下した時の荷重である．これらの荷重は上述の計算にも示したように，鉛直方向に作用している重力に比べて非常に大きくなる場合が多く，定着部分のディテールには十分注意する必要がある．例えば既存の鉄骨躯体に補強ケーブル等を定着する場合，図7.4.5(a)に示すような単なる摩擦を用いた方法は，保持できる荷重が低いので注意する必要がある．例えば(b)に示すような詳細にする等，非常時に期待された性能を発揮するために，定着部の設計・施工には十分注意をしなくてはならない．

　また，RC構造の躯体に対しては，あと施工アンカー等が用いられることが多いと考えられるが，あと施工アンカーには極力せん断力を負担させ，引張りで用いることは避けるようにする，等の注意が必要である．以上，ここで紹介しているフェイルセーフの方法は，主にロープやケーブルを用いるものであり，これらの設計の詳細については，本会「ケーブル構造設計指針・同解説」等を参考にするとよい．

　一般に，落下防止ネットは意匠性が低いと考えられている場合が多い．今後は，より意匠性の改良された設計例や素材の提案が望まれる．落下防止ネットが既存の天井のデザイン的な刷新と人命保護確保の双方に役立つように活用されればその意味は大きい．

　一方，落下防止ワイヤは，天井裏側に設置される場合が多いので，既存の天井のデザインを損なうことなく人命保護を確保することが可能である．一般に「ワイヤメッシュ」とよばれる金属網状の重量天井があり，落下事故（写真7.4.2）を生じると大きな危険を生じる．このような天井材のフェイルセーフには，網状部分に落下防止ワイヤが容易に取り付けられる．

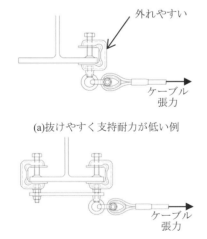

図7.4.5　既存鉄骨躯体への定着の例 [7.1]

写真7.4.2　ワイヤメッシュの落下事故例 [7.1]

7.5 準構造[7.1)]

> 質量の大きな天井が必要な場合，天井に期待する機能を「仕上げ材」の延長で処理せず，「構造」として設計・施工し，安全に実現する．

　高所設置の仕上げ材は，人命保護の確保が最優先であり，材料そのものに軽量柔軟なものを用いることが望ましいが，様々な理由で軽量柔軟な材料が利用できない場合がある．典型的な例として劇場やコンサートホール，映画館等の場合，音響性能上の要求から質量の大きな天井や仕上げ材を高所に設置したいという強いニーズが発生する．このような場合は，天井に期待する機能を「仕上げ材」の延長で処理せずに「構造」として設計・施工することで安全に実現する．建物重量を支えるのではなく，音響制御等の機能を実現する構造となるので「準構造」と呼ぶ．「準構造」の実現のためには，音響制御の為の重量面材とそれを支持する構造体を設計の初期段階から構造設計に組み込み，全てを構造躯体として設計・施工する必要がある．構造部材として設計・施工されるが，主たる構造部材ではないので，「準構造」と呼ぶ．「準優勝」という言葉の「準」の様に，「構造」の次くらいに強ければ良い，という意味ではない．

　さらに美観上の仕上げ材が必要であれば，準構造の下に軽量柔軟な仕上げ材を設置することを検討する．機能を実現する構造体としての「準構造」の発想は，設計の段階から構造材として設計・施工された大型の「ぶどう棚」等で既に実現されているものもあるが，準構造では天井面材も構造材を用いる．

　図 7.5.1 に重量天井における準構造の考え方を示す．図 7.5.1 にあるように，準構造は当所より構造材として設計・施工することで，人命保護と天井の機能を確実に実現する．

　このような天井の設計には構造技術者と音響技術者が深く関わることとなる．現状では音響技術者側に，構造材で作られた天井の音響性能に関する知見が乏しいため，実現上の困難が予想される．安全でかつ音響性能の高い天井の実現のためには，構造技術者と音響技術者が協働し，準構造による音響天井の性能に関する知見を蓄積していくことが重要となる．

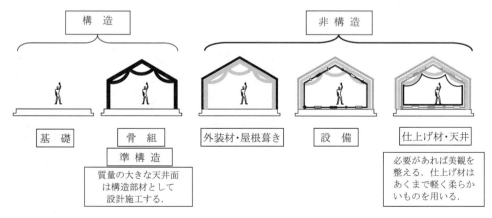

図 7.5.1 重量天井における準構造の考え方[7.1)]

7.6 機能維持[7.1)]

> 人命保護を確保した上で，必要に応じて機能維持を実現する．

　建築空間にはさらに，用途に応じて，居住性，快適性，生産性等といった様々な機能が求められる．すなわち，「人命保護」を実現した上で，さらなる要求として機能の実現がある．実現すべき機能は，建築空間の用途と発注者側の要求によって様々に異なる．

　実現された機能は様々な条件下で維持が要求される．機能維持のために，天井等の非構造材はその置かれる様々な環境を考慮し，必要に応じて各種劣化制御および損傷制御を行う．劣化および損傷を発生する外乱は，経年劣化以外にも，水分，温度，地震力，風圧，各種振動等様々であり，それぞれどの程度の外乱に対してどの程度の劣化および損傷制御を行うかは，個別に設定し，実現する必要がある．代表的な損傷制御に，地震外力を想定した耐震補強がある．これに対し，防災上の重要拠点での機能維持や，避難所としての機能維持，企業の事業継続性上の機能維持等，さまざまな種類の機能維持要求がある．屋内プールの天井等では湿気や塩素による劣化損傷を防ぐための損傷制御が要求される．これらの点は発注者と設計者，施工者等の間で十分に合意形成をし，実現していく必要がある．さまざまな外乱に対しての損傷制御については文献 7.1) 等に詳細が掲載されているので参照されたい．いずれの場合も，機能維持が検討される以前に，人命保護（落下制御）は確実に実現されていなければならない．

参考文献

7.1) 日本建築学会：天井等の非構造材の落下に対する安全対策指針・同解説，2015
7.2) 日本建築学会：1974年伊豆半島沖地震・1978年伊豆大島近海地震災害調査報告，1980
7.3) 日本建築学会：1982年浦河沖地震　1983年日本海中部地震災害調査報告，1984
7.4) 日本建築学会：1994年北海道東方沖地震災害調査報告・1994年三陸はるか沖地震災害調査報告，1996
7.5) 日本建築学会：阪神・淡路大震災調査報告　建築編−3　シェル・空間構造，1997
7.6) 日本建築学会：2000年鳥取県西部地震災害調査報告・2001年芸予地震災害調査報告，2001
7.7) 国土交通省：芸予地震被害調査報告の送付について（技術的助言），国住指第357号，平成13年6月1日，2001
7.8) 国土交通省：大規模空間を持つ建築物の天井の崩落対策について（技術的助言），国住指第2402号，平成15年10月15日，2003
7.9) 国土交通省：地震時における天井の崩落対策の徹底について（技術的助言）：，国住指第1427号，平成17年8月26日，2005
7.10) 建築性能基準推進協会：地震被害を踏まえた非構造部材の基準の整備に資する検討中間報告書，2011
7.11) 日本建築学会：非構造部材の耐震設計施工指針・同解説および耐震設計施工要領，2003
7.12) 日本建築学会：ケーブル構造設計指針・同解説，1994
7.13) 小澤祐周・川口健一：非構造材落下防止ネットの力学と形状に関する基礎的考察，構造工学論文集，Vol.56B，pp.517-520，2010

8章 設　計　例

8.1 ラチスドーム集会場の設計例

(1) 建 物 概 要

1) 構造概要と構造計画

　以下では，雪荷重時と地震荷重時に関して，ドーム部材の許容応力度設計による部材断面算定およびドームの座屈耐力の検定に焦点を当て，その部材算定と座屈耐力検定の基本を説明する．基礎，下部構造等については省略する．

　建設地は，東京都区内の第2種地盤の地域を想定する．構造全体を図8.1.1に示す．構造は1階の鋼のブレース構造とテンションリングで支持された円形平面のスパン 60m（支承部中心間の直径）の鉄骨ラチスドーム屋根である．1階の高さは5m，ドームの頂部の最高高さは15.919mであり，31m未満である．1階の柱および鋼ブレースを下部構造，鋼のテンションリングを含む鉄骨ラチスドーム構造を屋根構造（上部構造）とする．上部ラチスドームは3方向網目状に部材を配置し，屋根に作用する鉛直荷重と水平力をテンションリングおよびブレース構造に伝達する．図8.1.2に示すように，ドーム部材は円形鋼管，テンションリングはH形鋼，接合部[注1)]は鋳鋼製のリングである．

　ドーム部材は，ドーム内のリング状の接合部に完全溶込み溶接で接合され，テンションリング側はガセットプレートを用いて高力ボルトで剛接合される．下部構造には，H形鋼の柱が円形平面の外周に均等に配置され，これらの柱は均等に配置される引張ブレースとともに鉛直力と水平力に抵抗し，柱脚から基礎構造に外力を伝達する．下部構造の柱とブレースは相互にピン接合され，また，柱上部ではテンションリングにピン接合，基礎位置では柱脚にピン支持される．なお，ブレースは保有耐力接合された 2L-75×75×6 とし，"ハ"の字形に12対（$n_B = 12$ と記述）配置する．

　基礎構造は，柱位置に円形状に配置され，水平面内の剛性の高い RC 基礎リング梁である．安定した2種地盤底において PC 杭で支持し不同沈下を防止する．

　特に地震力に対する設計では，短周期構造物であることを前提に，以下の点を踏まえて地震力を定める．（ⅰ）本会「荷重指針」[8.1.1)] に基づき以下のように設定する．再現期間475年（終局設計時：レベル2）の地震荷重は，基盤加速度 $a_0 = 4.26 m/s^2$，$k_{R0} = 2.4$，表層地盤の応答増幅率を 1.25 とした加速度相当スペクトル一定領域で $12\ m/s^2$ として，有効質量比 0.8（設定）を乗じて終局設計用せん断力係数を 1.0 とする．再現期間43年に対する許容応力度設計用せん断力係数（レベル1）は再現期間475年の値の 1/5 以上とする．（ⅱ）全体の構造は1階建（1層）の構造であり，屋根は面内剛性の高いドームである．（ⅲ）構造全体の平面は円形であり水平力に対してブレースが外周に均等に配置され，平面上の偏心はない．（ⅳ）1層の構造であるので，高さ方向の剛性率の分布は検討を要しない．（ⅴ）地震時には，屋根の地震力はドームの部材により耐震要素である下部のブレース構造に

伝達されるように設計する．ただし，スパンが大きいので，屋根面内の地震力の分布については，予備地震応答解析により加速度応答等を算定し，その水平地震力分布と鉛直地震力分布を定める．
（vi）3章の3.4節のレベル2の地震力の大きさは，弾性挙動を前提としたときの1階の層せん断力係数を1.0とし，下部構造の靱性による地震荷重の応答低減係数 D_h = 0.35 を採用する．

雪荷重については，(vii) 3.4節のレベル2の雪荷重を本会「荷重指針」[8.1.1] から定める．風荷重，温度荷重等については，ここでは検討しない．

2) ラチスドームの規模，形状

立面，平面，部材配置，稜線部のドーム断面等の概要と構造の基本寸法を図8.1.3に示す．ドームの曲率半径 R = 46.672 m，ドームの半開角 ϕ_0 = 40°，ドームスパン L = 60 m（テンションリング直径），ドームのライズ H_D = 10.919 m，稜線上の等分割数 n = 16，稜線上の部材の部材半開角 θ_0 = 2.5°，稜線上の部材の部材細長比 λ_0 = 71.7，稜線上の部材長 l_0 = 4.073 m，ブレース材が水平面となす角度 ϕ_B = 51.85° とする．

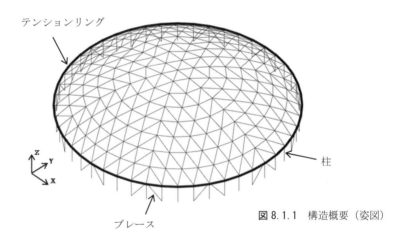

図 8.1.1　構造概要（姿図）

表 8.1.1　ラチスドームの規模，形状

ドームの曲率半径	R (m)	46.672
〃　半開角	ϕ_0 (°)	40.0
〃　スパン	L (m)	60.0
〃　ライズ	H_D (m)	10.919
稜線上の等分割数	n	16
稜線上の部材の部材半開角	θ_0 (°)	2.5
〃　　　　部材長	l_0 (m)	4.073
〃　　　　細長比	λ_0	71.7
ブレース材の角度	ϕ_B (°)	51.85

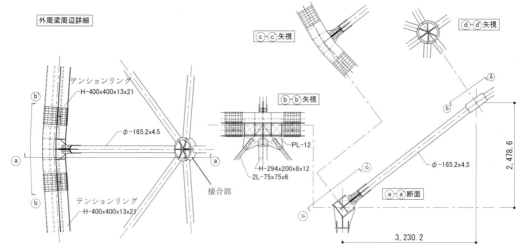

図 8.1.2 部分詳細

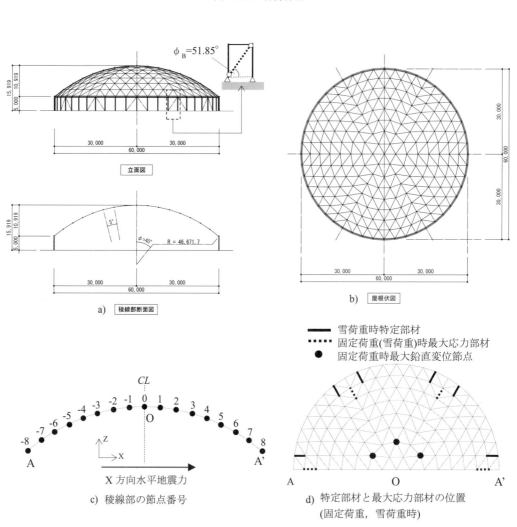

a) 稜線部断面図

b) 屋根伏図

c) 稜線部の節点番号

d) 特定部材と最大応力部材の位置
(固定荷重,雪荷重時)

図 8.1.3 形状,各部寸法等

3) 各部の断面

各部の断面を表 8.1.2 に示す．ドーム一般部，テンションリング，柱，ブレースは部位ごとに全て同じ断面とし，ヤング係数は全て $E = 205$ kN/mm^2 とする．ドーム内接合部のリングは全て同じ形状とし，補剛材としてのプレートを配置する．

表 8.1.2 部材諸元

部位			サイズ	材質等	断面積 A (mm^2)	断面2次モーメント I_x (mm^4)	断面2次モーメント I_y (mm^4)
屋根構造	ドーム一般部		φ-165.2×4.5	STKN400	2,272	734.0×10^4	734.0×10^4
屋根構造	接合部	リング	図 8.1.2，注 6)参照	SCW410	−	−	−
屋根構造	接合部	プレート	t = 16	SN400B	−	−	−
屋根構造	テンションリング		H-400×400×13×21	SN400B	21,870	66,600×10^4	22,400×10^4
下部構造	柱（両端ピン接合）		H-294×200×8×12	SN400B	7,105	11,100×10^4	1,600×10^4
下部構造	ブレース		2L-75×75×6	SS400	2×872.7	2×46.1×10^4	245.1×10^4
下部構造	ブレース		G.PL t = 12	SN400B	−	−	−
下部構造	ブレース		5-M16	F10T, S10T	−	−	−

4) 設定した接合部の回転剛性

単層ラチスシェルでは，接合部の剛性により座屈荷重が低下する傾向がある．本設計例では，接合部をリブ補強付き中空リングとする．

解析上，長期および短期の許容応力度設計に用いる断面力を求める場合には，接合部を完全剛接とした値を用い，また，座屈解析用・終局強度検定用には，接合部の回転剛性[8.1.2] K_B を考慮する．4 章付録 C.5 の式(付 C.5.1)，4 章の式(C4.1.1)を参照し，接合部剛性に起因する座屈荷重低減係数 $β(κ)$ を 0.9 と仮定する．

$$β(κ) = \frac{1}{\sqrt{1 + 2/κ}} = 0.9 \quad ; \quad κ = \frac{K_B l_0}{EI} \tag{8.1.1}$$

本設計例では，実験等で曲げばねの回転剛性 K_B =3,150,000 kN·mm/rad が得られたものとしており，$κ = 8.54$ となる．$κ$ の計算には，ドーム稜線部の鋼管部材長 $l_0 = 4073$ mm と鋼管部材の断面 2 次モーメント I ($= I_x = I_y$) を用いている．実際の設計では FEM 解析や実験により，接合部の剛性・耐力を確認することが望ましい[注2)]．実験で剛性を確認した例として文献 8.1.3)，8.1.4)などが有るので参照されたい．

(2) 荷重

1) 固定荷重 DL

a) ドーム屋根部

仕上，母屋等	600 N/m²	
屋根トラス材	350 N/m²	
合計	950 N/m²	($D = 0.95$ kN/m²，ドーム表面積あたり)

ドーム半開角は40°であるが，角度37.5°から40°までのドーム重量，およびテンションリング重量は下部構造の重量に含めるものとする．

このとき，ドームの全表面積 S_D は，

$$S_D = \int_0^{\phi_0} 2\pi R^2 \sin\phi d\phi = 2\pi R^2 (1-\cos\phi_0) = 3{,}202 \text{ m}^2 \tag{8.1.2.a}$$

であり，頂部から角度37.5°までのドームの表面積 $S(37.5)$ は，

$$S(37.5) = \int_0^{37.5} 2\pi R^2 \sin\phi d\phi = 2\pi R^2 (1-\cos 37.5°) = 2\pi \times 46.672^2 \times 0.2066 = 2{,}828 \text{ m}^2 \tag{8.1.2.b}$$

である．

これらより，ドーム屋根部の全体重量は 0.95 kN/m² × 3,202 m² = 3,042 kN，表面積 $S(37.5)$ に相当する重量は，0.95 kN/m² × 2,828 m² = 2,687 kN であるので，下部構造に含める重量は 3,042−2,687 kN = 355 kN となる．

b) テンションリング＋柱頭接合部等

- テンションリング

H-400×400×13×21 の単位重量		1.69	kN/m
テンションリング全長	$\pi L = 3.14 \times 60 =$	188.4	m
プレートボルト率	（全長重量に対して）	1.2	
→ テンションリング重量	1.69×188.4×1.2 =	382	kN

- 柱頭接合部等

1箇所あたりの重量		7	kN/箇所
柱頭接合部数		48	箇所
→ 柱頭接合部等重量	7×48 =	336	kN

- 合計（テンションリング等） 382 + 336 = 718 kN

c) 壁

壁の単位面積あたり重量		0.75	kN/m²
有効高さ	5.0 / 2 =	2.5	m
壁全長	$2\pi R = 2\times 3.14\times 30 =$	188.4	m
→ 有効壁重量	2.5×188.4 = 353.3　353.3	kN → 353	kN

d) ドーム，テンションリング，壁の重量の合計

以上をまとめると，各部の重量および合計重量は下表のようになる．

表 8.1.3　各部重量と合計重量

構造的な区分				荷重負担の区分	
屋根構造	ドーム屋根　上部	2,687	kN →	上部構造　2,687	kN
	ドーム屋根　下部	355	kN		
	テンションリング＋柱頭接合部等	718	kN →	下部構造　1,426	kN
下部構造	壁	353	kN		
	合計	4,113	kN	合計　4,113	kN

2) 積載荷重 LL

大梁・柱用および地震荷重用の積載荷重は 0 kN/m² とし，2次部材に対する検討は省略する．

3) 雪荷重 SL

a) 短期設計用荷重（レベル 1）SLA

3章3.4節の短期設計用荷重（レベル 1 相当）の荷重の設定にあたり，再現期間 43 年に相当する積雪深 d_{43} として 0.285 m を想定する．

単位体積重量は荷重指針式 [8.1.1]，

$$\rho_S = 0.72\sqrt{d_{43}/d_{ref}} + 2.32 = 0.38 + 2.32 = 2.70 \text{ kN/m}^3 \text{；ここに，} d_{ref} = 1 \text{ m} \quad (8.1.3)$$

で算定し，$\rho_s = 2.70$ kN/m³ とする．近似的ではあるが，雪荷重はドーム表面に対して一様に分布すると仮定し，単位面積あたり以下の値を使用する．

$$S_{43} = 2.70\times 0.285 = 0.77 \text{ kN/m}^2 \quad (8.1.4)$$

短期許容応力度設計の荷重は，固定荷重を含め，以下の値とする．

$$D + S = 1.72 \text{ kN/m}^2 \quad (8.1.5)$$

b) 終局設計用雪荷重（レベル 2）SLU

3章3.2節の安全性検定用の終局設計用荷重（レベル 2）の設定にあたり，再現期間 475 年の積雪

深として，荷重指針の算定式から $d_{475} = 0.449$ m とする．

$$d_{475} = \{0.08 + 0.20\ln(475)\}/\{0.08 + 0.20\ln(43)\} \cdot d_{43} = 1.577 \times 0.285 = 0.449 \text{ m} \qquad (8.1.6)$$

単位面積あたりの雪荷重 S_{475} は，次式[8.1.4)]で算定する $S_{475} = 1.26$ kN/m² を採用する．

$$S_{475} = d_{475} \times \{0.72\sqrt{d_{475}/d_{ref}} + 2.32\} = 0.449 \times 2.80 = 1.26 \text{ kN/m}^2 \qquad (8.1.7)$$

座屈耐力検定用の単位面積あたりの荷重は，3章の荷重係数 1.6 を乗じた雪荷重と固定荷重の和として次式の値を用いる．

$$D + 1.6 \times S_{475} = 0.95 + 1.6 \times 1.26 = 0.95 + 2.02 = 2.97 \text{ kN/m}^2 \qquad (8.1.8)$$

4) 地震荷重 EQ

a) 短期設計用荷重（レベル1）に対する地震荷重 EQS

3章3.2節の短期設計用荷重（レベル1）の設定にあたり，下部構造が鋼ブレース構造であることを勘案し，1階の層せん断力係数を 0.3 と設定する．ドーム水平地震力と逆対称の鉛直地震力については，5章5.2.1項，5.2.2項および5.2.3項を援用し，これを定める．解析モデルとして5章5.2.2項の並列多質点系モデルを適用する．定めた地震力は，8.1節の(7)に後述する．

ブレースは保有耐力接合とし，1階の層間変形角は 1/200 以下とする．

下部構造を1階建の鋼ブレース構造とし，ドームの重量に作用する水平および鉛直の地震力の分布は，5章5.2.2節の並列多質点系モデルに基づいて定める．

b) 終局設計用地震荷重 EQU

3章3.2節の終局設計用荷重の設定にあたり，レベル2の1階下部構造の設計用層せん断力係数を定める．本構造の第1層は，地震力のすべてをブレースで負担させ，下部構造塑性化時の必要せん断力係数を 0.35 とする．構造に作用する水平および鉛直の地震力の分布は，前述の短期設計用荷重（レベル1）に対して定めたものを準用する．

ドームに対しては，5章5.2.3項の解説「(7)終局設計の考え方 2)下部構造の保有水平耐力による方法」を準用して，座屈耐力を検定する．つまり，1階におけるせん断力係数が 0.35 となる水平地震力に対応して算定されるドーム底部（テンションリング直上）の層せん断力係数 0.51（＝0.35×1.45：本節(7)）を用いて地震力を算定し，この算定された地震力に対して安全性（耐力）を検定する．なお，本設計例では下部のブレースがドームよりも早期に降伏する設計（下部降伏型設計）となるので，ドームの検定では，ドーム底部の層せん断力係数 0.51 に対して弾性設計する．

(3) テンションリングの予備設計

この種のドームではテンションリングの設計が鍵となる．以下にテンションリングの必要断面積を概算する．

1) 終局設計用雪荷重時のテンションリングの引張力の略算および断面の設定

ドームに作用する雪荷重時(積雪を近似的にドーム表面積あたりの荷重として算定)の全鉛直力 W_T は，ドーム全表面積（式(8.1.2.a)）と単位面積あたりの終局設計用雪荷重（式(8.1.8)）から，以下の値となる．

$$W_T = 3{,}202 \times 2.97 = 9{,}510 \text{ kN} \qquad (8.1.9)$$

したがって,テンションリング位置の円周方向の単位長さあたりの鉛直荷重反力 V は,

$$V = W_T / (\pi L) = 9{,}510 / (\pi \times 60) = 50.45 \text{ kN/m} \tag{8.1.10}$$

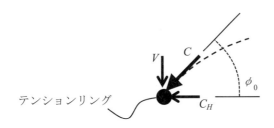

図 8.1.4　テンションリング位置での力の成分

図 8.1.4 に示すように,ドームの膜圧縮力 C は,$\phi_0=40°$ より $C = V / \sin\phi_0 = 78.49 \text{ kN/m}$ と計算される.また,C の水平成分は,$C_H = C\cos(\phi°) = 60.13 \text{ kN/m}$ と略算できる.したがって,一様内圧を受ける薄肉円筒の釣合いから,テンションリングの引張力 T_G が次式のように求められる.ここで L はドーム底部の平面の直径 60 m である.

$$T_G = C_H \times (L/2) = 1{,}804 \text{ kN} \tag{8.1.11}$$

この T_G が降伏軸力に達する場合のテンションリングの必要断面積 A_G を次式で略算する.なお,断面の引張りに対する効果(ボルト孔控除等)を 0.75 と仮定する.鋼材は 400 N/mm² 級 JIS 規格品を使用することを前提とし,降伏応力度 235 N/mm² を 1.1 倍して,

$$A_G = \frac{1{,}804 \times 10^3}{0.75 \times 235 \times 1.1} = 9{,}305 \text{ mm}^2 \tag{8.1.12}$$

と得られるが,テンションリングの引張剛性を十分に保つ(放射方向の広がり防止)ため,必要断面積の 2 倍の断面積以上を想定し,H-400×400×13×21(断面積 21,870 mm²)を採用する.

2)　終局荷重時のテンションリングの放射方向への広がり量

テンションリングのひずみは,次式で評価できる.

$$\varepsilon_T = \frac{T_G}{E_S A_T} = \frac{1{,}804}{205 \times 21{,}870} = 0.00040 \tag{8.1.13}$$

終局時には外側に 30,000 mm × 0.00040 = 12 mm(片側)だけ広がる.なお,固定荷重時には終局時の約 1/3 で,3.8 mm の広がりとなる.

(4)　固定荷重に対する許容応力度設計(長期)

1) 基本事項

固定荷重(長期荷重)時の設計荷重 $DL = 0.95 \text{ kN/m}^2$ に対して一番危険な部材(図 8.1.3 に位置を ー ー で示す)および特定部材(図 8.1.3(d)中に位置を ー で示す)についての算定例を示す.接合部は完全剛接とする.なお,断面力は 3 次元部材モデルによる線形弾性解析で求めたものであり,M_y はドーム面外の曲げモーメント,M_z はドーム面内の曲げモーメントを表す.

対象部材のサイズは φ-165.2×4.5 で，断面積および断面 2 次モーメントは表 8.1.2 に示す値，断面係数は $Z_e = 88,900$ mm^3 となる．

2) 固定荷重時最大応力度発生部材（最も危険な部材（図 8.1.3））の断面力

圧縮軸力　　　　$N = 82.8$ kN　　　　　　　　　　　　　　　　　　　　　　　　(8.1.14.a)

曲げモーメント　　$M_y = -1.983$ kN·m，$M_z = 0.007$ kN·m，

$$M = \sqrt{M_y^2 + M_z^2} = 1.983 \text{ kN·m}$$

3) 特定部材（軸力のみで評価する場合に応力度が最も大きな部材，図 8.1.3）の断面力

圧縮軸力　　　　$N_{0(m)} = 90.2$ kN　　　　　　　　　　　　　　　　　　　　　　(8.1.14.b)

曲げモーメント　　$M_{y0(m)} = -1.071$ kN·m，$M_{z0(m)} = 0.180$ kN·m，

$$M = \sqrt{M_y^2 + M_z^2} = 1.086 \text{ kN·m}$$

4) 存在応力に対する検定

一番危険な部材に対し，付録 D の式(付 D.2.5)を用いて検定を行う．

$$\frac{N}{A} + \frac{1}{\left(1 - \frac{N}{A\sigma_{cr(m)}^{el}}\right)} \cdot \frac{M}{Z_e} = \frac{82.8 \times 10^3}{2,272} + \frac{1}{\left(1 - \frac{82.8 \times 10^3}{2,272 \times 165.0}\right)} \cdot \frac{1.983 \times 10^6}{88,900}$$

$$= 36.4 + 28.6 \tag{8.1.15.a}$$

$$= 65.0 \leq 156.7 \text{ N/mm}^2 = \frac{235.0}{1.5} \text{ N/mm}^2 \quad \rightarrow \text{OK}$$

式(8.1.15.a)より，存在応力は許容応力度以下であることが確認できる．また，軸力による平均応力度は許容圧縮応力度 f_c 以下である．

$$\frac{N}{A} = \frac{82.8 \times 10^3}{2,272} = 36.4 \leq f_c = 94.6 = \frac{141.9}{1.5} \text{ N/mm}^2 \quad \rightarrow \text{OK} \tag{8.1.15.b}$$

なお，弾性座屈応力度 $\sigma_{cr(m)}^{el}$ と $f_c (= \sigma_{cr})$ は後述するように本節(6)の 1)で計算する式(8.1.28)の値であり，ドームの座屈（シェル的な座屈）を考慮して近似的に算定しており，それぞれ $\sigma_{cr(m)}^{el} = 165.0$ N/mm^2，$f_c = \sigma_{cr} = 141.9$ N/mm^2 （いずれも短期用の値）と設定した．

5) 鋼構造設計規準式による検定

$\sigma_c = 36.4$ N/mm^2，$\sigma_b = 28.6$ N/mm^2，

$$\frac{\sigma_c}{f_c} + \frac{\sigma_b}{f_b} = \frac{36.4}{141.9/1.5} + \frac{28.6}{235.0/1.5} = 0.384 + 0.183 = 0.567 \quad \rightarrow \text{OK} \tag{8.1.15.c}$$

上記のように安全性が確認できる．

3 次元部材モデル解析による最大鉛直変位は 10.3 mm であり，スパン 60 m の 1/300（200 mm）以下となっている．

(5) 雪荷重に対する許容応力度設計（短期）

ここでは，雪荷重が等分布の場合のみ検討する．レベル 1 の短期設計用荷重は，$D + SLA = 1.72$ kN/m² である．雪荷重は一般に水平面あたりの荷重で評価し，ドーム面あたりに一様に積雪したとすると 1.72 kN/m² の荷重となる．短期設計用荷重は固定荷重の 1.81 倍（1.72 kN/m² / 0.95 kN/m²）であるので，固定荷重時最大応力度発生部材の断面力を 1.81 倍した値をレベル 1 短期設計用荷重時断面力とし，長期の検討と同様の方法に従って，レベル 1 短期設計用荷重に対して短期許容応力度以下であることを確認する．

なお，偏載分布の雪荷重に対する断面力に対し許容応力度以内であることを確認する必要があるが，ここでは省略する．

1) 固定荷重時最大応力度発生部材（最も危険な部材（図 8.1.3））のレベル 1 雪荷重時断面力

圧縮軸力　　　　　　$N = 149.9$ kN
曲げモーメント　　　$M_y = -3.589$ kN·m,　$M_z = 0.127$ kN·m,
$$M = \sqrt{M_y^2 + M_z^2} = 3.591 \text{ kN·m}$$

2) 存在応力に対する検定

最も危険な部材に対し，付録 D の式(付 D.2.5)を用いて検定を行う．

$$\frac{N}{A} + \frac{1}{\left(1 - \frac{N}{A\sigma_{cr(m)}^{el}}\right)} \cdot \frac{M}{Z_e} = \frac{149.9 \times 10^3}{2,272} + \frac{1}{\left(1 - \frac{149.9 \times 10^3}{2,272 \times 165.0}\right)} \cdot \frac{3.591 \times 10^6}{88,900}$$

$$= 66.0 + 67.3$$
$$= 133.3 \leq 235.0 \text{ N/mm}^2 \quad \rightarrow \text{OK}$$

式(8.1.15.a)より，存在応力は許容応力度以下であることが確認できる．また，軸力による平均応力度は許容圧縮応力度 f_c 以下である．

$$\frac{N}{A} = \frac{149.9 \times 10^3}{2,272} = 66.0 \leq f_c = 141.9 \text{ N/mm}^2 \quad \rightarrow \text{OK}$$

3) 鋼構造設計規準式による検定

$\sigma_c = 66.0$ N/mm², $\sigma_b = 67.3$ N/mm²,

$$\frac{\sigma_c}{f_c} + \frac{\sigma_b}{f_b} = \frac{66.0}{141.9} + \frac{67.3}{235.0} = 0.465 + 0.286 = 0.748 \quad \rightarrow \text{OK}$$

上記のように，レベル 1 雪荷重に対しても安全性が確認できる．また，最大鉛直変位は 18.6mm であり，スパン 60 m の 1/300（200mm）以下となっている．

(6) 雪荷重時の座屈耐力の検定（終局設計）

レベル 2 の雪荷重に対する座屈耐力の検定では，設計例題であることを考慮し，2 種類の方法を本節(6)の 1)および(6)の 2)で示す．前者は 4 章の図 4.4.1 において算定ルート「A1」として示される方法で，手計算のみで可能であり弾性座屈荷重と降伏荷重を援用して（固定荷重＋雪荷重）に対す

る座屈耐力を求める方法である．後者は4章の図4.4.2において算定ルート「B2」として示される方法で，3次元部材モデル解析を用い，特定部材の座屈軸力に基づいて座屈耐力を求める方法である．いずれの方法でも安全性の確認ができる．

以下に等分布状の雪荷重（ドームの表面積あたり一様）に限定して検定例を示す．雪荷重時の単位面積あたりの荷重は，式(8.1.8)に示す 2.97 kN/m² である．図8.1.1のような3方向部材配置の座屈の検討では，付録B.5に示すように，稜線上の部材長 l_0 で構成される単位正6角形換算の荷重を使用するのが便利である．表8.1.1より $l_0 = 4.073$ m として，正6角形の頂点を参照点とする支配面積

$$A_{node} = \sqrt{3}l_0^2/2 = 14.37 \text{ m}^2 \tag{8.1.16}$$

を用いると，終局用節点荷重 P_0 は次式の値となる．

$$P_0 = A_{node} \times 2.97 = 42.68 \text{ kN} \tag{8.1.17}$$

設計で想定する初期不整については，4章4.3節の6)のスパンの1/1000以下，かつ，等価シェル厚の20%以下を参照し，製作・施工等の管理限界値（限界許容差）としてスパン60mの1/2000（30mm）とする．この値は，等価シェル厚 t_{eq}（197 mm）の15.2%である．

弾性座屈荷重低減係数 α_0，接合部の剛性による低減係数 $\beta(\kappa)$，また，解析係数 γ については，それぞれ，付録C.4の付表C.4.1，付録C.5の式(付C.5.1)，付録C.1を参照し，想定する初期不整を考慮して，原則として以下の値を使用する．

$$\left.\begin{array}{ll} \text{剛接の場合の弾性座屈荷重低減係数} & \alpha_0 = 0.50 \\ \text{座屈解析に用いる半剛接による座屈荷重低減係数} & \beta(\kappa) = \dfrac{1}{\sqrt{1+2/\kappa}} = 0.90 \\ \text{解析係数} & \gamma = 1.0 \end{array}\right\} \tag{8.1.18}$$

1) シェル理論の成果を援用する方法（ルートA1：鉛直荷重の値を算定する方法）

ドーム内でほぼ同じ断面が使用されているため，4章4.3節の線形座屈荷重，弾性座屈荷重，降伏荷重（塑性荷重），および，弾性荷重と降伏荷重を援用する弾塑性座屈荷重に基づき，4章の図4.4.1において算定ルート「A1」として示されるシェル理論による近似式を用いたルートに従う．付録B，C，D，Eを合わせて参照し，座屈耐力を検定する．

a) 剛接とした場合の線形座屈荷重　$P_{0cr(\kappa=\infty)}^{lin}$

4章4.3節および付録Bの式(付B.5.7)を参照し，シェルの古典座屈荷重 P_{0cl} に基づいて，単位6角形の頂点を参照点とする線形座屈荷重 $P_{0cr(\kappa=\infty)}^{lin}$ を，次式で計算する．

$$P_{0cr(\kappa=\infty)}^{lin} = 0.90 E_s A \theta_0^3 \xi_0 \quad ; \text{ただし，} \quad P_{0cl} = E_s A \theta_0^3 \xi_0 \tag{8.1.19}$$

ここで，$P_{0cr(\kappa=\infty)}^{lin}$ は，支配面積 $A_{node} = 14.37$ m² に対する荷重である．

なお，式(8.1.19)の右辺の係数 0.90 はドーム半開角がやや大きい（半開角40°）ことを考慮した低減係数であるが，本例ではさらに注3)で詳細に検討した例を示している．また，A は部材断面積であり，λ_0 は部材細長比，ξ_0 はシェルらしさ係数である．

$$\xi_0 = \frac{12\sqrt{2}}{\lambda_0 \theta_0}, \quad \lambda_0 = \frac{l_0}{r_g} \tag{8.1.20}$$

本設計例では，部材径 d_0，ドーム稜線部の部材長 l_0，断面 2 次半径 r_g，等価板厚 t_{eq}，部材細長比 λ_0，シェルらしさ係数 ξ_0 は，次の値とする．ただし，部材半開角 $\theta_0 = 2.5°$ （= 0.0436 rad）である．

$$d_0 = 165.2 - 4.5 = 160.7 \text{ mm}, \quad l_0 = 4{,}073 \text{ mm}, \quad r_g = d_0/2\sqrt{2} = 56.8 \text{ mm},$$

$$t_{eq} = 2\sqrt{3} \times r_g = 197.0 \text{ mm},$$

$$\lambda_0 = \frac{l_0}{r_g} = \frac{407.3}{5.68} = 71.71, \quad \xi_0 = \frac{12\sqrt{2}}{\lambda_0 \theta_0} = \frac{12\sqrt{2}}{71.71 \times 0.04363} = 5.424 \tag{8.1.21}$$

$\xi_0 \geq 4.0$ であるので，付録 C.2 の付図 C.2.4 で示すように，シェル的な全体座屈が生ずるシェル形状である．式(8.1.19)に基づき，$E = 205 \text{ kN/mm}^2$ として $P^{lin}_{0cr(\kappa=\infty)}$ を求める．

$$P^{lin}_{0cr(\kappa=\infty)} = 0.90 \times 205 \times 2{,}272 \times (0.04363)^3 \times 5.424 = 0.90 \times 209.8 = 188.9 \text{ kN} \tag{8.1.22}$$

単位面積あたり 13.15 kN/m^2（=188.9 / 14.37 kN/m^2）であり，終局設計用荷重 2.97 kN/m^2 の 4.4 倍，固定荷重（0.95 kN/m^2）の 13.8 倍となる．

b) 半剛接とした場合の弾性座屈荷重 $P^{el}_{0cr(\kappa)}$

弾性座屈荷重 $P^{el}_{0cr(\kappa)}$ は，4 章 4.4 節の式(C4.3.12)，付録 C.1 の式(付 C.1.1)を用いる．初期不整を考慮して $P^{el}_{0cr(\kappa)}$ の値を計算するため，式(8.1.18)の $\alpha_0 = 0.5$ と $\beta(\kappa) = 0.9$，および，式(8.1.19)の線形座屈荷重を用いる．

$$P^{el}_{0cr(\kappa)} = 0.90 \times 0.50 \times P^{lin}_{0cr(\kappa=\infty)} = 0.45 \times 188.9 = 85.01 \text{ kN} \tag{8.1.23}$$

単位面積あたり 6.57 kN/m^2 であり，終局設計用雪荷重の 2.2 倍，固定荷重（0.95 kN/m^2）の 6.92 倍となる．

c) 降伏（塑性）荷重 P^{pl}_0

4 章 4.3 節の降伏（塑性）荷重 P^{pl}_0 は，付録 E の近似式(付 E.1)を利用する．係数 γ_m として，ここでは，ドーム半開角 40°，部材半開角 $\theta_0 = 2.5°$ の場合についての予備計算（本節の注 4))に基づいて 0.60 を用いる．なお，3 次元部材モデルの線形弾性解析による初期降伏荷重は 78.64 kN である．

$$P^{pl}_0 = \gamma_m \times 6 \times \sigma_y A \theta_0 = 0.60 \times 6 \times 235 \times 10^3 \times 2{,}722 \times 0.04363 = 83.86 \text{ kN} \tag{8.1.24}$$

d) 正規化細長比 Λ_s と座屈耐力 P_{0cr}

4 章 4.3 節の式(C.4.3.17)の正規化細長比 Λ_s

$$\Lambda_s = \sqrt{\frac{P^{pl}_0}{P^{el}_{0cr}}} = \sqrt{\frac{83.86}{85.01}} = 0.993 \tag{8.1.25}$$

に基づき，弾性座屈荷重と降伏荷重を援用して，座屈耐力（弾塑性座屈荷重）P_{0cr} を式(C4.3.18)から計算する．なお，P_{0cr} は単位正 6 角形の頂点に相当する荷重である．

$$P_{0cr} = \frac{1 - 0.24\Lambda_s^2}{1 + 4\Lambda_s^2/15} \times P^{pl}_0 = \frac{1 - 0.24 \times 0.993^2}{1 + 4 \times 0.993^2/15} \times 83.86 = 0.604 \times 83.86 = 50.65 \text{ kN} \tag{8.1.26}$$

e) 座屈耐力の検定

座屈耐力 P_{0cr} = 50.65 kN は，参照節点の面積 A_{node} = 14.37 m^2 に対して単位面積あたり 3.53 kN/m^2 となる．

$$3.53 \text{ kN/m}^2 \geq 2.97 \text{ kN/m}^2 \quad (= \text{終局設計用雪荷重}) \tag{8.1.27}$$

したがって，終局設計用雪荷重の 1.2 倍であり，安全性が確認できる．なお，固定荷重 0.95 kN/m^2 に対しては，3.72 倍の耐力が確保されている．

ここで，4 章 4.3 節の式（C4.3.18'）に基づき，弾性座屈荷重と降伏荷重から先に求めた式(8.1.25)の正規化細長比 Λ_S = 0.993 を準用して，特定部材の圧縮強度を算定すると，次の値となる．

$$N_{cr} = \frac{1 - 0.24\Lambda_S^2}{1 + 4\Lambda_S^2/15} \times N_{y(m)} = 0.604 \times 533.9 = 322.5 \text{ kN}$$

応力度で評価すると圧縮強度は，以下の値となる．

$$\sigma_{cr} = \frac{N_{cr}}{A} = \frac{322.5 \times 10^3}{2,272} = 141.9 \text{ N/mm}^2 \tag{8.1.28.a}$$

同様に，弾性座屈応力度 σ_{cr}^{el} を次式で算定する．

$$\sigma_{cr}^{el} = \frac{9}{13\Lambda_S^2} \times \sigma_y = 0.702 \times 235 = 165.0 \text{ N/mm}^2 < 235 \text{ N/mm}^2 \tag{8.1.28.b}$$

（座屈に対する安全率を考慮しなければ，$\sigma_{cr}^{el} = \sigma_y / \Lambda_S^2 = 238.3 \text{ N/mm}^2 < \sigma_y = 235 \text{ N/mm}^2$）

つまり，このラチスドームは弾性座屈的な性質が強いと想定される．

以上のように，シェル理論を援用した座屈耐力の検定方法は，複雑な計算を必要としないので，近似式であることを適切に勘案すれば便利に利用できる．

2) 3 次元部材モデル解析による座屈耐力検定例（ルート B2：特定部材の座屈軸力を援用する方法）

本節(6)の 1)では，同じ部材が適用されているドームに対してシェル理論を援用する座屈耐力検定方法を示した．ドーム内で異なる断面が用いられる場合，あるいは，荷重が場所により異なる場合には，シェル理論を援用することの困難な場合も想定される．ここでは，このような場合にも適用性の高い方法の一つである特定部材の座屈軸力を用いてドーム耐力を求める方法を紹介する．

4 章 4.3 節の「(2)弾性座屈荷重，降伏荷重，弾塑性座屈荷重の経験的関連」で説明した「2) 特定部材（代表部材）の弾性座屈軸力に基づく耐力の算定法」（図 4.4.2，ルート B2）に基づいて，座屈耐力の検定を行う．

a) 全体座屈の検定

終局設計用雪荷重（単位面積あたり）2.97 kN/m^2 を基準にして，接合部の半剛接を考慮して 3 次元部材モデルによる線形座屈解析を行う．解析は，4 章の式(C4.3.7)に示される固有値解析法を用いる．この解析から，線形座屈荷重は 2.97 kN/m^2 の λ_{cr}^{lin} = 4.138 倍となる．単位面積あたり荷重 2.97 kN/m^2 の作用の下で，特定部材（最も圧縮軸力が大きい部材，図 8.1.3 に図示）の圧縮軸力は，$N_{0(m)}$ = 282.3 kN となる．したがって，特定部材の線形座屈軸力は，以下のように得られる．

$$N_{0cr(m)}^{lin} = 4.138 \times 282.3 = 1,168 \text{ kN}$$

また，初期不整 30 mm に対して 3 次元部材モデルによる弾性座屈解析で求めた弾性座屈荷重低減係数 α_0 は 0.518 であるため（詳細は省略），特定部材の弾性座屈軸力は 605.0kN （= 0.518×1,168 kN）となる．したがって，付録 D の式(付 D.1.2)から，次式で与えられる等価座屈長さ l_{eq} は，部材長 4,073 mm より大きくなる．

$$l_{eq} = \sqrt{\frac{\pi^2 EI}{\alpha_0 \cdot N_{cr}^{lin}}} = \sqrt{\frac{\pi^2 \times 205 \times 734 \times 10^4}{605.0}} = 4,954 \text{ mm} \quad ; \quad l_{eq}/l_0 = 4,954/4,073 = 1.22$$

4 章の式(C4.3.21)を用いて特定部材の正規化細長比を求める．ここで $N_{y(m)}$ = 533.9 kN は，特定部材の降伏軸力を表す．

$$\Lambda_{e(m)} = \sqrt{N_{y(m)}/N_{cr(m)}^{el}} = \sqrt{533.9/605.0} = 0.939$$

したがって，特定部材の短期許容圧縮強度 N_{cr} （鋼構造設計規準），および短期許容圧縮応力度 σ_{cr} は次式で算定される．

$$N_{cr(m)} = \frac{1 - 0.24 \Lambda_{e(m)}^2}{1 + 4\Lambda_{e(m)}^2/15} N_{y(m)} = \frac{1 - 0.24 \times 0.939^2}{1 + 4 \times 0.939^2/15} \times 533.9 = 0.638 \times 533.9 = 340.6 \text{ kN} \quad ;$$

$$\sigma_{cr} = \frac{340.6 \times 10^3}{2,272} = 150.0 \text{ N/mm}^2$$

また，弾性座屈軸力は次式で算定される．

$$N_{cr}^{el} = \frac{9}{13\Lambda_{e(m)}^2} N_{y(m)} = 0.785 \times 533.9 = 419.1 \text{ kN} \quad ; \quad \sigma_{cr}^{el} = 184.5 \text{ N/mm}^2$$

（座屈に対する安全率を考慮しなければ，$\sigma_{cr}^{el} = \sigma_y/\Lambda_s^2 = 266.5 \text{ N/mm}^2$）

特定部材の圧縮強度から算定する耐力は，4 章 4.4 節の式(C4.3.22)を用いて次のように得られる．

$$P_{0cr} = P_0 \times \frac{N_{cr(m)}}{N_{0(m)}} = 42.68 \times \frac{340.6}{282.3} = 42.68 \times 1.21 = 51.64 \text{ kN} \geq P_0 \text{ （1.21 倍）} \rightarrow \text{ OK}$$

得られた値は算定ルート A1 による値 P_{0cr} = 50.65 kN：式(8.1.26)とほぼ同等となっている．ドームの耐力は終局設計用荷重の 1.21 倍であり安全性が確認される．なお，本節の注 5)には，3 次元部材モデル弾塑性座屈解析による座屈耐力の検定例（P_{0cr} = 49.8 kN）を示す．

b) 接合部耐力の検定

実験や FEM 解析に基づき，部材に生じる応力を確実に伝達できることを確認することを基本とする．略算による検定結果について注 6)に示す．

c) テンションリング，柱，ブレースおよび基礎等の算定

省略する．

(7) レベル1の許容応力度設計用の地震力 EQS の設定[注7] と部材の許容応力度設計

1) 下部構造のブレースに対する地震荷重の算定

重量に基づいて，許容応力度設計（レベル1）用の層せん断力を計算する．3章3.4節の短期許容応力度設計の地震力は，(2) 4) a)で先述したように，ブレース設計用の層せん断力（ベースシア）係数として，$C_0 = 0.30$ をとる．

構造全体の重量は，本節(2)の荷重を参照する．構造全体の重量が 4,113kN であるので，レベル1の地震荷重によるブレース全体に作用する層せん断力は，以下の値となる．

$$Q_{D0} = 4{,}113 \times 0.30 = 1{,}234 \text{kN} \tag{8.1.30}$$

2) 必要なブレース断面の算定

ブレースの初期降伏せん断力は次式で算定できる．

$$\Sigma q_{oy} = \frac{n_B}{2} \times A\sigma_y \cos\phi_B \;;\; \text{引張ブレースの数 } n_B = 12, \quad \phi_B = 51.85° \tag{8.1.31}$$

ブレース長さ $l_B = \sqrt{3.927^2 + 5.000^2} = 6.358$ m

レベル1の地震力 1,234KN と等値して断面積を算定する．

$$\sum q_{0y} = \frac{n_B}{2} \times A\sigma_y \cos\phi_B = 1{,}234 \text{ kN} \;;\; A = 1{,}417 \text{ mm}^2 \tag{8.1.32}$$

これより次の断面を仮定し，かつ接合部は保有耐力接合とする．

2L–75×75×6, G.PL = 9 mm, 5-M16（F10T, S10T）

$$A_{eff} = 2 \times (872.7 \text{ mm}^2 - 18 \text{ mm} \times 6 \text{ mm}) = 1{,}529 \text{ mm}^2 \quad (A = 1{,}417 \text{mm}^2 \text{ の } 1.08 \text{ 倍}) \tag{8.1.33}$$

部材長 $l_B = 6.358$ m，組立材としての弱軸の断面2次半径 $i = 23$ mm を用いると，細長比は $\lambda = 635.8 / 2.30 = 276$ となり，このブレースは座屈による劣化の少ない引張ブレースと判断される．

下部構造においてはすべての地震力をブレースが負担し，かつ，このブレースは座屈による劣化は少ないと判断し，レベル2の地震力に対する下部構造塑性化時の必要水平耐力を $D_h = 0.35$ を用いて算定する．

なお，5章の式（C5.2.5）を参照すると，ひずみ硬化が無いと仮定した場合の終局時の層せん断力係数は，$0.3 \times (2 \times 872.7)/1{,}417 \times 1.1 \times 4/3.1415 = 0.517$ と算定される．ここに，1.1 は降伏強度の割増し係数，$4/3.1415$ は $r = 0$ で全ブレースが降伏したとき（$\theta_0 = 0$）の式(C5.2.5)から計算される，弾性せん断力に対する倍率 α である．

3) 短期許容応力度設計時のブレース架構の層間変形角の確認

"ハ"の字形の1対の引張ブレースに関して，せん断剛性は，以下の式で算定できる．

$$k_0 = \frac{EA\cos^2\phi_B}{l_B} \tag{8.1.34}$$

したがって，$n_B = 12$ 対のブレースのX方向の水平剛性 K_X は次式となる．

$$K_X = \frac{n_B}{2} \times \frac{EA\cos^2\phi_B}{l_B} = 6 \times \frac{205 \times 2 \times 872.7 \times 0.3814}{6,358} = 128.8 \text{ kN/mm} \quad (8.1.35)$$

初期降伏時のせん断変位 u_y

ブレース初期降伏せん断力 $12/2 \times 2 \times 872.7 \times 235 \times 10^{-3} \times \cos(51.85°) = 1,520$ kN より，

$$u_y = \frac{1,520}{128.8} = 11.8 \text{ mm} = 5,000 \text{ mm}/424 \quad (8.1.36)$$

1/200 以下となり，変形制限を満足する．

4） 1質点系の固有周期の略算

ドームの面内剛性は高いので，ドームが剛体として下部構造と一体に振動すると仮定して固有周期を略算する．質量 M は，$4,113 \text{ kN}/9.8 \text{ m/s}^2 = 419.7 \text{ kN·s}^2/\text{m}$ なので，円振動数 ω_0，固有周期 T_0 は，次の値となる．

$$\omega = \sqrt{\frac{128.8 \times 10^3}{419.7}} = 17.52 \text{ rad/s}, \quad T_0 = \frac{2\pi}{17.52} = 0.359 \text{ s} \quad (8.1.37)$$

5） ドーム単体の固有周期の算定

文献 8.1.5) に準拠して算定する．基礎ピン支持とする．ドームの1次固有円振動数 ω_0 は，次の無次元化円固有振動数の近似式[8.1.5]により算定できる．

$$\Omega_0 = \omega_0 \sqrt{\frac{\rho_D \pi (R\sin\phi_0)^2}{(3\sqrt{3}/4)(E_s A/l_0)}} \approx \frac{0.625\sqrt{\phi_0}}{1 - 1.064\phi_0 + 0.650\phi_0^2} \quad (8.1.38)$$

ただし，ρ_D は，ドームの単位面積あたりの質量（$0.95 \text{ kN/m}^2/9.8 \text{ m/s}^2$），$R$ はドームの曲率半径（46.672 m），A はドーム稜線部材の断面積（$2,272\text{mm}^2$），ϕ_0 はドームの半開角（0.6981 rad = 40°），l_0 は稜線部材の長さ（4,073 mm）である．上式から $\Omega_0 = \omega_0 \times 0.04295 = 0.9098$ と得られ，$\omega_0 = 21.18$ rad/s から近似式による固有周期 $T_{0D} = 0.297$ s となる．この値は，後述の3次元部材モデルによるドーム単体（下部のテンションリングで支持されたドーム）の1次固有周期 0.30 s にほとんど等しい．

6） 屋根面の地震力分布の算定法

屋根面に作用する地震力は，ドーム部材を通して，これを耐震要素である1階のブレース構造に伝達する必要がある．なお，ドームは弾性状態のままで地震荷重を耐震用要素に伝達するように設計する．屋根面に作用する地震力の分布は，常用の Ai 分布の方法では容易に設定できないため，屋根面の地震力分布は5章の方法で検討する．

参考までに Ai 分布で計算すると，下部構造の重量，ドームの重量をそれぞれ $W_1 = 1,426$ kN，$W_2 = 2,687$ kN（全重量 4,113kN）として，$\alpha_1 = 1.00$，$\alpha_2 = 0.65$ と得られる．固有周期は，近似的に上部ドームの剛性が高いものとして，式(8.1.37)の $T_0 = 0.359$ s を用いると，$A_1 = 1.00$，$A_2 = 1.20$ となる．1階の層せん断力係数を 0.30 とすると，ドーム底部の層せん断力係数は 0.36 程度と想定される．以下，デプス／スパン比が適用範囲外であるが，5章の表 5.1 を参照して，地震力分布を略算する．

近似式によるドーム単体の固有周期は，$T_{0D} = 0.297$ s であり，5.2.3 項で定義される R_T と R_M は固

有周期比 R_T=0.359/0.297=1.21,質量比 R_M=4113/3042=1.35 であるので,ドーム単体の固有周期よりも下部構造の固有周期がやや長い.5章の表5.1を参照すると,F_H = 1.66,$F_V/(C_V\theta)$ = 2.20,F_V =2.85程度と想定される.さらに詳細な式(C5.2.10~13)を用いると,F_H = 1.42,F_V = 1.68 となる.下部構造頂部の応答せん断力係数を $C_n = A_{eq}$ = 0.30 とすると,屋根頂部の水平方向静的地震荷重係数は 0.3×1.42 = 0.426,鉛直逆対称の静的地震荷重係数は 0.3×1.68 = 0.504 程度となる.

終局設計時にブレースが塑性化する場合には,等価な周期が伸び,構造の振動特性(モード)が変化し,逆対称の鉛直振動が低減される.この低減効果については,本例の注9)を添付する.

屋根面のラチスドームの水平地震荷重分布,また,逆対称の鉛直地震荷重については,構造全体の予備地震応答性状からドームに対するレベル1の設計用加速度分布を検討し,その結果から地震力分布を算定[8.1.6)]する.具体的には,5章5.2.1項の(2)による時刻歴応答解析から求める最大応答加速度分布に基づいて等価な地震荷重を設定する方法,および,5章5.2.1項の(1)による応答スペクトル法等から加速度応答分布を求め,等価静的地震荷重を設定する方法等があるが,ここでは5章5.2.2項の並列多質点系モデル(図5.2.3,図8.1.5)による方法を用いる.

7) 並列多質点系モデルによる応答加速度分布の設定

2種地盤相当のレベル1の地震動(El-centro位相,Taft位相,Kobe位相の告示波[8.1.7)])に対して応答を検討し,ここでは地震力の一番大きいKobe位相波に対する結果[注7)]を用いて応答加速度分布を設定する.入力地震波のスペクトルは注図8.7.1に示す.解析法は,図8.1.5の並列多質点系モデルによる弾性時刻歴応答解析である.

まず,下部構造を含まないドーム単体(ドーム下部で支持,3次元部材モデルによる)の各次の振動モードの有効質量比 ρ_{xi} と固有周期 T_i を,有効質量比の大きい順に表8.1.4に示す.ここでは,有効質量比の大きい順にモード1,モード2・・・と呼ぶこととし,固有周期の長い順である1次モード,2次モード・・・と区別する.多くのモードの中で有効質量比の大きなものは,高々5個のモード(質量比の総和が約75%,ドーム単体としての固有周期は0.14 sから0.30 s.詳細は省略)である.上部ドーム単体の固有値解析から得られる30個のモードを選び並列多質点系モデルを構成し,下部のブレースとの連成を考慮し弾性地震応答解析を実施する.なお,選択した30個のモードの質量比の合計は約95%となる.選択したモードは,いずれも上部ドームを剛体とする式(8.1.38)の固有周期0.36 sよりも短い.モード2はドーム単体の1次モードであるが,有効質量比は高々0.08であり,水平地震動が大きくなるモードは,有効質量比が0.57で固有周期0.14 sのモード1である.この固有周期は,ドームを剛体とする下部構造を含めた1質点系の固有周期0.36 sより相当短いので,ドームは相対的には剛な構造とみなせる.ただし,ドームの逆対称鉛直振動は,主にドームの固有周期が0.30 sのモードにより生ずると考えられる.

上記の並列多質点系モデルの地震応答性状の検討結果に基づいて作成した2種類の屋根部の応答加速度分布(タイプAおよびB)を以下に示す.ただし,タイプA,Bともに,ブレース位置の層せん断力係数がレベル1の地震時の層せん断力係数0.30となるように正規化した応答加速度分布である.なお,タイプBの応答加速度分布の算定法は研究途上であるため方法の例示に留め,レベル

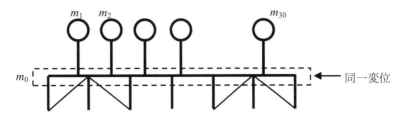

図 8.1.5 30個のモードと下部構造で構成される並列多質点系モデル

表 8.1.4 テンションリング位置で支持されたドーム（単体ドーム）の有効質量比，固有周期

No. i	1	2	3	4	5	6	7	8	9	10
ρ_{xi}	0.56680	0.08444	0.04905	0.03491	0.01756	0.00486	0.00367	0.00391	0.00262	0.00312
T_i (s)	0.1371	0.3004	0.2480	0.2814	0.2742	0.2603	0.2304	0.2176	0.2536	0.1916

No. i	11	12	13	14	15	16	17	18	19	20
ρ_{xi}	0.00187	0.00113	0.04444	0.00158	0.00077	0.00037	0.01004	0.00032	0.01532	0.00681
T_i (s)	0.2152	0.2385	0.0599	0.1737	0.2285	0.2013	0.0570	0.1908	0.0390	0.0516

No. i	21	22	23	24	25	26	27	28	29	30
ρ_{xi}	0.06632	0.00015	0.00007	0.00786	0.00006	0.00004	0.00006	0.00833	0.00004	0.01501
T_i (s)	0.0178	0.1554	0.1793	0.0307	0.1670	0.2054	0.1546	0.0250	0.1648	0.0177

1の地震力に対する具体的な断面算定では，タイプAの応答加速度分布を用いる．

a) タイプAの応答加速度分布（並列多質点系の時刻歴応答解析結果を包絡する応答加速度分布）

　前述のように30個の並列多質点系と下部のブレースとの連成を考慮し並列多質点系モデルを構成する．この並列多質点系モデルによる弾性時刻歴応答解析に基づいて，応答の大きくなる稜線上（図8.1.3のAOA'の位置）の水平加速度応答および鉛直加速度応答の結果を包絡するように，水平と逆対称の鉛直加速度分布を設定した結果を図8.1.6に示す．これをタイプAとし，質量を乗じたものを地震力とする．なお，水平加速度応答はドーム表面上でほぼ同じ値であったので，テンションリング位置以外は同じ加速度応答に設定した．また，逆対称となる鉛直地震動については，稜線上の応答がほぼ台形状の分布で包絡しうると判断し，稜線上ではテンションリング位置とドーム中央ではゼロとなる台形分布とし，ドーム内では (x/r) 分布（5章5.2.3項参照）とした．

タイプAの応答加速度分布（応答を包絡するものとして選択した1次設計用の応答加速度分布）:
　Kobe位相波についての検討例

水平応答加速度分布：
  ドームの各節点　　　$A_H(x, y) = 4.26 \text{ m/s}^2$
  テンションリング位置　$A_H = 0.45 \text{ m/s}^2$ (8.1.39)
逆対称鉛直応答加速度分布：
  ドーム上の各節点　　　$A_V = 2.95 f\left(\dfrac{x}{r}\right) \text{ m/s}^2$

  台形分布形状を表すため, f は中央とテンションリング位置で0.0 とし, 他では1.0 あるいは-1.0 とし, 断面力が大きくなる方を採用する.

 ドーム底部における層せん断力係数は 4.26 / 9.8＝0.435 であり, ブレース位置の層せん断力係数 0.30 の 1.45 倍となっている. 鉛直方向については震度換算で 0.30 程度である. 5 章の表 5.1 による先の略算値, 水平方向の静的地震荷重係数 0.426, 対応する鉛直逆対称の静的地震荷重係数 0.513 に比べると, 水平方向はほぼ同じであるが, 鉛直方向は本例の計算値が小さい.

 なお, テンションリング位置の水平応答加速度 0.45 m/s^2 は, ドーム各節点の水平応答加速度を 4.26 m/s^2 とした場合に, 水平地震力によるブレースの層せん断力係数が 0.30 となるように逆算して得た値であり, 振動性状としての応答加速度を表すものではない. 具体的には, ブレース位置の層せん断力 4,113 kN×0.3 = 1,234 kN からドーム各節点に作用するの水平地震力の総和 2,687kN×0.435 = 1,169 kN を差し引いた 1,234 kN－1,169 kN = 65 kN がテンションリング位置に作用する水平地震力であるとして, 65 kN / 1,426 kN ×9.8 m/s^2 = 0.45 m/s^2 を得る. ここに, 全体重量：4,113 kN, 上部構造重量：2,687 kN, 下部構造重量：1,426 kN である.

 式(8.1.39)では, 水平動と逆対称鉛直の応答加速度分布の最大応答値を包絡するように応答加速度分布を設定するが, この設定方法では水平と鉛直加速度の位相関係は把握できない. したがって, 本設計例では, f は 1.0 あるいは-1.0 とし, 断面力が大きくなる方を採用する.

 式(8.1.39)の応答加速度分布で設定される地震力がどの程度の軸力となるかを確認するため, この地震力によるドーム稜線上のフープ材と稜線材の軸力を時刻歴応答解析による軸力と比較する. 結果を図 8.1.7 に示す. 式(8.1.39)による地震力は地震応答解析の軸力をほぼ包絡できていると判断される.

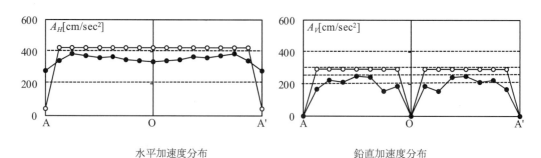

図 8.1.6　稜線上の水平と鉛直逆対称の加速度分布：●が 3 次元部材モデル時刻歴応答解析, ─○─ が式(8.1.39)

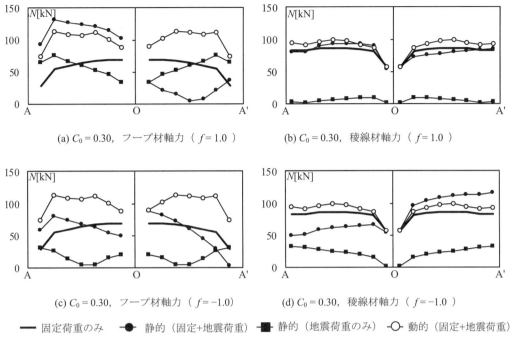

(a) $C_0 = 0.30$, フープ材軸力 ($f = 1.0$)

(b) $C_0 = 0.30$, 稜線材軸力 ($f = 1.0$)

(c) $C_0 = 0.30$, フープ材軸力 ($f = -1.0$)

(d) $C_0 = 0.30$, 稜線材軸力 ($f = -1.0$)

—— 固定荷重のみ　—●— 静的（固定+地震荷重）　—■— 静的（地震荷重のみ）　—○— 動的（固定+地震荷重）

図 8.1.7 式(8.1.39)による部材の軸力と 3 次元部材モデル時刻歴応答解析による軸力の比較

b) タイプ B の応答加速度分布（主要な 2 モードを用いる応答加速度分布）

ここでは，モードを使用して屋根部の応答加速度分布を設定する方法を説明する．外力分布を定めるには，CQC のような方法は直接には適用出来ない．ここでは，5 章 5.2.2 項の解説(1)，(3)を準用して，2 モードを用いる方法で加速度分布を設定する[8.1.18]．

表 8.1.5 並列多質点系モデル（31 質点）の各モードの有効質量比と固有周期

次数 i	1	2	3	4
ρ_{xi}	0.914	0.020	0.007	0.022
T_i (s)	0.393	0.292	0.277	0.269

タイプ B の応答加速度分布は弾性地震応答解析を行わず，モードを直接に合成して作成される．タイプ A と同様に 30 個の並列多質点系と下部ブレースの連成を考慮し並列多質点系モデル（図 8.1.5）を構成する．当該モデルの固有値解析から得たモードの結果を表 8.1.5 に示す．ひずみエネルギーの大きなものを選出し，1, 2, 3, 4 次モード（モード順は固有周期の長いものから付番）とすると，1, 2, 3, 4 次のモードの固有周期 T と有効質量比 ρ のセットは，それぞれ (0.393s, 0.914)，(0.292s, 0.020)，(0.277s, 0.007)，(0.269s, 0.022)，となる．1 次モードの質量比が約 91%であるので，本設計例の構造は，ほぼ 1 次モード比例型の地震荷重となると想像される．しかし，1 次モードのみ採用すれば応力等を過小評価する可能性がある．

本例では，有効質量の大きなモードを 2 個（1 次と 4 次）選択[注8]し，式（C5.2.1）を参照し，以

下のように応答加速度分布を想定する．マトリクス表示の地震力 $\{P_e\}$ は，該当する質量マトリクス $[M]$ を乗じて計算する．ここで，β_i は，刺激係数である．

$$\{A\} = S_a(\{\beta_1\phi_1\} \pm \{\beta_4\phi_4\}), \qquad \{P_e\} = S_a[M](\{\beta_1\phi_1\} \pm \{\beta_4\phi_4\}) \qquad (8.1.40)$$

2個のモードの質量比の和は約 0.94 であり，約 0.95 に近似しうる値となる．ここで，モード間の相関係数を一意に定めることができないので，モード間の位相を 0° と 180° の 2 種類に仮定し，符号（+）と（−）とする．これを用いると合計 2 種類の応答加速度分布が得られる．なお，S_a の値は，加速度応答スペクトルの値に相当するが，加速度応答スペクトルでは固有周期 0.393 s と 0.269 s に対して同じ値とする．なお，式(8.1.40)の段階ではブレース位置での層せん断力係数が 0.30 となるように S_a の値を定めるものとする．式(8.1.40)による加速度分布を図 8.1.8(a)，(b)に示す．

図 8.1.8(c)に 3 次元部材モデルによる加速度応答の結果を折れ線で示す．水平加速度の最大はテンションリング位置で約 2.20 m/s²，ドーム頂部ではテンションリング位置の 1.32 倍の約 2.90 m/s² となる．また，図 8.1.8(c)には 1 次±4 次モードの加速度分布も合わせて示す．式(8.1.40)を用いて，S_a = 1.0 m/s² に対するブレース位置のせん断力係数を求めると，1 次 + 4 次の C_0 は 0.307，1 次−4 次の C_0 は 0.314 となり，1 次−4 次の結果の方が大きくなる．そこで，1 次−4 次によるブレース位置のせん断力係数が C_0＝0.30 となるように，S_a = 0.300 / 0.314 × 1.0 m/s² = 0.955 m/s² と定める．しかし，図 8.1.8(c)から判断されるように，2 モードを用いてもドームの地震力を過小評価する．そこで，以下のよう

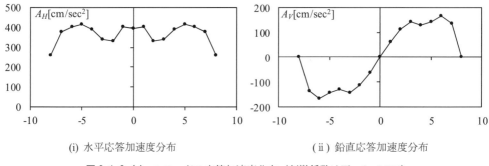

(ⅰ) 水平応答加速度分布　　　　　　　　　(ⅱ) 鉛直応答加速度分布
図 8.1.8（a）　1 モードの応答加速度分布（刺激係数は正，β = 0.956）

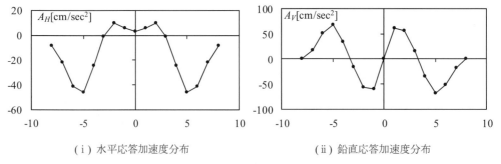

(ⅰ) 水平応答加速度分布　　　　　　　　　(ⅱ) 鉛直応答加速度分布
図 8.1.8(b)　4 モードの応答加速度分布（刺激係数は正，β=0.148）

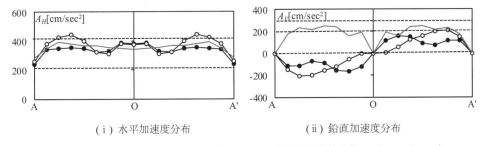

(ⅰ) 水平加速度分布　　　　　　　(ⅱ) 鉛直加速度分布

―：C_0=0.3 となる地震応答解析（3次元部材モデル）による加速度応答最大値，-●-, -○-：式(8.1.40)

図 8.1.8(c)　2モードによる応答加速度分布（3次元部材モデルの結果を―で示す．A_p=1.0）

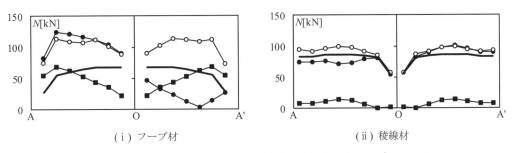

(ⅰ) フープ材　　　　　　　　　　(ⅱ) 稜線材

図 8.1.9(a)　1次 + 4次の地震荷重時の軸力分布（S_a=0.955m/s², A_p=1.2）

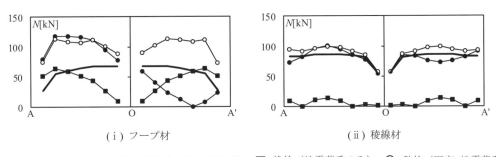

(ⅰ) フープ材　　　　　　　　　　(ⅱ) 稜線材

── 固定荷重のみ　　●　静的（固定+地震荷重）　　■　静的（地震荷重のみ）　　○　動的（固定+地震荷重）

図 8.1.9(b)　1次 − 4次の地震荷重時の軸力分布（S_a=0.955m/s², A_p=1.2）

な暫定的方法でドームに対する地震力分布を設定する．式(8.1.40)の S_a = 0.955 m/s² の値を用いるが，上部ドームの断面力の計算に用いる場合には，増幅係数 A_p = 1.2 を用いて地震力の増幅[注8)]を考慮し次式を用いる．式中，$\{P_d\}$ は固定荷重ベクトルを表す．

上部ドーム部材　　$\{P\} = \{P_d\} \pm A_p S_a [M](\{\beta_1 \phi_1\} \pm \{\beta_4 \phi_4\})$ 　　　　(8.1.41)

ただし，下部構造の断面力には，増幅を考慮せず次式を用いる．

下部ブレース部材　　$\{P\} = \{P_d\} \pm S_a [M](\{\beta_1 \phi_1\} \pm \{\beta_4 \phi_4\})$ 　　　　(8.1.42)

式(8.1.41)による稜線上のドーム部材の軸力を3次元部材モデルによる時刻歴応答解析の結果と比較し，図 8.1.9 に示す．稜線上のフープ材（図 8.1.3 の AOA' 上の節点に接続するフープ材）については，（1次+4次）モードの（X方向水平地震力作用）と（1次-4次）モードの（-X方向水平地震

力作用）は動的解析結果を包絡しており，式(8.1.42)で軸力を評価できる．一方，稜線材（図 8.1.3 の AOA'上の放射方向部材）については，ドーム頂部よりの位置（図 8.1.3(c)の 2 と-2 の位置）できわめて小さな誤差はあるものの，（1 次+4 次）モードの（X 方向水平地震力作用）でほぼ軸力を評価できる．

本例では，時刻歴応答解析結果との比較に基づいて，また，2 モードの有効質量比がほぼ 1.0（実際は 0.94）に近く，および 1 次（貢献度 0.96 程度→1.0）と 4 次（貢献度 0.15 程度→0.2）の刺激係数の大小から増幅係数 A_p の値（= 1+0.2）を設定したが，今後関連研究が進めば，各モードの有効質量の分布と採用するモード数に応じて，この A_p の値が経験的に設定できるようになると期待されるが，この場合には時刻歴応答解析を経ないで地震力を定めることができる．

なお，本例のように，上部のドームが弾性のまま早期に下部のブレースが塑性化する場合については，並列多質点系モデルによると，下部の塑性化を考慮した上部ドームに対する地震力が作成できる[注9]．

8) ドーム部材の許容応力度設計：1 次設計用の荷重ケース *EQS*

ここでは，タイプ A の応答加速度分布を利用した部材の許容応力度算定を示す．

a) ドーム部材

式(8.1.39)に示す 2 種類の地震荷重を用いる．$f = 1$ および $f = -1$ の両者に対して荷重作用の大きい方で検討する．一番危険な部材を選出し算定を行う．$f = 1$ の場合は部材 No. 495，$f = -1$ の場合は部材 No. 343 であるが，部材 No. 495 の場合の算定結果を示す．（部材 No.と対応する位置は図 8.1.10 参照）

・部材サイズ：ϕ -165.2×4.5 （$A = 2{,}272$ mm^2, $Z_e = 88{,}900$ mm^3）

・荷重ケース：*DL+EQS* （$f = 1$）

部材 No. 495 の 1，2 端のうち，より危険な端部について記述する．

$$N = -133.3 \text{ kN}, \quad M_y = 2.03 \text{ kN·m}, \quad M_z = 0.83 \text{ kN·m}$$
$$M = \sqrt{M_y^2 + M_z^2} = \sqrt{2.03^2 + 0.83^2} = 2.193 \text{ kN·m}$$

・存在応力の確認

以下の式(付 D.2.5)を用いて検討を行う．(短期)

$$\frac{N}{A} + \frac{M}{(1 - \frac{N}{A\sigma_{cr}^{el}})Z_e} \leq 235 \text{ N/mm}^2$$

ここで，弾性座屈応力度 $\sigma_{cr}^{el} = 165.0$ N/mm^2 （式(8.1.28.b)）とする．

$$\frac{N}{A} = \frac{133.3 \times 10^3}{2{,}272} = 58.7 \text{ N/mm}^2,$$

$$\frac{M}{(1-\frac{N}{A\sigma_{cr}^{el}})Z_e} = \frac{2.193\times 10^3}{(1-\frac{133.3\times 10^3}{2,272\times 165.0})\times 88,900} = 38.3 \text{ N/mm}^2$$

$$\frac{N}{A} + \frac{M}{(1-\frac{N}{A\sigma_{cr}^{el}})Z_e} = 58.7 + 38.3 = 97.0 \text{ N/mm}^2 \leq 235 \text{ N/mm}^2$$

ただし,$\sigma_{cr}^{el}=165.0$ N/mm^2 を援用し,許容圧縮応力度 f_c は,同様にドームの座屈(シェル的な座屈)を考慮して近似的に算定した値(8.1の(6)参照)$\sigma_{cr}=141.9$ N/mm^2 を援用する.

・鋼構造設計規準式による検定

$$\sigma_c = \frac{N}{A} = \frac{133.3\times 10^3}{2,272} = 58.7 \text{ N/mm}^2,$$

$$\sigma_b = \frac{M}{(1-\frac{N}{A\sigma_{cr}^{el}})Z_e} = \frac{2.193\times 10^3}{(1-\frac{133.3\times 10^3}{2,272\times 165.0})\times 88,900} = 38.3 \text{ N/mm}^2$$

$$\frac{\sigma_c}{f_c} + \frac{\sigma_b}{f_b} = \frac{58.7}{141.9} + \frac{38.3}{235.0} = 0.414 + 0.163 = 0.577 < 1.0 \quad \rightarrow \text{OK}$$

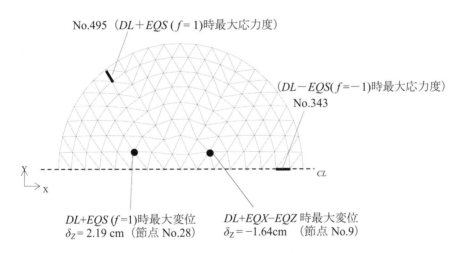

図 8.1.10 最大応力部材,最大変位節点

b) ドームの鉛直変位の検討

地震時の鉛直変位は 21.9 mm であり,200 mm(スパンの 1/300)以下である.

(8) レベル 2 の地震荷重時の安全性の確認

下部構造とドーム(上部構造)について,それぞれレベル 2 の地震動に対する安全性を確認する.

前述したように,ドームは塑性化することなく下部構造(ブレース構造)が先行降伏する構造計画とする.

1) 下部構造

下部構造の安全性の確認は，下部構造が引張ブレースであることを勘案して行う．設計例題であることを考慮して2種類の方法による検定を併記することとし，3次元部材モデルの弾塑性座屈解析による方法をSA-1，並列多質点系モデルの地震応答解析による方法をSA-2とする．

ブレースは引張ブレース（スリップ型履歴），ブレース材の2次勾配は1次勾配の1/100とする．1階の層間変形角は1/100以下とする．鋼材の降伏応力度は，235 N/mm²×1.1としている．

a) 3次元部材モデルの弾塑性座屈解析による方法（SA-1）

前述のように，本構造は屋根の面内剛性が高いので1質点系の構造とみなす．したがって，レベル2の地震動に対する設計用地震力は，層せん断力係数で0.35とする．層せん断力係数0.35は，エネルギー一定則（ただし，ひずみ硬化無しの場合）によれば，塑性率 $\mu = 4.6$ に相当する．また，本節8.1の(7) 7) a)の検討結果より，タイプAの地震力分布に対してドーム底部での必要なせん断力係数は $0.35 \times 1.45 = 0.51$ となる．

本例では，本節8.1の(7)で設定したレベル1の地震力分布のうち，タイプAの地震力を援用し，地震力の大きさを増大させて安全性を検討する．タイプBの地震力を用いる場合にも，その安全性の検討は同じであるので詳細は省略する．

自重に加え，前述のレベル1のタイプAの地震力（ただし，$f=1$ の場合のみ示す）を増分させ，弾塑性座屈解析を行い，下部構造とドームの静的な応答を検討する．結果を図8.1.11に示す．下部構造の初期降伏の層間変形角は1/384であり，ブレース位置の層せん断力係数は $C_B=0.41$ である．水平地震力の増加とともに図8.1.11(b)に示すように順次ブレースが降伏する．下部ブレース位置の層せん断力係数は，下部構造の層間変形角が1/100（塑性率が約3.8）のとき0.51であり，設計で設定した保有せん断力係数0.35以上となる．$C_B=0.51$ の段階においても，上部のドームはすべて弾性の範囲であり部材の損傷はないので，設計で設定した安全性の条件を満たしており，耐震性のあることが確認できる．なお，ブレース端部は保有耐力接合とした本例においても十分な耐力があることの確認が必要である．

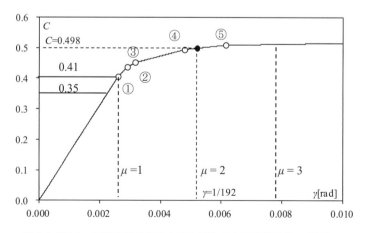

図8.1.11(a)　下部構造の層せん断力係数 C と層間変形角 γ の関係

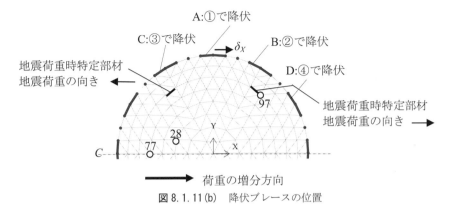

図 8.1.11(b)　降伏ブレースの位置

b）並列多質点系モデルの地震応答解析による方法（SA-2）

時刻歴応答解析により安全性を検定する．本例の「(7) 許容応力度設計（レベル 1）用の地震力 EQS の設定[注7)] と部材の許容応力度設計」で用いた並列多質点系モデルを用い，ドームの弾性挙動を前提として下部ブレースの塑性化を考慮した弾塑性応答解析を行う．1 例として，2 種地盤相当の損傷限界レベル[8.1.7)]の地震動（Kobe 位相の告示波）に対して応答を検討した．

入力地震動の大きさは地震動強さ λ で表し，$\lambda=1$ に対応する最大地動加速度を $A_{max} = 0.703$ m/s^2 とし，$\lambda=6$ に対応する最大地動加速度 $A_{max} = 4.03$ m/s^2 の入力をレベル 2 相当とする．時刻歴応答解析の結果を表 8.1.6 に示す．表中の C は応答中の最大層せん断力係数である．また，下線付きの数値は $\gamma = 1/100$ 時の値を線形内挿により求めた値である．線形内挿から約 4.03 m/s^2 に対して層間変形角 γ は 1/100，ブレースの塑性率 μ は 3.85 程度となる．保有耐力接合されたブレースは 3％程度（層間変形角 3〜5％）まで破断しないため，これらの値は許容範囲内である．このとき，層せん断力係数は $C = 0.35$ を超え $C = 0.52$ 程度であり，6.2 節の考え方を採用すると，1 層の動的耐震性指標は $_dI_1 = 1.07$ で 1.0 以上となり，式(C6.2.5)を満たすことから耐震性があると判断できる．

表 8.1.6　応答結果のまとめ（$h=0.02$）

A_{max} (m/s^2)	d_h^{max} (mm)	γ (rad)	C	μ	$_dI_1 = 0.186 A_{max}/0.703$
0.703	5.95	0.0012	0.186	0.457	0.186
1.40	11.90	0.0024	0.371	0.915	0.372
2.11	16.58	0.0033	0.456	1.274	0.558
2.81	18.09	0.0036	0.465	1.390	0.774
3.52	25.32	0.0051	0.499	1.946	0.930
<u>4.03</u>	<u>50.05</u>	<u>0.0100</u>	<u>0.514</u>	<u>3.847</u>	<u>1.07</u>
4.22	59.14	0.0118	0.519	4.545	1.12

A_{max} (m/s^2)：入力地震動の最大加速度，d_h^{max} (mm)：下部構造の応答水平変位，γ (rad)：下部構造の層間変形角，C：下部構造の層せん断力係数，μ：ブレース材の応答塑性率，μ (γ)：層間変形角で計った塑性率

2) ドーム（上部構造）の地震時の座屈耐力の検定

　設計例題であることを考慮し，耐力の検定では，3種類の方法を方法 M1, M2, M3 に分けて解説する．方法 M1 は，下部と上部の構造の双方の塑性化と座屈を考慮した構造全体の幾何非線形弾塑性増分解析に基づくものであり，耐力時の地震荷重の大きさを求める方法である．方法 M1 によれば下部の塑性化が先に進行し，ラチスドームの耐力の確認ができない．そこで，方法 M2 ではブレースが弾性を保つとの仮定のもとでラチスドームの安全性を確認する．方法 M2 では，（固定荷重＋鉛直地震荷重）の分布がドームの左右でそれぞれ等分布であることを利用して耐力時の地震荷重を求める方法である．方法 M3 は，特定部材の座屈耐力を援用して耐力時の地震荷重を求めることとなる．いずれの方法でも安全性の確認ができる．なお，直接に弾塑性と座屈を考慮して時刻歴応答解析により安全性を検討することも現在の計算ソフト環境では可能であり，ドームの座屈で構造耐力が定まるような場合には，このような解析[注10]も必要となろう．

a) 静的弾塑性増分解析による方法（方法 M1）

　自重に加え，本節 8.1 の(7)で示したレベル 1 のタイプ A の地震力分布（ただし，$f=1$ の場合のみ示す）を増分させ，座屈を考慮した幾何非線形弾塑性増分解析[8.1.9)]を行い，ドームの応答を検討する．結果を図 8.1.11 に示す．この図に示すように，下部構造の層せん断力係数が $C_B=0.41$ でブレースが降伏し，水平地震力の増加とともに図 8.1.11(b)に示すように順次ブレースが降伏する．下部ブレース位置の層せん断力係数が 0.35 の時点では，ドームは弾性範囲内（結果は省略）であったので，ドームの要求される安全性が確認できる．結果は省略するが，下部構造の層せん断力係数が 0.50 となる時点においても，ドームは弾性範囲内であることが確認できる．上部のドーム部材はすべて弾性範囲であり，かつ弾性座屈も生じないので，設計で設定した安全性の条件を満たしており，耐震性のあることが確認できる．なお，ブレース端部は保有耐力接合とした本例題においても十分な耐力があることの確認が必要である．

b) 弾性座屈荷重と降伏（塑性）荷重を用いて耐力を算定する方法（方法 M2）

　本例題では，地震力がある限界を超えると下部のブレースは塑性化し，ブレース位置における層せん断力係数はある限度以上には増加しない．本構造は下部構造先行降伏型であるので，下部が降伏するとそれ以上にはドームには地震力が作用しなくなる．ドーム本体の耐力を求めるため，ここでは便宜上，下部構造は弾性を保ち降伏しないものとして，ドーム（接合部は半剛接とし，式(8.1.18)において $\kappa=8.54$ とする）の耐力を分析する．なお，検定方法は，4 章 4.3 節の解説「(1)の 5) 単層ラチスシェルの線形座屈荷重の把握」から「(2) 弾性座屈荷重，降伏荷重，弾塑性座屈荷重の経験的関連」，および，付録 D の「(2) 地震荷重時」の考えを適用する．弾性座屈荷重と塑性荷重に基づくものであり，弾塑性座屈の数値解析法は，文献 8.1.5)の方法を用いる．具体的には，自重に加え，前述のレベル 1 のタイプ A の地震力（ただし，$f=1$ の場合のみ示す）を増分させ，弾塑性座屈（プッシュオーバー）解析を行い，ドームの応答を検討する．ただし，上部のドームについては，初期不整は考慮しない．

　荷重の表記として，正 6 角形単位ドームの節点に換算した鉛直荷重を採用する．つまり，式(8.1.16)

の支配面積に作用する固定荷重と地震力を採用する．したがって，この支配面積に作用する固定荷重は $P_0 = 13.65$ kN （$= 14.37$ m$^2 \times 0.95$ kN/m^2）となる．

地震力は，荷重増分係数 λ を用いて増加させる．ただし，$\lambda = 1.0$ に対する鉛直地震荷重 P_{eV0} は，式(8.1.41)による加速度分布を用いて計算したものである．このとき，解析から得られる座屈荷重（鉛直成分）は，線形座屈荷重 P_{cr}^{lin}，弾性座屈荷重 P_{cr}^{el}，弾塑性座屈荷重 P_{cr} として次式で与えられる．

$$P_{cr}^{lin} = P_0 + \lambda_{Ecr}^{lin} \cdot P_{eV0} \ ; \quad P_{cr}^{el} = P_0 + \lambda_{Ecr}^{el} \cdot P_{eV0} \ ; \quad P_{cr} = P_0 + \lambda_{Ecr} \cdot P_{eV0} \tag{8.1.43}$$

ここで，λ_{Ecr}^{lin} は線形座屈荷重倍率，λ_{Ecr}^{el} は弾性座屈荷重倍率，λ_{Ecr} は弾塑性座屈荷重倍率，また，P_{eV0} は，タイプ A の鉛直地震荷重を表す．解析の結果を表 8.1.7 に示す．なお，表中の値は正 6 角形単位ドームの荷重に換算して評価しているため，固定荷重は次式で与えている．

$$P_0 = \frac{\sqrt{3}}{2} l_0^{\ 2} \cdot w_d \tag{8.1.44}$$

図 8.1.11(b)の円（中抜き○）で示した節点（注目節点）の弾性座屈解析および弾塑性座屈解析の荷重変位関係を図 8.1.12 に示す．ただし，本解析では下部構造は弾性とし，前述のように初期不整は考慮しない．表 8.1.7 より地震時の弾性座屈荷重低減係数は次の値となる．

$$\alpha_e = \frac{P_0 + \lambda_{Ecr}^{el} \cdot P_{eV0}}{P_0 + \lambda_{Ecr}^{lin} \cdot P_{eV0}} = \frac{13.65 + 11.06 \times 4.102}{13.65 + 12.82 \times 4.102} = \frac{59.02}{66.23} = 0.89 \tag{8.1.45}$$

上式より，地震時の弾性座屈荷重低減係数は固定荷重時の値（$= 0.57$）よりやや大きくなる．図 8.1.12 より，初めて降伏ヒンジの発生（初期降伏と略称）する時点の荷重倍率は 5.6 となり，対応するブレース位置の層せん断力係数が $C = 0.3 \times 5.6 = 1.68$ となる．また，初期降伏に対応するドーム底部の層せん断力係数は $C = 0.435 \times 5.6 = 2.44$ となり，十分に耐力があると判断される．下部のブレースは必要層せん断力係数 $C_0 = 0.3$ として設計しているため，ドームより先に下部のブレースが降伏する．

表 8.1.7 座屈荷重

	荷重倍率	固定荷重(kN)	鉛直加速度	地震荷重	座屈荷重
線形座屈解析	$\lambda_{Ecr}^{lin} = 12.82$		$A_{eV0} = 2.95$ m/s^2	$P_{eV0} = 4.102$ (kN)	$P_{cr}^{lin} = 66.23$ (kN)
弾性座屈解析	$\lambda_{Ecr}^{el} = 11.86$	$P_0 = 13.65$ (kN)	$C_0=0.3$ に対する加速度	$C_0=0.3$ に対する鉛直地震力	$P_{cr}^{el} = 59.02$ (kN)
弾塑性座屈解析	$\lambda_{Ecr} = 6.29$				$P_{cr} = 39.45$ (kN)
塑性解析	初期降伏荷重 図 8.1.12 の○印 $\lambda_E^{pl} = 5.60$				$P^{pl} = 36.62$ (kN)

一方，付録 E の解説「E.4 固定荷重と地震力を受けるラチスシェルの降伏荷重」を参照し降伏荷重を求める．塑性解析（幾何線形弾塑性増分解析）により得られる初期降伏に対する降伏（塑性）荷重 P^{pl} は，図 8.1.13 を参照して初期降伏荷重を採用すると 37.12 kN（荷重係数は $\lambda_E^{pl} = 5.72$）となり，また，スパンの 1/300 の鉛直変位（200 mm）に対する荷重を降伏（塑性）荷重として採用するとその荷重は，44.30 kN（荷重係数は $\lambda_E^{pl} = 7.47$）となる．

2種類の降伏（塑性）荷重の算定法に従って地震時の耐力を評価する．ひとつは，降伏（塑性）荷重 P^{pl} を初期降伏荷重とする場合，もうひとつはスパンの 1/300 の鉛直変位（200 mm）に対する荷重を降伏（塑性）荷重とする場合である．それぞれの結果を，表 8.1.8 に示す．ただし，耐力の算定では，式(C4.3.18)でなく，地震時の座屈を検討している文献 4.38), 4.39) で使用された式(C4.3.15)のダンカレー式を用いる．

$$P^{pl} = P_0 + \lambda^{pl} \cdot P_{eV0} \tag{8.1.46}$$

$$P_{cr} = \frac{2}{\sqrt{\Lambda_S^2 + 4} + \Lambda_S} P^{pl} \tag{8.1.47}$$

上記 2 種類の検定方法によるドーム底部におけるせん断力係数は，それぞれ 1.45 と 1.80 であり，ともに先に設定した終局時に必要な層せん断力係数 0.51 より大きく，また，0.51 の層せん断力係数に対する荷重に対してドームは弾性であり，安全性が確認できる．

c) 特定部材の座屈耐力を援用して耐力を算定する方法（方法 M3）

4 章 4.3 節の解説「5) 単層ラチスシェルの線形座屈荷重の把握」から「(2) 弾性座屈荷重，降伏荷重，弾塑性座屈荷重の経験的関連」を参照し，固定荷重時の軸力 N_d と地震時の軸力 N_{e0} を用いて，降伏荷重倍率を次式から推定する．

$$\lambda_{Ey} = \frac{N_y - N_d}{N_{e0}} \tag{8.1.48}$$

ここでは λ_y が最小となる部材を特定部材とする．特定部材の位置を図 8.1.10 に太線で示す．特定部材は $n=7$ でのフープ材となる．特定部材の軸力を表 8.1.9 にまとめる．

座屈解析から得られた弾性座屈荷重倍率 λ_{Ecr}^{el} 11.06 であるため，弾性座屈軸力 N_{cr}^{el} は次式で与えられる．

$$N_{cr}^{el} = 55.02 + 11.06 \times 81.6 = 957.5 \text{ kN} \tag{8.1.49}$$

また，正規化細長比 Λ は

$$\Lambda_{e(m)} = \sqrt{\frac{N_y}{N_{cr}^{el}}} = \sqrt{\frac{533.9}{957.5}} = 0.747 \tag{8.1.50}$$

となるため，4 章の式（C4.3.15）のダンカレー式による推定値は

$$N_{cr} = \frac{2}{\sqrt{\Lambda_{e(m)}^2 + 4} + \Lambda_{e(m)}} N_y = 0.759 \times 533.9 = 405.2 \text{ kN} \tag{8.1.51}$$

地震時の耐力の荷重係数 λ_{Ecr} は，$55.02 + \lambda_{Ecr} \times 81.60 = 405.2$ kN から $\lambda_{Ecr} = 4.29$ と求められ，3 次元部材モデルによる解析結果 $\lambda_{Ecr} = 6.29$ の方が 1.46 倍大きくなる．

特定部材の座屈耐力を援用してドームの耐力を算定すると，地震荷重係数が $\lambda_{Ecr} = 4.29$ となる時点でのドーム底部のせん断力係数は，$0.435 \times 4.29 = 1.87$ となり，設計で設定した終局時のせん断力係数 0.51 を上回っており，安全性が確認できる．

表 8.1.8 ドームに作用する鉛直荷重を援用する耐力の算定

	初期降伏荷重を降伏（塑性）荷重 P^{pl} とする場合	スパン300分の1の鉛直変位（200 mm）に対する荷重を降伏（塑性）荷重 P^{pl} とする場合
降伏（塑性）荷重 P^{pl}	$P^{pl} = 37.12$ kN	$P^{pl} = 44.30$ kN
弾性座屈荷重 P_{cr}^{el}	$P_{cr}^{el} = 59.02$ kN	
正規化細長 $\Lambda_S = \sqrt{P^{pl}/P_{cr}^{el}}$	$\Lambda_S = 0.79$	$\Lambda_S = 0.87$
式(8.1.47)のダンカレー式による座屈耐力 P_{cr}	$P_{cr} = 27.30$ kN	$P_{cr} = 30.60$ kN
式(8.1.46)の地震荷重係数 λ_E^{pl}	$\lambda_E^{pl} = 3.33$	$\lambda_E^{pl} = 4.13$
弾塑性座屈解析による $\lambda_{Ecr} = 6.29$ に対する λ_E^{pl} の比	3.33 / 6.29 = 0.53	4.13 / 6.29 = 0.66
ドーム底部におけるせん断力係数 $C_{cr(D)}$	$C_{cr(D)} = 0.435 \times 3.27 = 1.42$	$C_{cr(D)} = 0.435 \times 4.28 = 1.86$

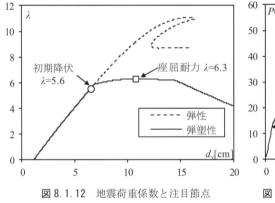

図 8.1.12 地震荷重係数と注目節点
（図 8.1.11(b)の○77）の鉛直変位の関係

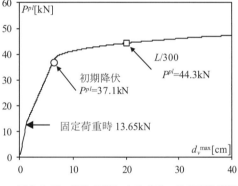

図 8.1.13 塑性解析による荷重‐鉛直変位関係

表 8.1.9 特定部材(図 8.1.11 の ━)の軸力

固定荷重時軸力 N_d	55.02kN
$\lambda_E = 1$ の時の地震荷重時軸力 N_{e0}	81.60kN

注)

注1) 単層ラチスドームの接合部の選択および横座屈等の確認

(1) 単層ラチスドームでは，部材の設定とともに接合部をどのように実現するかが大きな課題となる．規模の大きなドームの例としては，文献 8.1.10), 8.1.11)の鋳鋼の相貫形式の接合部，文献 8.1.4)の鋳鋼のリング形状の接合部等があり，それぞれに対応した接合部が使用されている．また，中

規模な単層ラチスシェルでは，本例題の接合部，あるいは，システムトラスで使用される機械式継手[8.1.10)]等が考えられる．接合部に対応して，使用される部材は，本例題の鋼管に加え，注図8.1.1に示すような角型鋼管[8.1.3)]，H形鋼[8.1.12)]等も想定される．中規模あるいは小規模のドームでは，施工や製作が容易で経済的で，かつ，接合部を小さくする工夫が要求される．特に，小規模のドームでは，小サイズのH形断面等の採用もあるので，対応して接合部の寸法形状も小さいものが要求される．したがって，設計者は，部材断面の大小や部材と接合部に要求される剛性と耐力に応じて，接合部の選択には工夫と創意が必要となる．

(2) 部材断面に細い矩形状のパイプ断面あるいはH形断面が使用される場合には，部材の横座屈，また，弱軸まわりの曲げ座屈の検討が必要となる．構成部材の横座屈を考慮した研究はほとんど無いので，一般の鋼部材の横座屈等の式を援用して横座屈の検討をすることとなる．

注図8.1.2においてZ軸方向をラチスシェル面の法線方向とする．Z軸方向の変位が生ずる座屈はラチスシェルの全体座屈として考慮されているので，Y軸方向の変位が生ずる弱軸（Z軸）まわりの座屈，およびH形鋼のX軸まわりの曲げモーメントによる横座屈の検討が必要である．部材長を座屈長さとする弱軸の曲げ座屈に関する圧縮強度をf_c，横座屈に関する曲げ許容応力度をf_bとするとき，以下の関係式(付D.2.6)を満たす必要がある．

$$\frac{N}{Af_c} + \frac{1}{1-\dfrac{N}{A\sigma_{cr}^{el}}} \cdot \frac{M}{Z_e f_b} \le 1.0 \qquad (再掲付 D.2.6)$$

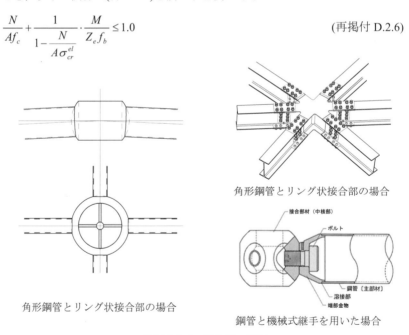

角形鋼管とリング状接合部の場合

角形鋼管とリング状接合部の場合

鋼管と機械式継手を用いた場合

注図 8.1.1　接合部の種類

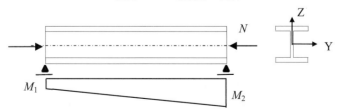

注図 8.1.2　横座屈および弱軸の座屈の検討

注2) 接合部の剛性と耐力

単層ラチスシェルの接合部は，中空断面となる場合，機械的継手，あるいはガセット板形式となる場合が多い．このような場合には，接合部には部材から伝達される断面力により変形が生ずる．この変形が座屈に対して無視できないほど大きい場合には，FEM解析[8.1.11]や実験[8.1.3], [8.1.4], [8.1.10], [8.1.12]により，剛性と耐力を確認し，これを座屈荷重評価に反映する必要がある．

注3) 古典座屈荷重と3次元部材モデルによる線形座屈座屈荷重の概略の関連

シェル理論による古典座屈荷重 P_{cl} と 3 次元部材モデルの線形座屈解析による座屈荷重 $P_{cr(FEM)}^{lin}$ の比 $P_{cl}/P_{cr(FEM)}^{lin}$ の例を，等分布荷重を受ける周辺ピン支持の場合を想定し，ドームの半開角 ϕ_0，部材細長比 λ_0 をパラメータとして，部材配置が図 8.1.3 の場合について注表 8.3.1 に示す．

平均的には，$P_{cl}/P_{cr(FEM)}^{lin}=0.95$ 程度となる．なお，本設計例のように十分剛性の高いテンションリングを設置する場合には，ピン支持とほぼ同じ結果が得られる．

注表 8.3.1　$P_{cl}/P_{cr(FEM)}^{lin}$ の値の例(周辺ピン支持)

	$\lambda_0=40$	$\lambda_0=50$	$\lambda_0=60$	$\lambda_0=70$	$\lambda_0=80$
$\phi_0=20°$	0.99	0.98	0.96	0.96	0.95
$\phi_0=30°$	0.98	0.97	0.95	0.94	0.93
$\phi_0=40°$	0.97	0.95	0.94	0.92	0.90
$\phi_0=50°$	0.95	0.93	0.91	0.88	0.82

注4) 降伏荷重

付 E.1 の説明のように，単層ラチスドームの降伏荷重 P^{pl} の近似式として，既往の研究では式(付 E.1)が提案されている．

$$P^{pl}=\gamma_m \cdot 6 \cdot N_y \cdot \theta_0$$

ここで，N_y は降伏軸力，θ_0 は部材半開角，γ_m は係数を表す．既往の研究[付E.1]では多くは半開角 ϕ_0 が 30°以下を対象として γ_m の値として 0.7 が提案されているが，本設計例では $\phi_0=40°$ と比較的半開角が大きいため，3 次元部材モデルによる解析を用いて再検討する．

塑性解析（幾何線形弾塑性増分解析）に基づいて降伏荷重 $P^{pl}_{(FEM)}$ を算出し，次式から γ_m を算出する．

$$\gamma_m = \frac{P^{pl}_{(FEM)}}{6 \cdot N_y \cdot \theta_0}$$

P^{pl} の値として，本検討では初期降伏時，最大鉛直変位が $L/1000$，$L/500$，$L/300$，$L/250$ に達した時の値を注表 8.4.1 にまとめる．注表 8.4.1 より γ_m は 0.7 より低く，0.43～0.66 程度となる．参考として，荷重倍率 λ とドーム全節点を対象とした最大鉛直変位の関係を注図 8.4.1 に示す．

注表 8.4.1　半開角 ϕ_0=40° の場合の係数 γ_m の値

	初期降伏時	$L/1000$	$L/500$	$L/300$	$L/250$
γ_m	0.563	0.431	0.624	0.653	0.661

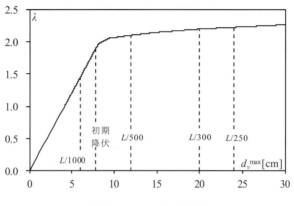

注図 8.4.1　荷重変位関係

注5) 3次元部材モデル弾塑性座屈解析による耐力の検定：半剛接の場合の耐力の算定

4章4.3節の「(2) 弾性座屈荷重，降伏荷重，弾塑性座屈荷重の経験的関連」の「3) 直接に有限要素法等で弾塑性座屈荷重（座屈耐力）を算定する方法」に従って，接合部が半剛接となる場合について検定する．4章の図4.4.2の算定ルート「C2」として示される流れに従う．

接合部の回転ばねを組み込んだ解析モデルを用い，初期不整 30 mm（1次座屈モード比例）を考慮して直接に弾塑性座屈解析から弾塑性座屈荷重を求めると，終局設計用雪荷重 2.97 kN/m² の λ_{cr}=1.481 倍となる．正6角形の頂点を参照点とする支配面積 A_{node}=14.37 m² に対応する弾塑性座屈荷重は，63.21 kN となる

一方，30 mm の初期不整がある場合の弾性座屈荷重は，終局設計用雪荷重 2.97 kN/m² の λ_{cr}=1.830 倍と得られるので，対応する弾性座屈荷重は P_{cr}^{el}=78.10 kN（= 2.97×14.37×1.830 kN）となる．

降伏荷重として鉛直変位がスパンの 300 分の 1 となる時点の荷重を用いる場合，参照点降伏荷重は P^{pl} = 0.653×6×2,272×235×10⁻³×0.04363 = 91.27 kN となる．したがって，荷重から算定する正規化細長比は，4章の式 (C4.3.17) を用いて次のように計算される．

$$\Lambda_S = \sqrt{\frac{P^{pl}}{P_{cr}^{el}}} = \sqrt{\frac{91.27}{78.10}} = 1.081$$

これを用いて座屈に対する部分安全率，4章の式 (C4.3.23)を考慮する．

$$F_B(\Lambda_S) = 1 + \frac{4}{15}\Lambda_S^2 = 1.270$$

したがって，座屈に対する部分安全率を考慮した耐力が次の値となる．

$$P_{cr} = \frac{63.21}{1.270} = 49.77 \text{ kN} \quad \geq \quad 42.68 \text{kN} \quad (1.17\text{倍}) \rightarrow \text{OK}$$

参照点の面積 14.37 m² で除して単位面積あたりの荷重では，

$$3.46 \text{ kN/m}^2 \geq 2.97 \text{ kN/m}^2 \quad (1.17 \text{ 倍}) \quad \rightarrow \quad \text{OK}$$

となり，安全性が確認できる．

注6) リング状接合部の検討

a) 形状と寸法

トラス部材に鋼管を用いた接合部として，注図 8.6.1 のような鋳鋼製のリング状接合部を考える．直径 550mm の球の上下を裁断し，内側を直径 450mm の円筒状にくりぬいた形状で，高さ 220mm である．このリングに 6 本の部材が接合される．接合される部材は φ‐165.2×4.5 の鋼管とし，鋼管はリングに突合せ溶接されるものとする．

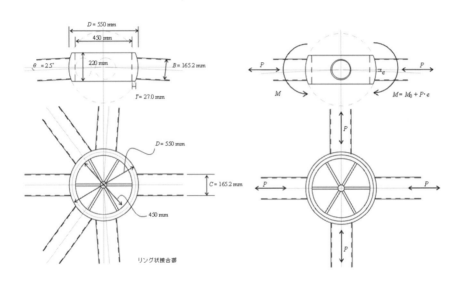

注図 8.6.1 リング接合部　　　　**注図 8.6.2** 接合部検討の考え方

b) 接合部耐力の略算的検討

接合部耐力については実験や FEM 解析で確認することを基本とするが，ここでは略算的検討の例を示す．

リング状接合部に集まるトラス部材の角度は節点位置によって異なるが，ここでは注図 8.6.2 のように単純化し，4 本の部材が直交して接合されると考え，「鋼管トラス構造設計施工指針・同解説」[8.1.13]（以下，「鋼管トラス指針」）の「5.4 板などの補助部材を用いる継手」に示される"管ガセットプレート継手の設計"を援用して接合部耐力の検討を行う．中空部分に配置されたリブはリングの補剛材として考え，耐力に寄与しないものとする．なお，鋼管トラス指針に記載の耐力式は，トラス部材が平面内にあることが前提であるが，本例題ではトラス部材はリング状接合部の中央面に対して角度をなして接合される．この影響については，リング状接合部表面位置でのトラス部材軸の偏心として考え，作用する曲げモーメントに軸力の偏心によるモーメントを加算して考慮する．

リング状接合部を主管としてみなすと，本接合部は鋼管トラス指針に記載のXP2（ガセットプレート接合）とXP5（角形鋼管直接接合）の中間の耐力を有すると考えられる．ここでは，曲げに対しては安全側の評価としてXP2タイプの継手として耐力の検討を行う．

鋼管トラス指針より，

許容圧縮耐力

$$P_{ca} = 3.5\left(\frac{\alpha}{1-0.81\beta_1}\gamma^{-0.1} + \frac{0.55}{1-0.92\beta_1}\beta_2\gamma^{-0.3}\right)T^2 F'$$

許容引張耐力

$$P_{ta} = 0.8\gamma^{0.2} P_{ca}$$

許容曲げ耐力

$$M_a = 2.6B\left(\gamma^{-0.1} + 0.55\frac{B}{2D}\gamma^{-0.3}\right)T^2 F'$$

ここに，$\alpha=1$，$\beta_1 = C/D$，$\beta_2 = B/D$，$\gamma = D/2T$
なお，最大耐力はそれぞれ許容耐力の2.14倍である．

$D = 550$ mm，$C = B = 165.2$ mm，$T = 27.0$ mm より，$\gamma = 550/(2\times 27.0) = 10.2$，$\beta_1 = 165.2/550 = 0.3$ であり，適用範囲である $9 \leq \gamma \leq 50$ かつ $\beta_1 \leq 0.9$ を満たす．

許容耐力式より，リング状接合部の許容耐力は以下のように計算できる．

許容圧縮耐力

$$P_{ca} = 3.5\times\left(\frac{1}{1-0.81\times 0.3}\times 10.2^{-0.1} + \frac{0.55}{1-0.92\times 0.3}\times 0.3\times 10.2^{-0.3}\right)\times 27.0^2 \times 235$$

$$= 3.5\times(1.047 + 0.114)\times 27^2 \times 235$$
$$= 696139 \text{ N} = 696.1 \text{ kN}$$

許容引張耐力

$$P_{ta} = 0.8\times 10.2^{0.2}\times 696.1 = 886.1 \text{ kN}$$

許容曲げ耐力

$$M_a = 2.6\times 165.2\times\left(10.2^{-0.1} + 0.55\times\frac{165.2}{2\times 550}\times 10.2^{-0.3}\right)\times 27.0^2 \times 235$$

$$= 2.6\times 165.2\times(0.793 + 0.041)\times 27^2 \times 235$$
$$= 61,368,404 \text{ N}\cdot\text{mm} = 61.37 \text{ kN}\cdot\text{m}$$

一方，接合されるトラス部材に生じる応力は，終局設計用雪荷重に対して最も危険と考えられる部材について以下のとおりである．ただし，ドーム面内の曲げモーメントは小さいものとして無視する．

圧縮軸力　　$N = 258.8$ kN
曲げモーメント　$M = 6.20$ kN·m

ここでは直交方向に同じ応力が生じているものとして下式により検討する．

$$2\times\left(\frac{P_{max}}{P_{ca}}\right)^2 + 2\times\left(\frac{M_{max}+P_{max}\cdot e}{M_a}\right)^2 \leq 1$$

トラス部材軸の傾きによる偏心量は,

$$e = \frac{D\sin\theta}{2} = \frac{550\times\sin 2.5°}{2} = 12.0 \text{ [mm]}$$

と計算でき,検定式に各値を代入すると,以下のように終局設計用雪荷重においても許容耐力に対して十分余裕があることが確認できる.

$$2\times\left(\frac{258.8}{696.1}\right)^2 + 2\times\left(\frac{6.20+258.8\times 0.012}{61.37}\right)^2 = 2\times 0.372^2 + 2\times 0.152^2 = 0.323 \leq 1.0$$

注7) 1次設計用地震荷重の算定方法

5章に記述したように,地震力の算定方法はいくつかの方法が考えられる.構造全体をモデル化した直接的な時刻歴応答解析,応答スペクトルを援用したSRSS法,また,並列多質点系モデルを用いた方法等である.CQC法は,与えられた応答スペクトルに対応して変位,加速度,応力等を求めるには便利な方法であるが,地震力分布の算定には不向きである.並列多質点系モデルを用いた方法は,上部のドームの振動性状の検討も含め,下部構造の塑性化を考慮して地震力を算定するには便利な方法であり,本例題ではこれを用いることとする.

並列多質点系モデルの固有振動解析より,1次の固有周期は0.393sec,有効質量比は0.91となる.本解析では1次モードと$T = 0.16$ sに対して2%のレーリー減衰を仮定する.入力地震動は2種地盤の告示スペクトル($h = 0.05$)に適合したEl Centro NS位相(A_{max}=1.103 m/s^2),TAFT EW位相(A_{max}=1.294 m/s^2),KOBE NS位相(A_{max}=1.280 m/s^2)の3種類の模擬地震動とする.解析の刻み時間は0.001sとし,20秒間地震動を作用させる.入力地震動のスペクトルを注図8.7.1に示す.

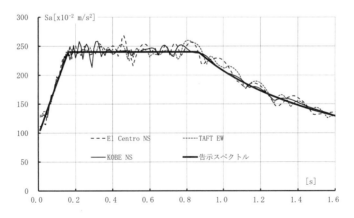

注図8.7.1 入力地震動のスペクトル($h = 0.05$)

注 8) 3 個のモードによる地震力の算定

次のように 3 個のモードを用いる方法も考えられるが，設定される荷重は合計 4 種類となり設計手間が増える．

$$\{P_e\} = S_a[M](\{\beta_1\phi_1\} \pm \{\beta_2\phi_2\} \pm \{\beta_3\phi_3\})$$

一方，2 モードであれば設定される荷重は 2 種類であり，設計手間は軽減される．ただし，1 次モードの有効質量比が 0.914 である場合，応力や変位に関する刺激係数は $\sqrt{0.914} = 0.96$，2 次モードの有効質量比が 0.022 程度の小さなものであってもその刺激係数は $\sqrt{0.022} = 0.14$ 程度であり，応力や変位に関しては，1 次モードの影響度合いを 1.0 とすると 2 次モードの影響は 0.14（約 0.2）程度の影響があるので，1 次モードに比べて影響がきわめて小さいとは言えない．したがって，2 モード型の場合にあっても，荷重設定，あるいは，断面算定では余裕をみる必要がある．本設計例題では，1.2 の係数を採用し，式(8.1.41)において $A_p = 1.2$ を用いることとした．

なお図 8.1.8 で見たように，地震力の設定では，なにがしかの予備的検討に基づき有効質量比の和が 95%となる 2 モードを採用すれば，ある程度の精度で可能となると理解できる．

注 9) 下部構造の塑性化を考慮した並列多質点系モデルによる地震力の算定

本節 8.1 の(7)では下部構造が弾性の場合について，並列多質点系モデルから地震力を算定した．ここでは，下部構造の塑性率が 2 に至る場合を例として，同様に並列多質点系モデルから下部構造の塑性化を考慮した地震力を算定する方法を記述する．線形弾性応答では，下部構造の弾性剛性は剛性 $K_X = 128.8$ kN/mm であるが，図 8.1.11(a)を参照して，塑性率 2 に至る際の下部構造の等価剛性は $K_{Xeq} = 78.9$ kN/mm とする．本節 8.1 の(7)と同様に，上部のドームを 30 質点の並列多質点系に変換し，等価剛性を持つ下部ブレースを加えて，31 質点の多質点系モデル(図 8.1.5)を構成する．31 質点からなる多質点系モデルの固有値解析を実施し，各モードの（固有周期 T_i と有効質量比 ρ_{xi}）をセットとして求める．1 次モードは（0.482s, 0.977），2 次モードは（0.293s, 0.006）となり，1 次モードの有効質量が大きく，この並列多質点系モデルは 1 次モード支配型であることが判断できる．1 次モードは，上部のドームが剛体的に振動し，下部構造が大きく変形するモードである．2 次モードではドームの振動が現れるが，有効質量比が小さいのでドームの水平応答が大きく生ずることは無いと考えられる．

a) 並列多質点系モデルの時刻歴地震応答解析による方法

告示スペクトルに適合した模擬地震動（KOBE 位相，地動加速度 1.28 m/s²）を用いて，図 8.1.5 に示す 31 質点の並列多質点系モデルの時刻歴地震応答解析を実施する．ブレースの復元力特性はバイリニア型，履歴特性はスリップ型とする．地動加速度 1.28 m/s² に対する下部ブレースの層せん断力係数は 0.279 となる．なお，下部弾性の時は C = 0.383 であり，塑性率 2 のときの等価剛性を用いた場合の方が，やや発生する層せん断力が小さいが，これは固有周期が変化し，スペクトルの応答加速度が変化したためであると考えられる．

下部ブレースの層せん断力係数が 0.30 に対応する加速度は，1.28 m/s²×0.300 / 0.279 = 1.37 m/s² となる．層せん断力係数が 0.30 となる場合の並列多質点系モデルによる時刻歴応答から求めた加速度

応答の最大値分布を注図 8.9.1 に示す．水平最大加速度分布はほぼ一定とみなすと，その応答は約 3.50 m/s²，逆対称の鉛直加速度は約 1.40 m/s² となる．下部弾性の場合でその層せん断力係数が 0.30 に対して，水平最大加速度応答はほぼ 4.00 m/s²，鉛直加速度応答は 2.50 m/s² である．水平加速度応答はそれほど大きな変化は無いが，鉛直加速度応答が大きく低減する．塑性率 2 における等価剛性を用いた場合，塑性率 2 に対応するせん断力係数が約 0.45 であるので，層せん断力係数 0.45 に対応する水平加速度は 3.50 m/s²×0.45 / 0.30 = 5.25 m/s²，鉛直加速度は 1.40 m/s²×0.45 / 0.30 = 2.10 m/s² となる．線形弾性の場合には，層せん断力係数 0.45 に対して水平加速度は約 6.00 m/s²，鉛直加速度は 5.00 m/s² となるので，下部が降伏することで鉛直加速度応答は大きく抑制される，もしくは，この例では弾性時の加速度よりも低くなる可能性がある．塑性率がさらに大きくなれば，ブレースの層せん断力が増加しても鉛直加速度応答の増加は，線形的には増加しないと考えられる．このような現象はドームが弾性状態にあるが，下部が降伏することで振動モードが大きく変化するからである．塑性率 3 あるいは 4 に対して同様な解析を行えば，それぞれの塑性率に対する地震力分布が近似的に得られる．ここで求めた地震加速度分布は，塑性率が 2 に適用されるものであるが，塑性率 2 以上に対しては，鉛直加速度応答の増加は無いと考えれば，塑性率 2 以上に対しても適用できる．

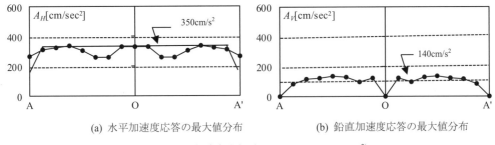

(a) 水平加速度応答の最大値分布　　(b) 鉛直加速度応答の最大値分布

注図 8.9.1　加速度分布（$C_0 = 0.3$，$A_{max}=1.37$ m/s²）

b) 並列多質点系モデルを 2 モード型として加速度応答スペクトルを用いる方法

下部ブレースの塑性率が 2 の場合，1 次モードの有効質量がきわめて支配的であり，この並列多質点系モデルは 1 次モード支配型であることを前述したが，ここでは，2 モード型の地震力分布を算定する．

$$\{P_I\} = S_a[M](\{\beta_1\phi_1\}+\{\beta_2\phi_2\}) \; ; \; \beta_1 = \sqrt{\rho_1} = 0.988 \quad \beta_2 = \sqrt{\rho_2} = 0.077$$
$$\{P_{II}\} = S_a[M](\{\beta_1\phi_1\}-\{\beta_2\phi_2\})$$

上記の 2 種類の荷重による水平力をそれぞれ求め，値が大きくなる方の層せん断力係数が 0.30 となるように S_a を定める．ここでは，$\{P_{II}\}$ によるせん断力が大きくなっている．

$$\sum \{\xi\}^T\{P_{II}\} = \sum \{\xi\}^T S_a[M](\{\beta_1\phi_1\}-\{\beta_2\phi_2\}) = 0.30W_T \; ; \; W_T = 4,113\text{kN} \; ;$$

となるように，S_a を定めて得た加速度分布が注図 8.9.2 である．

したがって，2 種類の地震力が作成できる．注図 8.9.2 から理解できることは，2 モードの有効質量が相当小さくでも，水平成分は小さいが，逆対称の鉛直成分は無視できるほどには小さくはなら

ないことがわかる．なお，結果の図は省略するが，上記の 2 種類の地震力を用いると，時刻歴応答の最大を包絡できる結果となっている．

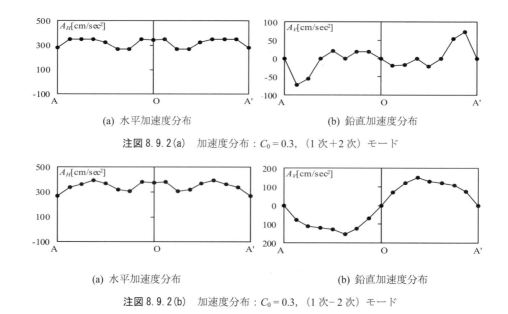

(a) 水平加速度分布　　　　　　　　(b) 鉛直加速度分布

注図 8.9.2(a)　加速度分布：$C_0 = 0.3$，（1 次＋2 次）モード

(a) 水平加速度分布　　　　　　　　(b) 鉛直加速度分布

注図 8.9.2(b)　加速度分布：$C_0 = 0.3$，（1 次－2 次）モード

注 10) 3 次元部材モデルの時刻歴応答解析による安全性の確認

下部構造が弾性を維持するとの条件で，上部構造（ドーム）の幾何非線形，材料非線形を考慮した時刻歴応答解析による安全性の確認例を記述する．なお，接合部は半剛接（$\kappa = 8.54$）としている．

地震動強さ λ と最大鉛直変位 $d_v^{\max}$ の関係を注図 8.10.1（節点番号に対応する位置は図 8.1.11(b) を参照），注表 8.10.1 に示す．なお，地震動は 2 種地盤の Kobe 位相の告示波であり，$\lambda = 1.0$ は下部構造の層せん断力係数が 0.30 となる地震動強さである．$\lambda = 1.0$ に対応する入力加速度は 1.246 m/s² であり，告示の損傷限界に相当する模擬地震動の地動加速度 $A_{\max}$ は 1.280 m/s² の 0.97 倍に対応する．

対象ドームの 1 次固有周期は固定荷重載荷前後ともに 0.40sec と変化はない．$\lambda = 5.0$ の時の最大鉛直変位に注目すると，51.9 mm（なお，剛接合では，50.9 mm）である．対象構造物は $\lambda = 7.5$ の地震入力を作用させた時に塑性ヒンジが確認できたので，初期降伏地震動強さは $\lambda = 7.0 \sim 7.5$ の範囲にある．以上より，ドームの耐力は十分と確認できる．

注表 8.10.1　地震動強さと鉛直変位（単位：mm，半剛接合，$\kappa = 8.54$）

λ	1.0	2.5	5.0	7.5
節点 28	19.9	29.9	46.8	64.5
節点 77	19.5	31.4	51.9	74.0
節点 97	17.7	28.2	45.7	63.7
最大値	19.9	31.4	51.9	74.0

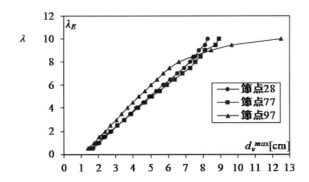

注図 8.10.1　地震動強さ λ と最大鉛直変位 d_v^{max} の関係（半剛接合，κ=8.54）

参考文献

8.1.1) 日本建築学会：建築物荷重指針・同解説（2004），2004

8.1.2) Shiro Kato, Itaru Mutoh, Masaaki Shomura: Collapse of semi-rigidly jointed domes with initial geometric imperfectoions, J. of Constructional Steel Research 48, pp.145-168, 1998

8.1.3) 岡村　潔・山田大彦・木村　衛・最上公彦：角型鋼管部材を用いた単層ラチスシェル構造の接合部実験，1992年度日本建築学会大会学術講演会梗概集，pp.1661-1662，1992.8

8.1.4) 糸瀬賢司・小野徹郎・石田和人・木村　衛・岡村　潔・水谷直木：大規模単層ラチスドームの開発，1994年度日本建築学会大会学術講演会梗概集，pp.1857-1858，1994.9

8.1.5) 中澤祥二・柳澤利昌・加藤史郎：単層ラチスドームを対象とした地震荷重と耐震性評価法の提案，日本建築学会構造系論文集　Vol.79, No.703, pp.1287-1298, 2014.9

8.1.6) 中澤祥二・加藤史郎・高橋直生：静的地震荷重を用いた単層ラチスドームの耐震性評価に関する研究　その2，日本建築学会大会学術講演梗概集（東海）pp.867-868, 2012

8.1.7) 建築基準法政令第82条の6および告示平12建告第1457号

8.1.8) Shiro Kato, Keita Saito, Shoji Nakazawa: ESTIMATION OF STATIC SEISMIC LOADS FOR LATTICED DOMES SUPPORTED BY SUBSTRUCTURE FRAMES WITH BRACES DETERIORATED DUE TO BUCKLING. Journal of IASS, Vol.48, No.2, pp.71-86, 2007

8.1.9) 小河利行・山岡幸介・箕輪健一・竹内　徹：静的地震荷重に対する単層ラチスドームの座屈耐力，日本築学会構造系論文集　Vol.79, No.704, pp.1523-1534, 2014.10

8.1.10) 日本建築学会：ラチスシェルの座屈と耐力，8章，2010

8.1.11) 吉中　進・坪田張二・田中直樹・高橋栄治・小磯利博：既存競技施設のドーム化技術の開発　その2　単層格子骨組み全体座屈解析と接合部構造実験，1999年度日本建築学会大会学術講演梗概集，pp.983-984，1999.9

8.1.12) 今川智文・木村祥裕・加藤史郎・植木隆司・小川利行・正岡典夫：H形鋼を用いた単層トラス構造の力学性状，その1 形鋼による単層トラス構造の提案及び構造試験による検証，1999年度日本建築学会大会学術講演梗概集，pp.953-954，1999.7

8.1.13) 日本建築学会：鋼管トラス構造設計施工指針・同解説，5.4節，2002

8.2 円筒ラチスシェル体育館の設計

(1) 建物概要

　本建物は図 8.2.1 に示すようなスパン L_y=36m, 桁行 L_x=48m の平面を有し, 軒高 8.0m, 最高高さ 14.55m の公共屋内運動競技場である．下部構造は 2 層より構成されており, 1 階階高は H_c=4.0m, 2 階階高は H_s=4.0m で第 1 層は SRC（鉄骨柱内蔵の壁付 RC 架構）, 第 2 層は鉄骨造である．屋根は H 形断面部材を三角形格子で編んだ円筒ラチスシェル構造となっており, 半開角 θ=40°, 曲率半径 R=28m, ライズ H_R=6.55m, ライズ／スパン比は約 0.18, 屋根部材長は概ね l=4.0m 前後となっている．屋根ラチスを構成する部材は H-350×175×7×11 を主体として 4 隅および外周に H-350×250×9×14 を配し, デプス／スパン比は約 1/100 となっている．建設地は首都圏を想定する．部材諸元を表 8.2.1 に示す．2 層のブレースはすべて靱性型のブレース（座屈拘束ブレース）とする．梁・屋根伏図, 軸組図, 部材リストおよび接合部詳細を図 8.2.2～8.2.3, 表 8.2.2 に示す．

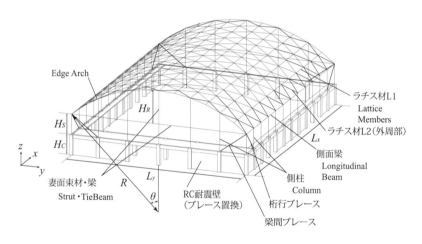

図 8.2.1 構造概要

表 8.2.1 部材諸元

部位		部材サイズ	材質	ヤング係数 E (N/mm^2)	断面積 A (mm^2)	断面2次モーメント		断面係数 Z_x (mm^3)	断面2次半径 i_y (mm)
						I_x (mm^4)	I_y (mm^4)		
L1	ラチス材	H-350×175×7×11	SS400	2.05×10^5	6314	1.36×10^8	0.098×10^8	0.78×10^6	39.6
L2	ラチス材	BH-350×250×9×14	SS400		10150	2.17×10^8	0.365×10^8	1.24×10^6	60.5
G2	側面梁	H-350×350×12×19	SS400		17390	4.03×10^8	1.36×10^8	2.30×10^6	88.9
C2	2階側柱	BH-350×250×9×14	SS400		10150	2.17×10^8	0.365×10^8	1.24×10^6	60.5
T1, B1	2階妻面束材・梁	H-200×100×5.5×8	SS400		2716	0.18×10^8	0.013×10^8	0.18×10^6	22.4
V1	桁行ブレース	BRB-16×150	SN400		2400	降伏荷重	564kN	-	-
V2	梁間ブレース	BRB-16×75	SN400		1200	降伏荷重	282kN	-	-
G1	2階床梁	650×350	Fc021	2.1×10^4	227500	8.00×10^9	2.32×10^9	24.6×10^6	101
C1	1階柱	650×650	Fc021		422500	14.8×10^9	14.8×10^9	45.7×10^6	187
EW150	1階壁	t150	Fc021		厚150mm	-	-	-	-

8 章 設 計 例 —165—

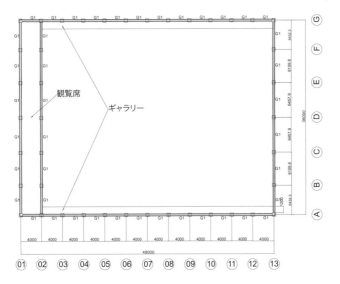

(a) 2階梁伏図

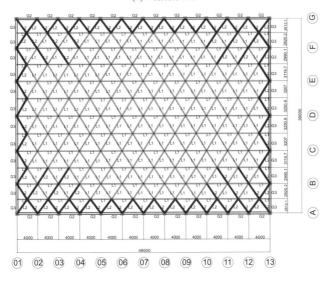

(b) 屋根伏図

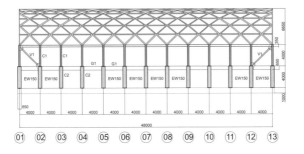

(c) 桁行方向軸組図

図 8.2.2 梁伏・屋根伏図および桁行方向軸組図

—166— ラチスシェル屋根構造設計指針

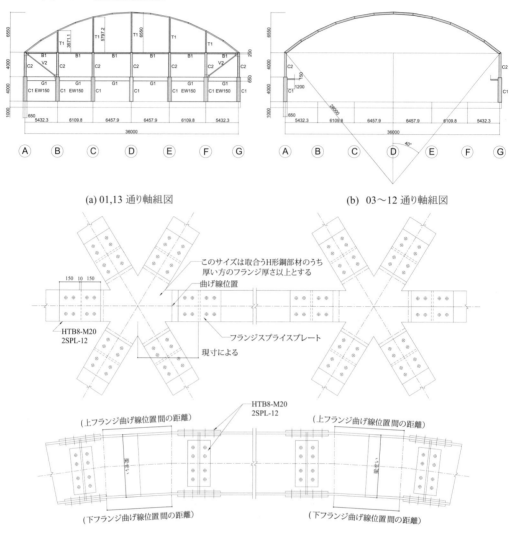

(a) 01,13 通り軸組図

(b) 03〜12 通り軸組図

(c) 屋根部材接合詳細

図 8.2.3 梁間方向軸組図および接合部詳細

表 8.2.2 断面リスト

符号	C1	C2	T1,B1	G1	G2	L1	L2	V1	V2
断面									
部材サイズ	SRC-650×650	H-350×250×9×14	H-200×100×5.5×8	RC-650×350	H-350×350×12×19	H-350×175×7×11	H-350×250×9×14	BRB-16×150 鋼管216.3-8.2	BRB-16×75 鋼管139.8-6.0
材質	SS400,FC021	SS400	SS400	FC021	SS400	SS400	SS400	SN400	SN400

(2) 荷重条件

荷重条件を表 8.2.3 に，地震荷重を表 8.2.4 に示す．

表 8.2.3 荷重条件

部位	仕様	単位重量 (kN/m²)
屋根仕上げ	金属折板＋構造材	1.2
2階壁	ALC＋構造材	1.0
1階壁	RC打放し	5.5
2階床	RC床＋木仕上	9.0

表 8.2.4 設計用地震荷重(43年期待値)

層	W (kN)	ΣW (kN)	αi	Ai	Ci	Qi (kN)
2	2910	2910	0.376	1.45	0.29	841
1	4826	7736	1.00	1.00	0.20	1547

$T = 0.02×4+0.03×(4+6.55/2)=0.30\text{sec}$

本会「荷重指針」に基づき，再現期間475年(終局設計時：レベル2)の地震荷重は $a_0=4.26\text{m/sec}^2$，$k_{R0}=2.4$，表層地盤の応答増幅率を1.25とした値を参考に加速度一定領域で12m/sec²とし，有効質量比0.8を乗じ終局設計用せん断力を1.0とする．43年期待値に基づく許容応力度設計用せん断力係数(レベル1)の地震荷重は475年の1/5とし，0.2とする．

3章3.2項により再現期間43年(短期許容応力度設計時：レベル1)の積雪時屋根荷重は，積雪深30cm，単位重量 $0.72\sqrt{0.3}+2.32=2.71\text{kN/m}^3$，荷重係数1.0として固定荷重 1.20kN/m² と併せ，1.2+1.0×0.3×2.71=2.01kN/m² とする．再現期間475年(終局設計時：レベル2)の積雪時屋根荷重は，積雪深 30×1.58=47.4cm，単位重量 $0.72\sqrt{0.474}+2.32=2.82\text{kN/m}^3$，荷重係数1.6として固定荷重 1.20kN/m² と併せ，1.2+1.6×0.474×2.82=3.35kN/m² とする．レベル2相当雪荷重は固定荷重を含めてレベル1短期荷重時の3.35/2.01=1.67倍となる．

(3) 積雪荷重に対する検定（43年再現荷重：短期）

屋根網目の構成について図 8.2.4 に示す．同図中の黒丸は屋根網目の交点を示す．端部を除く一般部の標準節点の支配面積は 3.256m×4m=13.02m² となる．

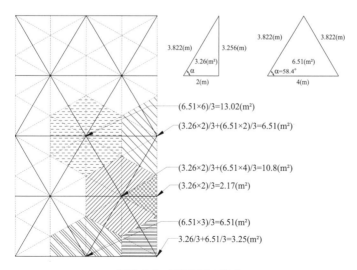

図 8.2.4 屋根網目の構成

したがって，43年短期設計荷重は標準節点あたり 2.01 kN/m²×13.02 m²=26.2kN/node，475年終局設計荷重は中央節点あたり 3.35 kN/m²×13.02 m²=43.6kN/node，となる．前者に対し短期許容応力度検定を行い，475年終局設計荷重に対し全体座屈耐力の検定を行う．

43年再現積雪荷重 2.01 kN/m²×13.02 m²=26.2kN/node に対する部材応力は，棟部材 L2 で N=267kN，M_{max}=85.5kNm，隅部材 L2 で N_{max}=383kN，M=8.2kNm となる．

それぞれ部材長 3.822m を座屈長とすると，L2 の短期許容圧縮応力度，許容曲げ応力度は，

$$\lambda = \frac{l_k}{i_y} = \frac{3822}{60} = 63.7, \quad \Lambda = \frac{1500}{\sqrt{235/1.5}} = 120, \quad \left(\frac{\lambda}{\Lambda}\right) = 0.531$$

$$1.5 f_c = \frac{\left(1 - 0.4\left(\frac{\lambda}{\Lambda}\right)^2\right)}{\left(\frac{3}{2} + \frac{2}{3}\left(\frac{\lambda}{\Lambda}\right)^2\right)} F \times 1.5 = \frac{\left(1 - 0.4(0.531)^2\right)}{1.69} \times 235 \times 1.5 = 185 \text{N/mm}^2$$

$$1.5 f_b = 235 \text{N/mm}^2 \text{(横座屈による低減無し)}$$

これより，

棟部材（L2）：

$$\frac{N}{1.5 f_c A} + \frac{M_{max}}{1.5 f_b Z_x} = \frac{267 \times 10^3}{185 \times 10150} + \frac{85.5 \times 10^6}{235 \times 1.24 \times 10^6} = 0.14 + 0.29 = 0.43 \leq 1.0$$

隅部材（L2）：

$$\frac{N_{max}}{1.5 f_c A} + \frac{M}{1.5 f_b Z} = \frac{383 \times 10^3}{185 \times 10150} + \frac{8.2 \times 10^6}{235 \times 1.24 \times 10^6} = 0.20 + 0.03 = 0.23 \leq 1.0$$

以上より屋根架構は43年再現期間（短期）積雪荷重に対し安全である．

最大部材応力度を与える部材位置を図 8.2.5 に示す．

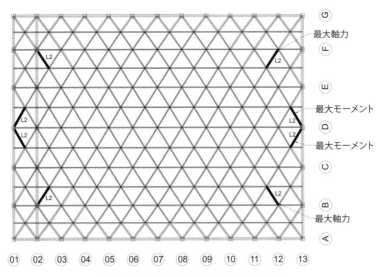

図 8.2.5 最大応力度を与える部材位置

(4) 積雪荷重に対する座屈耐力の検定（475年再現荷重：終局）

1) 有効剛性の計算

図 4.4.1 の A1 ルートによる検定を行う．連続体置換による均等荷重下の三角形網目(図 8.2.6)の円筒シェルの有効剛性を式(付 B.7.12)に基づき，実際の形状に合わせて下記の各式で評価できる．

$$P_{cr(a)}^{lin} = C_0 \frac{E_s AT}{p} \left(\frac{\theta_0}{\lambda_{0g}} \right)^{3/2} \left\{ B_1 + \frac{1}{3B_2} \right\}$$

仮定断面に対する EI=27880kN·m^2, GJ=16kNm^2, EA=1.29×10^{6}kN, l=4.0m であるので，

$$T = \frac{2}{\tan\alpha} + \frac{2A_d \cos^4\alpha}{A_h \sin\alpha} = \frac{2}{1.63} + \frac{2\times 0.075}{0.85} = 1.40$$

面内剛性：式(付 B.6.2～B.6.3)

$$K_x = \frac{EA_h}{l_0}T = \frac{1.29\times 10^6}{4.0}\times 1.40 = 4.5\times 10^5 \text{kN/m}$$

$$\text{or } \frac{2EA_h}{l_0 \tan\alpha} + \frac{2EA_d \cos^4\alpha}{l_0 \sin\alpha} = 4.5\times 10^5 \text{kN/m}$$

$$K_y = \frac{2EA_d \sin^3\alpha}{l_0} = \frac{2\times 1.29\times 10^6 \times 0.618}{4.0} = 3.99\times 10^5 \text{kN/m}$$

$$K_x \nu_{xy} = K_y \nu_{yx} = K_{xy} = \frac{2EA_d \cos^2\alpha \sin\alpha}{l_0} = \frac{2\times 1.29\times 10^6 \times 0.234}{4.0} = 1.51\times 10^5 \text{kN/m}$$

$\nu_{xy} = 0.335,\ \nu_{yx} = 0.378,\ \nu^2 = \nu_{xy}\cdot\nu_{yx} = 0.13$

面外曲げ剛性：式(付 B.6.4～B.6.7)

$$D_x = \frac{2EI_h}{l_0 \tan\alpha} + \frac{2EI_d \cos^4\alpha}{l_0 \sin\alpha} + \frac{2GJ_d \cos^2\alpha \sin\alpha}{l_0}$$

$$= \frac{2.79\times 10^4}{3.4} + \frac{2.79\times 10^4}{22.7} + \frac{2\times 16\times 0.233}{4} = 9430 \text{kNm}$$

$$D_y = \frac{2EI_d \sin^3\alpha}{l_0} + \frac{2GJ_d \cos^2\alpha \sin\alpha}{l_0}$$

$$= \frac{2.79\times 10^4 \times 1.236}{4} + \frac{2\times 16\times 0.233}{4} = 8623 \text{kNm}$$

$$D_{xy} = \frac{4EI_d \cos^2\alpha \sin\alpha}{l_0} + \frac{GJ_h}{l_0 \tan\alpha} + \frac{GJ_d \cos^2 2\alpha}{l_0 \sin\alpha}$$

$$= \frac{4\times 2.79\times 10^4 \times 0.233}{4} + \frac{16}{4\times 1.63} + \frac{3.274}{4\times 0.852} = 6500 + 39 + 0.96 = 6540 \text{kNm}$$

$$D_x \nu_{Bxy} = D_y \nu_{Byx} = \frac{2EI_d \cos^2\alpha \sin\alpha}{l_0} - \frac{2GJ_d \cos^2\alpha \sin\alpha}{l_0}$$

$$= \frac{2.79\times 10^4 \times 0.466}{4} - \frac{2\times 16\times 0.233}{4} = 3252 \text{kNm}$$

$\nu_{Bxy} = 0.34,\ \nu_{Byx} = 0.38$

上の各値は式(付 B.5.1)の正三角形網目に近い値を与える．

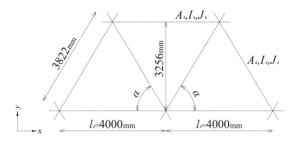

図 8.2.6　3 方向三角形網目

2) 線形座屈荷重の評価

式(付 B.5.3), (付.B.7.13〜7.14)より，

$$t_{0eq} = \sqrt{\frac{12D_y}{K_x}} = \sqrt{\frac{12 \times 8623}{4.50 \times 10^5}} = 0.480\text{m}$$

$$\lambda_0 = \frac{l_0}{\left(t_{0eq}/2\sqrt{3}\right)} = \frac{4.0}{\left(0.480/2\sqrt{3}\right)} = 28.9 \quad (\text{やや複層に近いシェル})$$

$$\theta_0 = \frac{l_0 \tan\alpha}{4R} = 0.0581$$

$$C_0 = \frac{\left[36(1-\nu^2)\right]^{1/4} 12^{3/4}\pi}{3\tan^{1/2}\alpha} = \frac{2.28 \times 6.45\pi}{3.82} = 12.09$$

$$\zeta = \frac{2\left[3(1-\nu^2)\right]^{1/4} p\sqrt{\lambda_{0g}\theta_0}}{\pi\sqrt{\tan\alpha}} = \frac{2\left[3(1-0.13)\right]^{1/4} 12\sqrt{28.9 \times 0.0581}}{1.275\pi} = 9.86$$

$$B_1 = 1 + \frac{\left(2D_{xy} + 2D_x\nu_{Bxy}\right)}{D_y\zeta} + \frac{D_x}{D_y\zeta^2} = 1 + \frac{(2 \times 6503 + 2 \times 3252)}{8623 \times 9.86} + \frac{9430}{8623 \times (9.86)^2}$$

$$(\approx 1 + 2/\zeta + 1/\zeta^2) = 1 + 0.229 + 0.01 = 1.24$$

$$B_2 = 1 + \left(\frac{K_x(1-\nu^2)}{K_{xy}} - 2\nu_{yx}\right)\frac{1}{\zeta} + \frac{K_x}{K_y\zeta^2} = 1 + \left(\frac{4.50(1-0.13)}{1.51} - 2 \times 0.378\right)\frac{1}{9.86} + \frac{4.50}{3.99 \times (9.86)^2}$$

$$(\approx 1 + 1/\zeta + 1/\zeta^2) = 1 + 0.186 + 0.01 = 1.20$$

これより，

$$P_{crB}^{lin} = C_0 \frac{EA_h T}{p}\left(\frac{\theta_0}{\lambda_{0g}}\right)^{3/2} B_1 = 12.09 \times \frac{1.29 \times 10^6 \times 1.4}{12}\left(\frac{0.0581}{28.9}\right)^{3/2} \times 1.24$$

$$= 164 \times 1.24 = 203\text{kN/node}$$

$$P_{crM}^{lin} = C_0 \frac{EA_h T}{p}\left(\frac{\theta_0}{\lambda_{0g}}\right)^{3/2} \frac{1}{3B_2} = 12.09 \times \frac{1.29 \times 10^6 \times 1.4}{12}\left(\frac{0.0581}{28.9}\right)^{3/2} \frac{1}{3 \times 1.20}$$

$$= 164/3.6 = 45.5\text{kN/node}$$

$$P_{cr}^{lin} = P_{crB}^{lin} + P_{crM}^{lin} = 203 + 45.5 = 248.5\text{kN/node}\,(19.08\text{kN/m}^2)$$

FEM による線形座屈荷重の推定値は付録 A によれば $1.05P^{lin}{}_{cr}$=20kN/m² 程度となる．標準節点の 475 年終局設計荷重 3.25kN/m²×13.02m²=43.32kN/node に対し推定線形座屈荷重 248.5 kN/node は約 6 倍にあたる．

なお，全体モデル(端部剛接)の数値解析を行うと線形座屈固有値は約 470kN/node(36kN/m^2)であり，上記設計式よりやや大きめの値を与える．線形座屈モードを図 8.2.7 に示す．

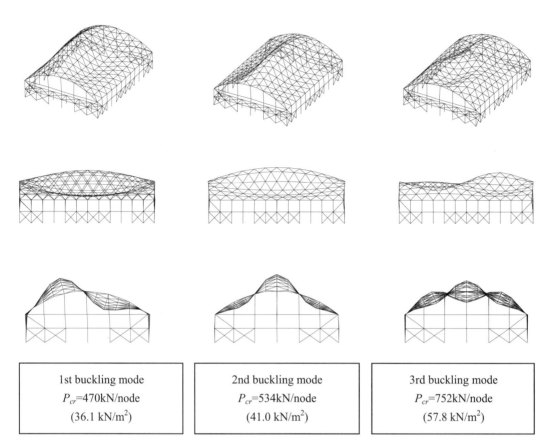

1st buckling mode
P_{cr}=470kN/node
(36.1 kN/m^2)

2nd buckling mode
P_{cr}=534kN/node
(41.0 kN/m^2)

3rd buckling mode
P_{cr}=752kN/node
(57.8 kN/m^2)

図 8.2.7　1～3 次座屈モード

3) 弾性座屈荷重の評価

弾性座屈荷重低減係数については，平均−1.0σ を用いて式(付 C.2.7)より α_0 を算定する．

初期不整 ω_0=min{$0.2t_{0eq}$,　$L_y/1000$}= min{9.6, 3.6}=3.6cm

$\alpha_0 = 0.6 \times \exp[-0.633 \times 0.071 + 0.023 \times (0.071)^2] = 0.574$

→ $\alpha_0 = 0.5$ を採用する．

$P_{0cr}^{el} = 0.5 P_{0cr}^{lin} = 124.3\text{kN/node}\,(9.54\text{kN/m}^2)$

この値は，標準節点の 475 年終局設計荷重 43.32kN/node の約 3 倍にあたる．

4) 弾塑性座屈荷重の評価

式(C4.3.17),(C4.3.18)を利用すると

$P_0^{pl} \approx \gamma_m \cdot 4A\sigma_y \sin\alpha \cdot \theta_0 = 0.7 \times 4 \times 6314\text{mm}^2 \times 235\text{N/mm}^2 \times 0.0581 \times 0.851$
$= 205\text{kN/node}\,(15.7\text{kN/m}^2)$

$$\Lambda_s = \sqrt{\frac{P_0^{pl}}{P_{0cr}^{el}}} = \sqrt{\frac{205}{124.3}} = 1.28 \leq \sqrt{\frac{1}{0.6}} = 1.29 (弾塑性範囲)$$

$$P_{cr} = \frac{1 - 0.24\Lambda_s^2}{1 + \frac{4}{15}\Lambda_s^2} \times P_0^{pl} = \frac{0.607}{1.44} \times 205$$

$$= 86.4 \text{kN/node}(6.6 \text{kN/m}^2) > 43.32 \text{kN/node}(3.25 \text{kN/m}^2), \text{OK}$$

この値は，標準節点の 475 年終局設計荷重 43.32kN/node の約 2 倍にあたる．

上式を用いても良いが，ここでは FEM でも特定部材を確認し，この特定部材が初期降伏する値と比較する．FEM による積雪時の部材軸力は隅部材で最大 619kN に達するので，

$$\frac{N_{max}}{A \times (1.5 f_c)} = \frac{619 \times 10^3}{10500 \times 185} = 0.32$$

座屈を考慮した軸力のみの検定値は 0.32 で p_0^{pl} =3.25/0.32=10.15kN/m^2(132kN/node)

正規化細長比は

$$\Lambda_s = \sqrt{\frac{p_0^{pl}}{p_{0cr}^{el}}} = \sqrt{\frac{132}{124.3}} = 1.03 \leq 1.29 (弾塑性範囲)$$

$$P_{0cr} = \frac{1 - 0.24\Lambda_s^2}{1 + \frac{4}{15}\Lambda_s^2} \times P_0^{pl} = \frac{0.745}{1.28} \times 132$$

$$= 76.8 \text{kN/node}(5.90 \text{kN/m}^2) > 43.32 \text{kN/node}(3.25 \text{kN/m}^2), \text{OK}$$

したがって弾塑性座屈荷重は p_{0cr}= 5.90 kN/m^2 > 3.25 kN/m^2 （検定値 0.55）

これより，座屈に対する安全性は確保されている．

最後に，図 4.4.1 下枠内にあるように，屋根部材の個材座屈に関する検定を行う．剛接合のため $\beta(\kappa)$=1.0 とすると，強軸まわりの正規化細長比は Ls=1.03 であるから，

$1.5 f_c$=235×0.745/1.28=136N/mm^2

となり，475 年再現荷重時の部材応力に対する検定は，43 年短期荷重の 1.39 倍を取ると，

棟部材（L2）

強軸方向：

$$\sigma_c = 267 \times 10^3 \times 1.39 / 10150 = 36.5 \text{N/mm}^2, \ _c\sigma_b = 85.5 \times 10^6 \times 1.39 / 1.24 \times 10^6 = 95.8 \text{N/mm}^2$$

$$\frac{\sigma_c}{1.5 f_c} + \frac{_c\sigma_b}{1.5 f_b \left(1 - \frac{\sigma_c}{1.5 f_c}\right)} = \frac{36.5}{136} + \frac{95.8}{235 \left(1 - \frac{36.5}{136}\right)} = 0.27 + 0.56 = 0.83 \leq 1.0$$

隅部材（L2）

強軸方向：

$$\sigma_c = 383 \times 10^3 \times 1.39/10150 = 52\text{N/mm}^2, \; _c\sigma_b = 8.2 \times 10^6 \times 1.39/1.24 \times 10^6 = 9.2\text{N/mm}^2$$

$$\frac{\sigma_c}{1.5f_c} + \frac{_c\sigma_b}{1.5f_b\left(1-\dfrac{\sigma_c}{1.5f_c}\right)} = \frac{52}{136} + \frac{9.2}{235\left(1-\dfrac{52}{136}\right)} = 0.38 + 0.06 = 0.44 \leq 1.0$$

弱軸方向:

$$1.5f_c = 185\text{N/mm}^2 \text{より}$$

$$\frac{\sigma_c}{1.5f_c} = \frac{52}{185} = 0.28 \leq 1.0$$

以上より個材座屈に対する安全性は確保されている.

(5) 地震荷重に対する検定(43年再現荷重:短期)

デプス／スパン比が約1/100であることから,3.5節の等価静的荷重による評価法を用いる.振動固有値解析(図8.2.8～9)により,屋根部の固有周期 T_R=0.46sec,屋根を剛体とした等価1質点固有周期 T_{eq}=0.22sec であるから,表5.2より R_T=0.48, R_M=2910/2251=1.29,梁間方向の水平応答増幅率 F_H=1.7,鉛直応答増幅率は F_V=2.5×1.33×θ=2.3 となる.これよりレベル1相当の水平応答せん断力係数は屋根中央部で C_{RH}=1.7×0.29=0.50,鉛直応答せん断力係数は屋根1/4部で C_{RV}=2.3×0.29=0.67 となる.一方,桁行方向の水平応答増幅率は1.2とすると水平応答せん断力係数は屋根中央部で C_{RH}=1.2×0.29=0.35 となる.これを図示すると図8.2.10のようになる.上記荷重を屋根面に加えた際の最大部材応力および検定値(43年短期)は以下のようになる.

1) Y方向(梁間方向)に水平+鉛直地震力を加えた際の部材応力

N_{max}=337kN,最大曲げモーメントは M_{max}=56.3kNm であるから,部材検定値は,

$$\frac{N_{max}}{1.5f_cA} + \frac{M_{max}}{1.5f_bZ_x} = \frac{337 \times 10^3}{185 \times 10500} + \frac{56.3 \times 10^6}{235 \times 1.24 \times 10^6} = 0.17 + 0.19 = 0.36 \leq 1.0$$

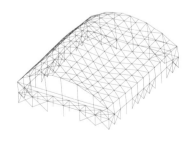 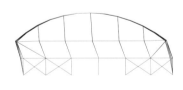

図8.2.8 屋根1次振動モード (T_R=0.46sec)　　図8.2.9 屋根剛体振動モード (T_{eq}=0.22sec)

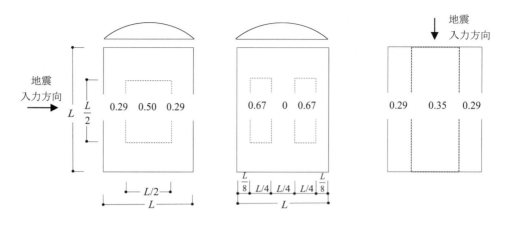

a) 水平応答増幅係数　　b) 鉛直応答増幅係数　　c) 水平応答増幅係数

図 8.2.10　屋根部の設計用地震応答増幅係数

2）X 方向（桁行方向）に水平地震力を加えた際の部材応力

N_{max}=251kN，最大曲げモーメントはM_{max}=55.7kNm であるから，部材検定値は，

$$\frac{N_{max}}{1.5f_cA}+\frac{M_{max}}{1.5f_bZ}=\frac{251\times10^3}{18518510500\times}+\frac{55.7\times10^6}{235\times1.24\times10^6}=0.13+0.19=0.32\leq1.0$$

（6）　地震荷重に対する検定（475 年再現荷重：終局）

5 章解説（7）の 1）「屋根荷重連動型増分解析による方法」を用いて検定を行う．

図 8.2.11 に示す屋根荷重を連動させて行った増分解析による 2 階梁間方向および桁行方向の荷重－変形関係はそれぞれ図 8.2.12，8.2.15，剛性は図 8.2.13，8.2.16 のようになる．両方向とも図 8.2.14 および図 8.2.17 に示すように第 2 層の崩壊メカニズムは BRB の降伏後，下部構造の柱・梁に塑性ヒンジが生じるモードとなっており，屋根部にはメカニズムを形成するような塑性ヒンジが生じない崩壊系であることが確認できる．

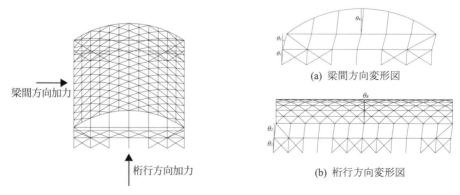

図 8.2.11　加力方向および変形図

梁間方向増分解析

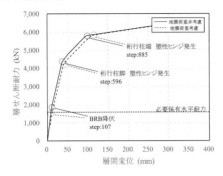

図 8.2.12 2層せん断耐力—層間変位関係

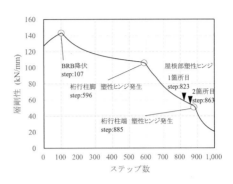

図 8.2.13 2層剛性—ステップ数関係

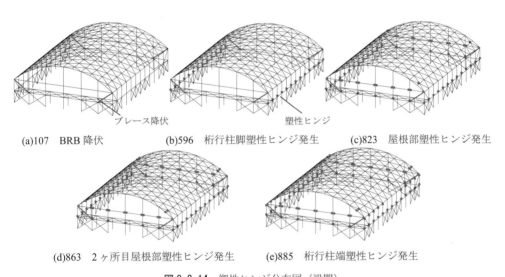

(a)107 BRB 降伏　　(b)596 桁行柱脚塑性ヒンジ発生　　(c)823 屋根部塑性ヒンジ発生

(d)863 2ヶ所目屋根部塑性ヒンジ発生　　(e)885 桁行柱端塑性ヒンジ発生

図 8.2.14 塑性ヒンジ分布図（梁間）

桁行方向増分解析

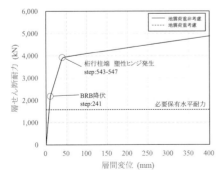

図 8.2.15 2層せん断耐力—層間変位関係

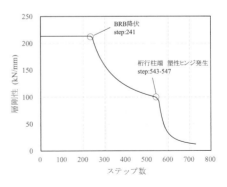

図 8.2.16 2層剛性—ステップ数関係

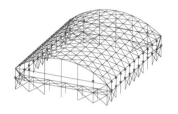

(a) 241　BRB 降伏　　　　　　　　(b)543-547　桁行柱端塑性ヒンジ

図 8.2.17　塑性ヒンジ分布図（桁行）

以上より，第 2 層の保有水平耐力は梁間方向 Q_{u2}=5810kN(主構造 5140kN+靭性型ブレース 670kN)，桁行方向 Q_{u2}=3860kN(主構造 2260kN+靭性型ブレース 1600kN)となる．また，第 1 層の保有水平耐力は耐震壁の終局せん断応力度を 3.0N/mm² とすると梁間方向（Y 方向）で Q_{u1}=21600kN，桁行方向（X 方向）で Q_{u1}=28800kN 程度となる．

次に下部構造の塑性化に伴う応答低減係数 D_s を 6 章の考え方に基づき評価する．

a) 靭性型ブレースを付加減衰として評価する方法

梁間方向について下部構造第 2 層主構造の荷重-変形関係を降伏変形 δ_{fy}=60mm，靭性型ブレースの降伏変形 δ_{dy}=10mm，許容最大変形 δ_m=120mm（層間変形角 1/33），とすると，ブレース初期剛性 k_d=67kN/mm，k_f=86kN/mm，k_d/k_f=0.77，μ_d=12.0，μ_f=2.0 となるから靭性型ブレースの付加減衰は式(6.2.4),(6.2.5)より，

$$h_{eq} = h_0 + \frac{2(1+k_d/k_f)}{\pi\mu}\ln\frac{\mu+k_d/k_f}{(1+k_d/k_f)\mu^{\frac{1}{1+k_d/k_f}}} = 0.02 + \frac{2(1+0.77)}{12\pi}\ln\frac{12+0.77}{(1+0.77)12^{\frac{1}{1+0.77}}} = 0.074$$

$$D_h = \sqrt{\frac{1+25\times 0.02}{1+25\times 0.074}} = 0.725$$

式(6.2.3)より，主架構の塑性化と靭性型ブレースの付加減衰を考慮した応答低減係数 D_s は

$$D_s = 1/{}_eF_2 = D_h/\sqrt{2\mu_f-1} = 0.42$$

桁行方向については下部構造第 2 層主構造の荷重-変形関係を降伏変形 δ_{fy}=40mm，靭性型ブレースの降伏変形 δ_{dy}=10mm，許容最大変形 δ_m=120mm（層間変形角 1/33），とすると，ブレース初期剛性 k_d=160kN/mm，k_f=57kN/mm，k_d/k_f=2.8，μ_d=12.0，μ_f=3.0 となるから靭性型ブレースの付加減衰は式(6.2.4), (6.2.5)より，

$$h_{eq} = h_0 + \frac{2(1+k_d/k_f)}{\pi\mu}\ln\frac{\mu+k_d/k_f}{(1+k_d/k_f)\mu^{\frac{1}{1+k_d/k_f}}} = 0.02 + \frac{2(1+2.8)}{12\pi}\ln\frac{12+2.8}{(1+2.8)12^{\frac{1}{1+2.8}}} = 0.16$$

$$D_h = C_{eci}\sqrt{\frac{1+25\times h0}{1+25\times h_{eq}}} = \frac{1}{1-0.025\times 2.8}\sqrt{\frac{1+25\times 0.02}{1+25\times 0.16}} = 0.58$$

式(6.2.3)より，主架構の塑性化と靭性型ブレースの付加減衰を考慮した応答低減係数 Ds は

$$Ds = 1/{}_eF_2 = D_h/\sqrt{2\mu_f-1} = 0.26$$

となる.以下,応答低減係数 D_s は第1, 2層共通で上記の値を用いるが,これらの値は建築基準法による構造特性係数(第2層 D_s =0.25,第1層 D_s =0.35)と読み替えてもよい.

b) 靭性型ブレースを主構造の一部として評価する方法

上記の方法はやや煩雑であるため,靭性型ブレースを主構造の一部として評価する方法を例示する.

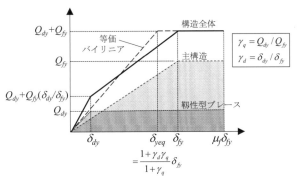

図 8.2.18 トリリニア復元力特性からバイリニア復元力特性への近似

図 8.2.18 のように,靭性型ブレースを含むトリリニア荷重-変形関係を等価なバイリニア履歴に置き換えると,梁間方向は γ_q=670/5140=0.130, γ_d=0.17, δ_{yeq}=0.91×δ_{fy}=54.3mm, μ_{feq}=120/54.3=2.2 であるから式(C6.2.11)より,

$$h_{eq} = h_0 + \frac{2}{\pi}\left(1-\frac{1}{\mu}-\frac{1}{\mu}\ln\mu\right) = 0.02 + \frac{2}{\pi}\left(1-\frac{1}{2.2}-\frac{1}{2.2}\ln 2.2\right) = 0.139,$$

$$D_s = \sqrt{\frac{1+25\times 0.02}{1+25\times 0.139}} = 0.57$$

桁行方向は γ_q=1600/2260=0.70, γ_d=0.25, δ_{yeq}=0.69×δ_{fy}=27.6mm, μ_{feq}=120/27.6=3.4 であるから

$$h_{eq} = h_0 + \frac{2}{\pi}\left(1-\frac{1}{\mu}-\frac{1}{\mu}\ln\mu\right) = 0.02 + \frac{2}{\pi}\left(1-\frac{1}{3.4}-\frac{1}{3.4}\ln 3.4\right) = 0.240$$

$$D_s = \sqrt{\frac{1+25\times 0.02}{1+25\times 0.240}} = 0.46$$

と評価できる.式(6.2.3)で D_h=1 を用いて評価しても 0.58, 0.44 と同様の値になる.このように b) では靭性型ブレースが δ_{fy} 以下の小さい層間変形から塑性化することによる付加減衰効果を無視しているため応答低減係数 D_s は高めの値となる.a)の値を用いると必要保有水平耐力は,

梁間方向:

第 2 層: ${}_sQ_{un2} = A_i\times D_s\times C_0\times W_2 = 1.45\times 0.42\times 1.0\times 2910 = 1772$kN

第 1 層: ${}_sQ_{un1} = A_i\times D_s\times C_0\times W_1 = 1.0\times 0.42\times 1.0\times 7736 = 3249$kN

桁行方向:

第 2 層: ${}_tQ_{un2} = A_i\times D_s\times C_0\times W_2 = 1.45\times 0.26\times 1.0\times 2910 = 1097$kN

第 1 層: ${}_tQ_{un1} = A_i\times D_s\times C_0\times W_1 = 1.0\times 0.26\times 1.0\times 7736 = 2011$kN

となる.表 8.2.4 に必要保有水平耐力と保有水平耐力とを比較して示す.

表 8.2.4 必要保有水平耐力と保有水平耐力との比較

層	Y方向(梁間)			X方向(桁行)		
	Q_{un}	Q_u	Q_u/Q_{un}	Q_{un}	Q_u	Q_u/Q_{un}
2	1772	5810	3.28	1097	3860	3.52
1	3249	21600	6.65	2011	28800	14.32

全ての階で保有水平耐力 Q_u は必要保有水平耐力 Q_{un} を大きく上回っていることから，2次設計レベルの地震荷重に対する安全性が確認される．

c) 主構造を弾性範囲に留める設計法

靭性型ブレースの付加減衰に期待して建物の継続使用を期待できる第2層の目標層間変形 δ_m=40mm に最大応答を収めることを考える．靭性型ブレースの塑性率は μ_{dy}=4.0 程度，主構造とブレースの剛性比は梁間方向で k_d/k_f=0.77 であるから，付加減衰による応答低減効果は式(6.2.4,5)より，

$$h_{eq} = h_0 + \frac{2(1+k_d/k_f)}{\pi\mu}\ln\frac{\mu+k_d/k_f}{(1+k_d/k_f)\mu^{\frac{1}{1+k_d/k_f}}} = 0.02 + \frac{2(1+0.77)}{4\pi}\ln\frac{4+0.77}{(1+0.77)4^{\frac{1}{1+0.77}}} = 0.06$$

$$D_h = \sqrt{\frac{1+25\times0.02}{1+25\times0.06}} = 0.77$$

桁行方向は k_d/k_f=2.8 であるから，

$$h_{eq} = h_0 + \frac{2(1+k_d/k_f)}{\pi\mu}\ln\frac{\mu+k_d/k_f}{(1+k_d/k_f)\mu^{\frac{1}{1+k_d/k_f}}} = 0.02 + \frac{2(1+2.8)}{4\pi}\ln\frac{4+2.8}{(1+2.8)4^{\frac{1}{1+2.8}}} = 0.15$$

$$D_h = \sqrt{\frac{1+25\times0.02}{1+25\times0.15}} = 0.56$$

となる．したがって継続使用を期待できる必要保有水平耐力は

梁間方向で Q_{un2eq}= $Ai\times D_h\times C_0\times W_2$ = 1.45×0.77×1.0×2910 = 3259kN

桁行方向で Q_{un2eq}= $Ai\times D_h\times C_0\times W_2$ = 1.45×0.56×1.0×2910 = 2363kN

となり，保有水平耐力は両方向でこれを上回っていることがわかる．

(7) 時刻歴応答解析による検定

以上で耐震設計は完了しているが，ここでは参考までに時刻歴応答解析により残留変形が許容範囲以下に収まるかどうかを確認する．

レベル2(再現期間475年)相当の地震動として，最大地動速度を50kineに設定した地震記録波3波を設定した．h=0.02 相当の応答スペクトルを図8.2.19に示す．荷重指針に基づく再現期間475年相当の応答加速度は加速度一定領域(h=0.05)で概ね1000cm/s^{2}としており，これは h=0.02 で1250 cm/s^2 程度に相当することから概ね対応していることがわかる．この時刻歴応答解析によって得られた水平・鉛直応答加速度分布とAi分布に基づく層せん断力係数に増幅係数を乗ずることで得られる設計用水平・鉛直応答加速度分布を比較し適用性の確認を行う．

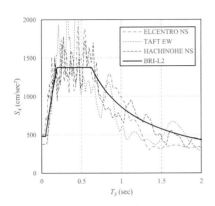

図 8.2.19 入力地震動の応答スペクトル(h=0.02)

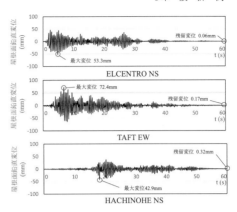

図 8.2.20 鉛直変位時刻歴応答

解析により得られた梁間方向第 2 層の応答層せん断力は 2167kN であり,屋根荷重は 2910kN であるため第 2 層ベースシア係数は,

$$C_2 = \frac{Q_2}{\sum W_R} = \frac{2167}{2910} = 0.75$$

程度となる.このベースシア係数に表 5.2 の水平応答増幅率 F_H=1.7,鉛直応答増幅率 F_V=2.5×1.33×θ=2.3 を乗じ,これよりレベル 2 相当の水平応答せん断力係数は屋根中央部で C_{RH}=1.7×0.75=1.28,鉛直応答せん断力係数は屋根 1/4 部で C_{RV}=2.3×0.75=1.73 となる.このせん断力係数に 980cm/s^2 を乗ずることで設計用水平・鉛直応答加速度を得る.

得られた設計用応答加速度分布と時刻歴応答解析により得られた応答加速度分布を比較したものを図 8.2.21 に示す.同図より下部構造が弾塑性範囲に入るレベル 2 相当の地震入力に対しても,屋根各部の応答加速度は下層部の最大応答せん断力に水平・鉛直応答増幅率を乗じることで概ね評価できることがわかる.

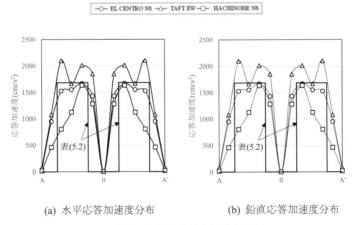

(a) 水平応答加速度分布　　(b) 鉛直応答加速度分布

図 8.2.21 梁間方向応答加速度分布

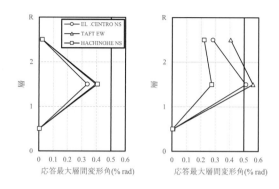

(a) 桁行方向　　　　　(b) 梁間方向
図 8.2.22　各層の最大応答層間変形角

表 8.2.5　3波比較の時刻歴応答最大層間変形角

層	桁行	梁間
R-2	1/4520 (HACHINOHE)	1/246 (TAFT)
2-1	1/246 (HACHINOHE)	1/178 (TAFT)
1-0	1/25842 (HACHINOHE)	1/11165 (TAFT)

　時刻歴応答解析で得られた各層の最大層間変形角を図 8.2.22 に示す．また，各階の層間変形角の最大値を表 8.2.5 に示す．第 2 層の最大層間変形角は 1/178 以下に収まっており，継続使用が可能な変形量に留まっていると考えられる．また，屋根部は端部の数部材を除き弾性範囲に留まり崩壊系を形成せず，図 8.2.20 に示すように鉛直方向の残留変形もほとんど残らないことがわかる．

8.3 鋼構造体育館の耐震診断と改修

(1) 建 物 概 要

ここでは6章に基づき動的耐震指標を用いた鋼構造体育館の耐震診断・改修設計例を示す．動的耐震指標は時刻歴応答解析を用いて求める．

対象となる鋼構造体育館の構造は，梁間方向がH形鋼ラーメン構造，桁行方向がブレース構造である．構造形状を図8.3.1に，梁・屋根伏図，軸組図，接合部詳細および部材リストを図8.3.2〜8.3.4，表8.3.1に示す．鋼材はSS400（基準強度235N/mm^2）であり，桁行方向の軸組ブレースと屋根面ブレースが非保有耐力接合である．荷重は表8.3.2に整理する．分布荷重は節点の集中質量に置換する．

補強前の体育館の耐震診断を既往の方法[8.3.1)]で実施した結果（梁間方向はゾーニングを用いず一体化して算定）を表8.3.3に示す．実際の体育館には梁間方向ラーメンの柱梁接合部に溶接不良のある場合が多いが，ここでは溶接不良は無いものとする．

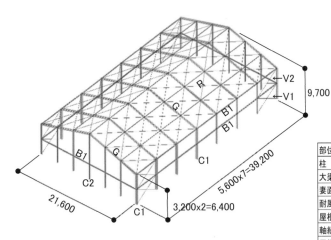

図 8.3.1 補強前の体育館

表 8.3.1 部材断面リスト

部位	記号	断面	鋼材
柱	C1	H-340x250x9x14	SS400
大梁	G	H-350x175x7x11	SS400
妻面間柱	C2	H-250x125x6x9	SS400
耐風梁、軒梁	B1	H-200x100x5.5x8	SS400
屋根小梁	B2	2C-100x50x20x2.3	SSC400
軸組ブレース	V	L-60x60x5	SS400
屋根面ブレース	R	Φ13	SS400

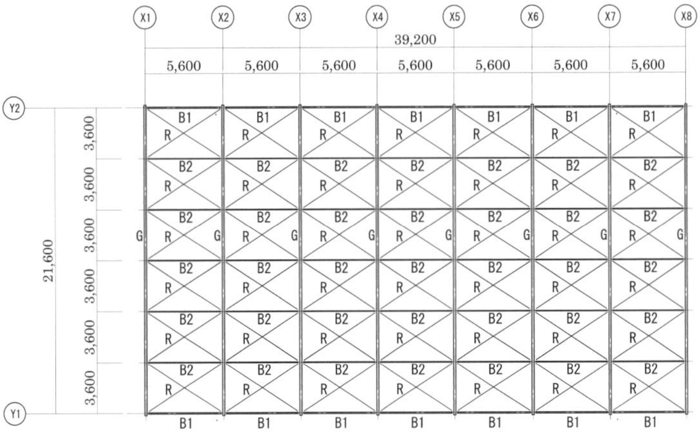

図 8.3.2 屋根伏図

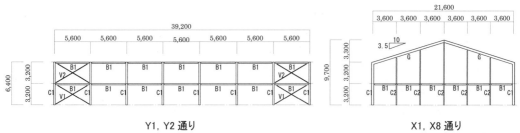

Y1, Y2 通り　　　　　　　　　　X1, X8 通り

図 8.3.3 軸組図

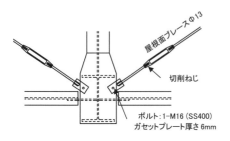

表 8.3.2 長期荷重（構造体以外）

部位	固定荷重(N/m²)	積載荷重(N/m²)
屋根面（母屋以外の鉄骨を除く）	450	—
壁（下地材以外の鉄骨を除く）	400	—
ギャラリー（幅700mm）	1000	600

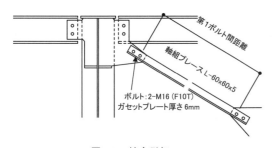

図 8.3.4 接合詳細

表 8.3.3 既往の耐震診断方法[8.3.1)]による耐震診断結果

桁行方向	ΣWi(kN)	αi	Ai	Z	Rt	Fesi	Qui(kN)	Fi	Isi	qi
2F	625	0.72	1.11	1.00	1.00	1.00	271	1.3	0.51	1.56
1F	868	1.00	1.00	1.00	1.00	1.00	353	1.3	0.53	1.63

梁間方向	ΣWi(kN)	αi	Ai	Z	Rt	Fesi	Qui(kN)	Fi	Isi	qi
1F	868	1.00	1.0	1.00	1.0	1.0	553	2.9	1.85	2.55

(2) 入力地震動

建設地は首都圏で，建築基準法における地域係数 $Z=1.0$ の地域とする．設計用地震動のスペクトルは，告示波レベル2のスペクトル[8.3.2)]を使用して定める．この際表層地盤の増幅係数 Gs の算定には標準的な2種地盤の略算式を使用する．模擬地震動は El-Centro-NS, Taft-EW, Hachinohe-EW の3種類の記録地震動の位相を用いて作成する．図 8.3.5 に減衰定数 0.05 に対応する設計用加速度応答スペクトルと，模擬地震動の応答スペクトルを示す．動的耐震性指標の評価には，以上3種類の地震動による値の平均値を使用する．

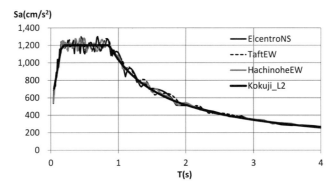

図 8.3.5 入力地震動の応答スペクトル(h=0.05)

(3) クライテリア

耐震性判定指標 $_eI_{so}$=1.0 とする．すなわち弾性ベースシア係数で 1.0 相当の入力を想定する．変形のクライテリア（限界変形）を以下に定める．

1) 桁行方向

2 層構造物として扱う．層間変形角は軸組構面の水平変形と高さで評価する．ゾーニングは実施しない．

耐震診断においては軸組ブレースが非保有耐力接合であるため，ブレースの応力が接合部耐力に達する変形を限界変形とする．この場合限界変形は次に述べる 1/150 より小さい．

耐震改修時は保有耐力接合のブレースを使用し，損傷が軽微で地震後も機能を維持するレベルを目標として層間変形角で 1/150 rad を限界変形とする．対応する引張ブレースの塑性率は 2 程度である．ターンバックル付ブレースであれば塑性伸びを生じてもターンバックルを締め付け，たるみを除去して余震に抵抗させることが可能である．

2) 梁間方向

1 層構造物とし，層間変形角は軒部の水平変形と高さで評価する．ゾーニングは実施しない．

大スパンのラーメン架構には，地震荷重で塑性ヒンジを生じると鉛直荷重との相乗効果で鉛直たわみが累積する性質がある [8.3.3)] ため，中間架構の限界変形は弾性限界変形とする．今回のモデルではラーメンの弾性限界は妻壁架構については概ね 1/50 rad, 中間架構については概ね 1/30 rad である．しかしながら，直接内外装材の取り付く妻壁架構についてはさらに限界変形を層間変形角で 1/150 rad とする．ゾーニングせず 3 次元立体モデルで解析するため，結局動的耐震性指標は妻壁の限界変形で決まることになる．

3) 屋根面

屋根面の応答は弾性範囲内とする．

(4) 解析モデルと診断プロセス

1) 解析モデル

梁間方向ラーメンは剛接合とするがそれ以外はピン接合とし，柱脚もピンと仮定する．孫梁，母屋や軸組構面内の間柱はモデル化を省略し，重量のみ考慮する．

弾塑性解析で使用するモデルを以下「弾塑性モデル」と呼ぶ．弾塑性モデルにおけるブレースの復元力特性は軸組，屋根面ともに圧縮側の剛性と耐力をゼロとした完全スリップ型とする．軸組ブレースに関しては引張側の降伏を考慮するが，屋根面ブレースは引張側の降伏を無視して弾性とする．ただし靱性型補強に用いる座屈拘束ブレースの復元力特性は圧縮側も有効としたバイリニア型とする．いずれのブレースも降伏後の2次剛性を弾性剛性の1/100とする．

固有振動解析や動的耐震指標を算定するための弾性解析モデル(以下「弾性モデル」)においては，ブレースの剛性を1/2として圧縮側，引張側ともに有効とする．

ラーメンの塑性ヒンジ部における曲げモーメント～回転角関係はバイリニア型とする．ラーメンの塑性ヒンジの降伏後の2次剛性は1次剛性の1/1000とする．

2) 診断プロセス

最初に弾性モデルで固有振動解析を行い，固有周期とモード形を把握する．また有効質量比より方向別に支配的なモードを特定する．

次に弾塑性モデルで静的増分解析を実施し，具体的な限界変形を軸組構面の層間変形角の値で定める．このとき支配的なモードに比例する地震荷重を使用するが，支配的なモードが見いだせない場合は本指針5章に従って外力分布を定める．

次に弾塑性時刻歴応答解析を行う．方向別に地震動を入力し，その方向の支配的モードの固有周期で定めた剛性比例減衰(h=0.02)を用いる．応答が限界変形に達する入力地震動の強さ（以下「限界入力地震動」）を求めるが，ここでは入力を前述の入力地震動の0.05倍刻みで1.0倍から漸減または漸増して繰り返し解析し，応答が限界変形以下となる入力レベルを限界入力地震動とする．次に限界入力地震動を弾性モデルに入力して弾性応答ベースシア係数 $_dI_{si}$ を得る．$_dR_t$ には最大値を1に基準化した設計用加速度応答スペクトルを用いる．$_dI_{si}$ と $_dR_t$ を用いて動的耐震指標 $_eI_{si}$ を下の6章式(6.2.1)で定める．

$$_eI_{si} = \frac{_dI_{si}}{_dR_t}$$

屋根面ブレースの耐力充足率 K_r^R は，軸組構面が限界変形に達する時点のブレースの弾性応答応力（必要耐力）に対するブレース耐力の比率を下の6章式(6.2.6)より求める．

$$K_r^R = \frac{Q_u^R}{Q_{un}^R} \geq 1.0$$

この方法は既往の耐震診断基準[8.3.1)]における「精算法」に該当し，K_r^R が1より小さな場合には，軸組構面の耐震要素が限界変形に達する以前に屋根面ブレースに損傷が生じることになる．なお3次元モデルによる解析であるため屋根面ブレースの応力は固定荷重による応力を含む．解析にはSNAP ver.6[8.3.3)]を使用する．

(5) 補強前体育館の耐震診断

補強前体育館の弾性モデルの固有値解析を実施して得た支配的モードを図8.3.6に示す．一般に，既存の鋼構造体育館においてはラーメン構造の梁間方向とブレース構造の桁行方向で固有周期が極

端に異なり，屋根面も剛床ではなく面内の変形を生じる．梁間方向の支配的モードは1次モードで有効質量比が93%，桁行方向は4次モードで有効質量比86%である．

静的増分解析には，梁間方向は1次，桁行方向は4次モードに比例する地震荷重を使用する．軸組構面の限界変形を表8.3.5に示す．桁行方向はブレースの接合部耐力，梁間方向は妻壁面における層間変形角1/100で限界変形が決まるが，共に弾性範囲の変形である．

同じ表8.3.5に動的解析で定めた動的耐震指標，屋根面ブレースの耐力充足率を示す．一般に既存体育館の梁間方向ラーメン架構は剛性が低く [8.3.3)]，動的耐震指標 $_dI_{si}$ は表8.3.3の耐震性指標 I_{si} と比較すると大幅に低い．これは既往の耐震性指標が塑性崩壊メカニズム形成時の保有水平耐力に基づき計算されており，応答変形を無視しているためである．ここでは限界変形を1/150radとしているが，崩壊メカニズムを形成する層間変形角は妻面架構でも 1/30rad を大きく超える．屋根面ブレースの耐力充足率 K_r^R は 1.0 を超えているが，これは鉛直ブレース降伏により屋根面への応答が低減されているためであり，鉛直ブレースを補強することにより耐力が不足することが予想される．

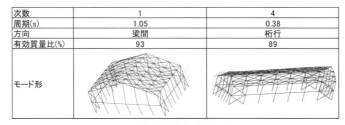

次数	1	4
周期(s)	1.05	0.38
方向	梁間	桁行
有効質量比(%)	93	89
モード形		

図 8.3.6 補強前体育館の振動特性

表 8.3.5 補強前体育館の限界変形と耐震性指標等

方向		桁行		梁間	
部位		軸組構面		妻壁	中間
層		1	2	1	1
層高さ mm		3200	3200	6400	6400
限界層間変形角 rad		0.0027	0.0031	0.0067	0.032
限界入力地震動倍率	El-centroNS	0.25		0.18	
	TaftEW	0.25		0.18	
	HachinoheEW	0.25		0.16	
	3波平均	0.25		0.17	
$_dI_{si}$		0.44	0.44	0.17	
$_dR_t$		1.00		0.82	
$_eI_{si}$		0.44	0.44	0.20	
K_r^R		1.06		1.51	

(6) 耐震改修（強度型）

軸組構面にJIS建築用ターンバックルブレース [8.3.4)] を増設する補強案を図8.3.7に示す．既存ブレースは撤去する．屋根面ブレースも軸組構面のブレース耐力に見合う強度を有する断面に交換する．

図8.3.8に固有振動解析結果を示す．梁間方向の支配的なモードは1次モードであるが，妻壁のブレース補強により周期は大幅に短くなっている．桁行方向の支配的なモードは2次である．

静的増分解析結果を図8.3.9に示す．グラフの縦軸 C_i は層のせん断力係数，横軸は層間変形角である．限界変形と動的耐震指標，屋根面ブレースの耐力充足率を表8.3.6に示す．

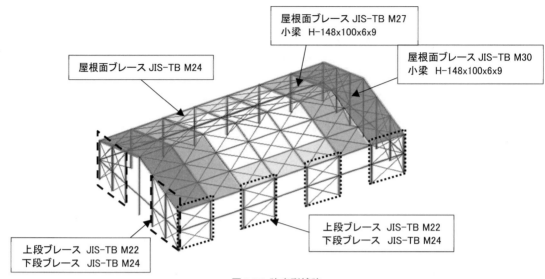

図 8.3.7 強度型補強

次数	1	3
周期(s)	0.40	0.32
方向	梁間	桁行
有効質量比(%)	79	81
モード形	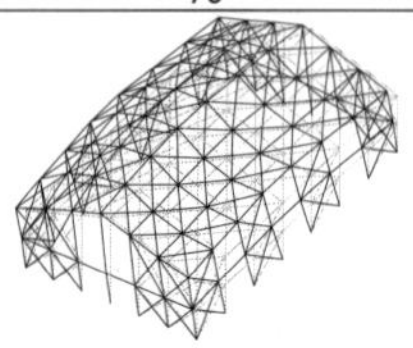	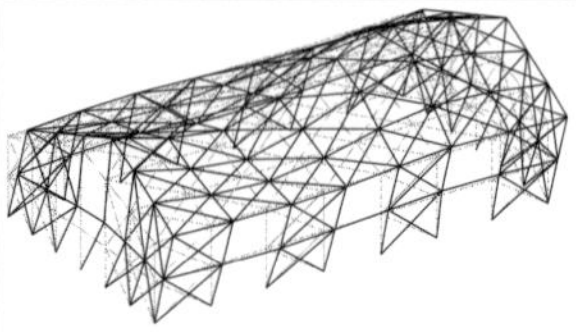

図 8.3.8 強度型補強を施した体育館の振動特性

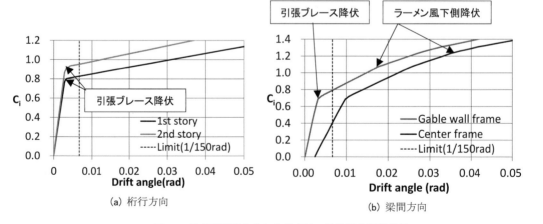

(a) 桁行方向　　(b) 梁間方向

図 8.3.9 強度型補強を施した体育館の静的増分解析結果

表 8.3.6 強度型補強を施した体育館の限界変形と耐震性指標等

方向		桁行		梁間	
部位		軸組構面		妻壁	中間
層		1	2	1	1
層高さ	mm	3200	3200	6400	6400
限界層間変形角	rad	0.0067	0.0067	0.0067	0.034
限界入力地震動倍率	El-centroNS	0.70		0.80	
	TaftEW	0.80		0.90	
	HachinoheEW	0.85		0.95	
	3波平均	0.78		0.88	
$_dI_{si}$		1.12	1.12	1.37	
$_dR_t$		1.00		1.00	
$_eI_{si}$		1.12	1.12	1.37	
K_r^R		1.15		1.12	

(7) 耐震改修（靱性型）

軸組構面に弾塑性ダンパー（座屈拘束ブレース）を増設する補強案を図 8.3.10 に示す．既存軸組ブレースは撤去する．屋根面の補強が強度型と比較して軽微となるが，軸組構面の耐力が強度型補強より低く，屋根面への応答が低減されるためである．

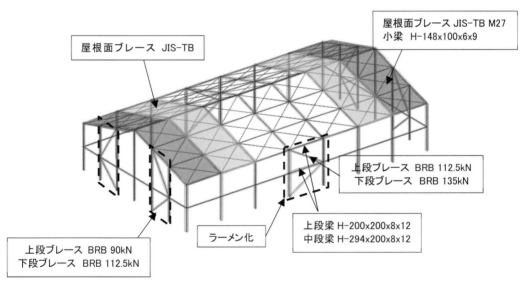

図 8.3.10 靱性型補強

靱性型ブレースの概要を図 8.3.11 に示す．心材には低降伏点鋼（σ_y=225N/mm^2）を用いる．ブレースは全長約 6m と長いため，座屈拘束部と鋼管を直列に接合したブレースを用いる．断面積の大きな鋼管と直列にすることで部材を軽量化し施工を容易にすることができるが，全体座屈に対する検定が通常の座屈拘束ブレースと異なる点に留意する（文献 8.3.6)）．塑性化部以外はすべて鋼管断面を有すると仮定し，弾性剛性の有効断面積 A_e を式(8.3.1)で算定する．

$$A_e = \cfrac{1}{\cfrac{\alpha}{A_y} + \cfrac{1-\alpha}{A_{pipe}}} \tag{8.3.1}$$

A_yは心材塑性化部の断面積，αはブレース全長に対する塑性化部長さ比（0.25 とする），A_{pipe}は鋼管の断面積である．

桁行方向に関しては並列に弾性剛性を与える要素がなく残留変形が生じやすいため，靭性型ブレースを組み込む構面をラーメン構造とする．

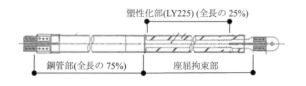

図 8.3.11 靭性型（座屈拘束）ブレース概要[8.3.6]

図 8.3.12 に方向別に支配的な固有振動モードを示す．図 8.3.13 に静的増分解析結果を示す．桁行方向に増設したラーメンは層間変形角約 0.017rad で柱が弱軸まわりに曲げ降伏するが，限界変形を大きく越えているため問題はない．限界変形と動的耐震指標，屋根面ブレースの耐力充足率を表 8.3.7 に示す．強度型補強に比べ断面サイズが小さいにも関わらず，耐力充足率 K_r^R は 1.56 とより余裕のある値となっている．

次数	1	3
周期(s)	0.42	0.35
方向	梁間	桁行
有効質量比(%)	77	83
モード形	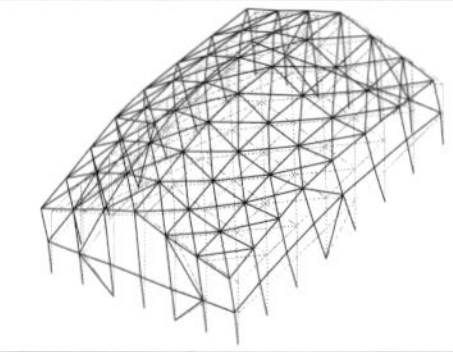	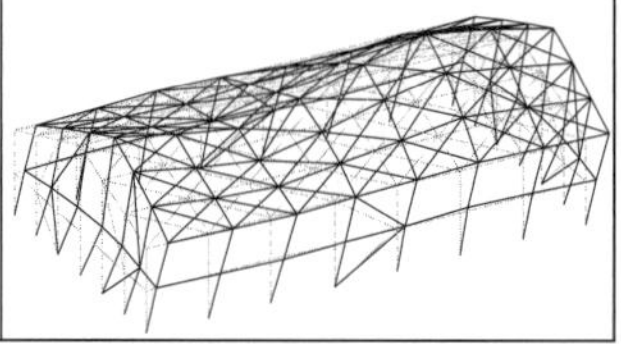

図 8.3.12 靭性型補強を施した体育館の振動特性

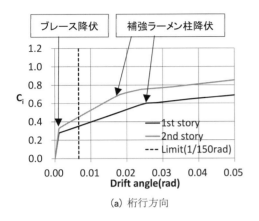
(a) 桁行方向

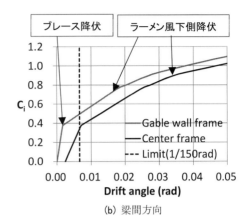
(b) 梁間方向

図 8.3.13 靭性型補強体育館の静的増分解析結果

表 8.3.7 靭性型補強体育館の限界変形と耐震性指標等

方向		桁行		梁間	
部位		軸組構面		妻壁	中間
層		1	2	1	1
層高さ	mm	3200	3200	6400	6400
限界層間変形角	rad	0.0067	0.0067	0.0067	0.031
限界入力地震動倍率	El-centroNS	0.80		0.80	
	TaftEW	0.70		0.90	
	HachinoheEW	0.85		0.95	
	3波平均	0.78		0.88	
$_d I_{si}$		1.29	1.29	1.31	
$_d R_t$		1.00		1.00	
$_e I_{si}$		1.29	1.29	1.31	
K_r^R		1.56		1.25	

表 8.3.8 に,限界入力地震動に対する屋根面の応答加速度を示す.靭性型補強を施した体育館の屋根面応答加速度は強度型補強の半分程度であり,天井や照明設備の応答加速度も大幅に低減される.

このように靭性型補強は鉛直ブレース構面を減らせる上に屋根応答を低減できる優れた補強方法であるが,一方で部材がやや太く重くなる傾向があり,接合ディテールや施工に工夫が必要である.補強設計の際には靭性型,強度型双方の得失を勘案し総合的に計画を進める必要がある.

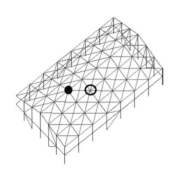

表 8.3.8 屋根面の応答加速度

地震動位相	方向	強度型補強		靭性型補強	
		加力方向	鉛直方向	加力方向	鉛直方向
		G	G	G	G
El-centroNS	桁行(●)	1.6	1.1	0.8	0.8
TaftEW		2.0	1.5	0.7	0.8
HachinoheEW		2.4	0.9	0.8	0.7
El-centroNS	梁間(○)	1.7	1.1	1.2	1.0
TaftEW		1.6	2.0	1.1	0.8
HachinoheEW		2.0	2.0	1.3	0.9

参 考 文 献

8.3.1) 文部科学省大臣官房文教施設企画部：屋内運動場等の耐震性能診断基準（平成 18 年版　平成 22 年 10 月一部変更），平成 22 年

8.3.2) 建築物の構造関係技術基準解説書編集委員会：2015 年版建築物の構造関係技術基準解説書，2015.7

8.3.3) 中澤祥二・柳澤利昌・加藤史郎：Pushover 解析に基づく鋼構造体育館の動的靭性指標の評価，日本建築学会構造系論文集　第 78 巻　第 683 号，pp.111-118，2013.1

8.3.4) 株式会社構造システム：SNAPver.6 テクニカルマニュアル，2012

8.3.5) 日本鋼構造協会：建築用ターンバックル筋かい設計施工指針・同解説，JSS IV 01-2005，2005.4

8.3.6) 竹内　徹・近藤佑樹・西本晃治・松井良太：鋼管直列型座屈拘束ブレースの履歴安定条件，日本建築学会構造系論文集，No.663, pp.989-996, 2011.5

付　　　録

付　録

　本指針には，以下の付録 A～E が付されている．ここでは，それぞれの概要と本文との関係を概説する．

　　付録 A　終局設計用雪荷重の荷重係数について
　　付録 B　線形座屈荷重の算定式の例
　　付録 C　弾性座屈荷重低減係数（形状初期不整，偏載荷重，接合部剛性）
　　付録 D　ラチスシェルの全体座屈を考慮した部材の有効座屈長さと短期許容圧縮応力度
　　付録 E　単層ラチスシェルの降伏荷重（塑性荷重）

付録 A
　「3.4 節　荷重」中で提案されている終局設計用雪荷重の大きさと，本会が発表している 4 指針類が採用している終局設計あるいは終局限界状態に対する設計に用いられる荷重の大きさとを一般地域について比較している．本指針の荷重係数の値が，本会の他の指針や AISC 等による値に比べてほぼ同程度であることを示している．

付録 B
　「4.1 節　基本事項」，「4.4 節　終局設計用荷重に対する座屈耐力の検定」で参照されているように付録 B には，連続体シェル理論による線形座屈解析方法の概略と基本的な形状，網目配置のラチスシェルの線形座屈荷重がまとめられている．線形座屈荷重が電卓程度の手計算で得られるという利点があるが，解の適用条件に注意して用いる必要がある．

付録 C
　「4.2 節　座屈耐力検定のための終局設計用荷重と荷重分布」，「4.3 節　座屈耐力算定の基本」，「4.4 節　終局設計用荷重に対する座屈耐力の検定」で参照されている．付録 C では，弾性座屈荷重を算定するための弾性座屈荷重低減係数について解説している．ラチスシェルの線形座屈荷重に対する弾性座屈荷重の比で定義される弾性座屈荷重低減係数の近似式・近似値を種々の形状，境界条件ごとにまとめている．弾性座屈荷重低減係数は形状初期不整，接合部の半剛接性，荷重の偏載度の項の積で表される．

付録 D

「3.3 節　許容応力度」における許容圧縮応力度から，ラチスシェルの正規化細長比で表示した式を誘導している．あわせて，「4.3 節　座屈耐力算定の基本」で参照されている終局用設計荷重に対するラチスシェルの部材の終局圧縮強度について解説している．

付録 E

「4.1 節　基本事項」，「4.3 節　座屈耐力算定の基本」，「4.4 節　終局設計用荷重に対する座屈耐力の検定」で付録 E は参照されている．弾塑性座屈荷重を算定するときに援用する降伏荷重（塑性荷重）を定義し，球形ラチスドーム，円筒ラチスシェルについて，降伏荷重の近似式の例を示し，固定荷重と地震荷重が作用するラチスシェルの降伏荷重（塑性荷重）の算定式を提案している．

付録A 終局設計用雪荷重の荷重係数について

A.1 概　　要

本指針の終局設計用雪荷重を，以下に示す本会の指針等の荷重と比較し，本指針で示す終局設計用雪荷重の適切性を示す．

1) 1970 年版　鋼構造塑性設計規準案・同解説
2) 2010 年版　鋼構造塑性設計指針
3) 1990 年版　鋼構造限界状態設計規準（案）・同解説
4) 1998，2010 年版　鋼構造限界状態設計指針・同解説

A.2 荷重，荷重係数等の比較

終局設計に用いる再現期間 475 年を基準とする基本値に荷重係数 1.6 を乗じて得られる終局設計用荷重の大きさと上記の各指針等との相対比較を行う．ただし，以下に仮定する積雪深は屋根面における値とする．具体的には，上記の指針等が採用している終局設計あるいは終局限界状態に対する設計に用いる荷重の大きさを比較する．この荷重の大きさは，各指針等が定める固定荷重と雪荷重の組合せを考慮した値である．さらに，シェル等の座屈設計で慣用的に用いられてきた単一荷重係数[付A.1), 付A.2), 付A.3)]との比較のために，（固定荷重＋単位体積積雪重量 $3.0\mathrm{kN/m^3}$ で算定する 43 年再現期間期待値の雪荷重）を基準とした単一荷重係数 γ_n を示す．ただし，43 年再現期間の積雪深 d_0(単位は m)として，一般地域を想定し 0.30m と 0.45m とする．また，各指針等で採用している弾性座屈に対する部分係数（付表 A.2.1 の係数 b）を考慮し，弾性座屈に対する単一荷重係数も比較する．異なる再現期間期待値の積雪深は，2015 年版荷重指針による一般地域に対する換算係数式（2015 建築物荷重指針・同解説　付 5.3.4b）$k_{Rs} = 0.08 + 0.20\ln(r)$ で換算し，再現期間 r に対する積雪深は $d_{(r)} = k_{Rs} \cdot d_{(100)}$ で算定した．ここで，$d_{(100)}$ は 100 年再現期間期待値とする．なお，D は固定荷重，S は雪荷重とし，積載荷重 P は考慮しない．

(1) 1970 年版　鋼構造塑性設計規準案・同解説

$1.2D+2.1(P+S)$ と $1.4(D+P+S)$ のうち，不利なものを L とする．ただし，単位積雪重量 ρ_s は $2.0\mathrm{kN/m^3}$ とし，S は 50 年再現期間期待値 $S = \rho_s d_{(50)}$ とする．すなわち，

$$L = \mathrm{Max}(1.2D + 2.1S, 1.4(D+S)); \quad \gamma_n = \mathrm{Max}\left(\frac{1.2D+2.1S}{D+S_0}, \frac{1.4(D+S)}{D+S_0}\right) \quad \text{(付 A.2.1)}$$

ここに，$S_0 = 3.0\mathrm{kN/m^3} \times d_0$．

(2) 2010 年版　鋼構造塑性設計指針

$1.65(D+P+S)$．ただし，単位積雪重量 ρ_s は $2.0\mathrm{kN/m^3}$ とし，S は 50 年再現期間期待値 $S = \rho_s d_{(50)}$ とする．

$$L = 1.65(D+S_0); \quad \gamma_n = \frac{1.65(D+S)}{D+S_0}$$ (付 A.2.2)

ここに，$S_0 = 3.0\text{kN/m}^3 \times d_0$．

(3) 1990 年版　鋼構造限界状態設計規準（案）・同解説

$1.1D+1.6S+0.6P$．ただし，単位積雪重量ρ_sは，3.0kN/m^3とし，Sは 50 年再現期間期待値$S=\rho_s d_{(50)}$とする．耐力係数は$\phi_0 = 0.90$とする．信頼性指標は 2.0 とされている．

$$L = \frac{1.1D+1.6S}{\phi_0}; \quad \gamma_n = \frac{1.1D+1.6S}{(D+S_0)\phi_0}$$ (付 A.2.3)

ここに，$S_0 = 3.0\text{kN/m}^3 \times d_0$．

(4) 1998，2010 年版　鋼構造限界状態設計指針・同解説

$1.1D+1.4S+0.6P$．ただし，単位積雪重量は$\rho_s = 0.72\sqrt{d_{(100)}} + 2.23$ kN/m^3とし，Sは 100 年再現期間期待値$S=\rho_s d_{(100)}$とする．耐力係数は$\phi_0 = 0.90$とする．信頼性指標は 2.0 とされている．

$$L = \frac{1.1D+1.4S}{\phi_0}; \quad \gamma_n = \frac{1.1D+1.4S}{(D+S_0)\phi_0}$$ (付 A.2.4)

ここに，$S_0 = 3.0\text{kN/m}^3 \times d_0$．

(5) 本指針

$D + \gamma_s S$；$\gamma_s = 1.4, 1.6, 1.8, 2.0$．ただし，単位積雪重量は，2015 年版建築物荷重指針を参照して$\rho_s = 0.72\sqrt{d_{(475)}} + 2.32$ kN/m^3とし，Sは，再現期間期待値$d_{(475)}$を用い$\rho_s d_{(475)}$とする．

$$\gamma_n = \frac{D+\gamma_s S}{(D+S_0)}$$ (付 A.2.5)

なお，$S_0 = 3.0\text{kN/m}^3 \times d_0$．

付表 A.2.1 と付表 A.2.2 に，43 年再現期待値（積雪深）d_0が 0.30m および 0.45m を例にとり，固定荷重Dが0.95kN/m^2と1.20kN/m^2の場合について，各指針等における終局設計用雪荷重の換算値Lおよび荷重係数γ_n等を示す．固定荷重$D=0.95\text{kN/m}^2$の場合には，他の指針等に対応する荷重係数γ_nと荷重の換算値Lは本指針の$\gamma_s = 1.4$に概略対応する．固定荷重$D=1.2\text{kN/m}^2$の場合にも，$d_0 = 0.30\text{m}$，$d_0 = 0.45\text{m}$ともに，$\gamma_s = 1.4$程度に対応する．つまり，この例では，概ね$\gamma_s = 1.4$の値が他の指針の荷重の大きさに対応する．

これら本会の 4 種の指針等の設計荷重を基本とし，以下の条件を勘案して定める．

1) ラチスシェルの設計指針も 4 種の指針等の荷重と大きく異なることなく，また，これらを下回らないように定める．
2) ラチスシェルでは，座屈後の応力再配分の効果は少ないと考えられるので，また，本指針ではラチスシェルの座屈の検定にあたり終局強度算定を軸力のみで近似的に行っているので，$\gamma_s = 1.4$よりやや大きめの値を採用する，
3) IASS の設計指針[付A.1)]では，座屈が起こらないとした場合の降伏荷重に対する荷重係数は，公称荷重の和に対して単一荷重係数γ_nを採用し，$\gamma_n = 1.75$としている．

本指針では，$\gamma_s = 1.6$ を用いて算定した4例の γ_n の値は，1.67，1.86，1.59，1.78 であり，その平均が 1.73 と概ね 1.75 に近い．なお，ラチスシェルの信頼性解析の既往の研究[付A.2), 付A.3)]は，ほとんどない．

表内の（ ）の数字は，本指針の荷重係数 $\gamma_s = 1.6$ を用いて積雪時の座屈耐力が確認されたとき，固定荷重のみが作用した場合の座屈耐力の固定荷重に対する倍率 L/D を示す．終局用雪荷重に対して安全に設計されたものは，本例題では，2.7～4.5 倍程度の固定荷重に耐えることとなる．

弾性領域における部材座屈の断面設計では，各指針は，付表 A.2.1 に示す部分安全率 b の値を採用している．たとえば，本会の塑性設計指針は 1.3，鋼構造限界状態設計指針では 1.2 としている．付表 A.2.1 と付表 A.2.2 の荷重係数 γ_n にさらに弾性座屈に対する部分安全率を考慮して断面算定される．そこで，弾性範囲の座屈に対する荷重係数を示すため，表中の [ ] 内の数字は，γ_n を b 倍した値 $b\gamma_n$ を示している．荷重係数 $\gamma_s = 1.6$，部分安全率 $b = 13/9$ を採用する本指針では，ここで示す4例の $b\gamma_n$ の値は 2.30，2.41，2.57，2.69 であり，その平均は 2.49 となる．他の指針等の値 1.3～1.9 よりもやや大きめの値となっており，平均的には弾性座屈範囲に関しては 1990 年版鋼構造限界状態設計規準案の 1.91 の約 1.3 倍の荷重係数となっている．

付表 A.2.1 終局設計に用いる荷重 L 等の比較(kN/m²) ; $D=0.95$kN/m² の場合

	$d_0=0.30$m				$d_0=0.45$m			
γ_s	1.4	**1.6**	1.8	2.0	1.4	**1.6**	1.8	2.0
L	**2.82**	**3.09**	3.35	3.62	**3.86**	**4.28**	4.70	5.11
γ_n	1.52	**1.67**	1.81	1.96	1.68	**1.86**	2.04	2.22
$b\gamma_n$		[2.41]				[2.69]		
L/D	(2.97)	**(3.25)**	(3.53)	(3.81)	(4.06)	**(4.51)**	(4.95)	5.38
	1970 年版鋼構造塑性設計規準案 $L=2.45, \gamma_n=1.32, [b\gamma_n=1.32], (L/D=2.58)$				$L=3.11, \gamma_n=1.35, [b\gamma_n=1.35], (L/D=3.27)$			
	2010 年版鋼構造塑性設計指針 $L=2.60, \gamma_n=1.41, [b\gamma_n=1.83], (L/D=2.74)$				$L=3.11, \gamma_n=1.35, [b\gamma_n=1.76], (L/D=3.27)$			
	1990 年版鋼構造限界状態設計規準案 $L/\phi_0=\textbf{2.83}, \gamma_n=\textbf{1.53}, [b\gamma_n=1.84], (L/D=2.98)$				$L/\phi_0=\textbf{3.66}, \gamma_n=\textbf{1.59}, [b\gamma_n=1.91], (L/D=3.85)$			
	1998 年版鋼構造限界状態設計指針 $L/\phi_0=2.65, \gamma_n=1.43, [b\gamma_n=1.72], (L/D=2.79)$				$L/\phi_0=3.48, \gamma_n=1.51, [b\gamma_n=1.81], (L/D=3.66)$			

$\gamma_n = L/(D + 3.0\text{kN/m}^3 \times d_0)$ は荷重を単一荷重係数に換算した値であり，積雪深 d_0 は 43 年再現期待値，密度は 3kN/m³ を準用．[ ] 内の数字は弾性座屈に対する単一荷重係数 $b \times \gamma_n$，ただし係数 b は弾性領域における座屈に対する部分安全率であり，鋼構造塑性設計規準案では $b=1.0$，鋼構造塑性設計指針では $b=1.3$，鋼構造限界状態設計規準案と鋼構造限界状態設計指針では $b=1.2$，本指針では $b=13/9$．（ ）内の数字は L の固定荷重に対する比 L/D.

付表 A.2.2　終局設計に用いる荷重 L 等の比較(kN/m^2) ; $D=1.20 kN/m^2$ の場合

	D_0=0.30m				d_0=0.45m			
γ_s	1.4	**1.6**	1.8	2.0	1.4	**1.6**	1.8	2.0
L	**3.07**	**3.34**	3.60	3.87	**4.11**	**4.53**	4.95	5.36
γ_n	1.46	**1.59**	1.71	1.84	1.61	**1.78**	1.94	2.10
$b\gamma_n$		**[2.30]**				**[2.57]**		
L/D	(2.56)	**(2.78)**	(3.00)	(3.22)	(3.42)	**(3.78)**	(4.12)	(4.47)
	1970年版鋼構造塑性設計規準案							
	L=2.75, γ_n=1.31, $[b\gamma_n$=1.31], (L/D=2.29)				L=3.41, γ_n=1.33, $[b\gamma_n$=1.33], (L/D=2.84)			
	2010年版鋼構造塑性設計指針							
	L=3.01, γ_n=1.43, $[b\gamma_n$=1.86], (L/D=2.51)				L=3.52, γ_n=1.38, $[b\gamma_n$=1.79], (L/D=2.93)			
	1990年版鋼構造限界状態設計規準案							
	L/ϕ_0=**3.13**, γ_n=**1.49**, $[b\gamma_n$=1.79], (L/D=2.61)				L/ϕ_0=**3.96**, γ_n=**1.56**, $[b\gamma_n$=1.87], (L/D=3.30)			
	1998年版鋼構造限界状態設計指針							
	L/ϕ_0=2.96, γ_n=1.41, $[b\gamma_n$=1.69], (L/D=2.47)				L/ϕ_0=3.78, γ_n=1.48, $[b\gamma_n$=1.78], (L/D=3.15)			

　既往の諸外国の鋼構造の規準では，ラチスシェルに座屈が生ずる場合について具体的な荷重係数等を提示したものはほとんど見当たらないが，唯一，中国指針[付A.4)]では，荷重係数 γ_n を 1.64 とした上，座屈にともなう不確実性を考慮するための係数 1.2 を採用し，初期不整を考慮した弾塑性座屈解析を前提として，安全係数 K=1.64×1.2=2.0 を採用している．単層ラチスシェルについて弾性座屈解析により耐力を検討する場合には，安全係数 K=4.2 を定めている．一方，指針ではないが，IASS の RC シェル規準[付A.6)]の座屈安全に関する基本的方法を提示した Dulacska & Kollar[付A.1)]は，鋼構造のラチスシェルに関して，座屈の生じない場合に荷重係数 1.75 を，座屈後不安定となる弾性座屈に関しては弾性座屈に対する部分安全率 2.50/1.75＝1.43 を提案し，弾性座屈で耐力が定まる場合の荷重係数として 2.50 を提案している．前述したように，付表の4例の平均が 2.49 であり，この値は Dulacska & Kollar の提示する値にほぼ近い．AISC の鋼構造 LRFD 指針[付A.5)] 等の荷重係数の比較が，耐力係数，弾性座屈に対する部分係数も含め，文献付 A.6)に示されているが，AISC の LRFD 指針では弾性座屈により耐力が決まる場合の荷重係数は，ほぼ 2.0 程度となっている．

　本指針では，弾性座屈により耐力を検討する場合，弾性座屈に関する部分係数として 13/9 を用いており，荷重係数 γ_s =1.6 を用いると，付表 A.2.1 と付表 A.2.2 の範囲では，対応する弾性座屈に対する荷重係数は，前述にように平均で 2.49 となる．AISC の 2.0 よりも大きめの値，中国指針の 4.2 よりやや低めの値となっている．

　本指針では上記のように，再現期間 475 年を基準として荷重の基本値を定め，この値に荷重係数 1.6 を乗じて終局設計用荷重の大きさとしたが，設計者は発注者等と協議し，十分な意思疎通を行った上でこれを適切に定める必要がある．さらに，多雪地域，また，屋根上に堆積した状態での降雨等や屋根形状の影響等については，3.4.1 節にあるように適切にこれらを考慮して終局設計用荷重の大きさを定める必要がある．

参 考 文 献

付 A.1) IASS W.G.5: Recommendations for Reinforced Concrete Shells and Folded Plates (IASS), 1979.
付 A.2) E. Dulacska, L. Kollar: Buckling Analysis of Reticulated Shells, International Jour. of Space Structures, Vol.15, Nos.3 & 4, pp. 195-203, 2000
付 A.3) S. Kato, T. Yanagisawa, S. Nakazawa: Re-consideration of Global Load Factor in Buckling Load Evaluation for Reticulated Spherical Domes Related to Reliability Index, J. of IASS, Vol.56(2015)Non.3,pp.199-215, 2015
付 A.4) 空間骨格結構技術規定, 2010.07.20, 中国建筑工業出版社, 2010
付 A.5) Load & Resistance Factor Design, AISC, 2005
付 A.6) IASS WG 8: (Draft) Guide to Buckling Load Evaluation of Metal Reticulated Roof Structures, 2014.10

付録B 線形座屈荷重の算定式の例

B.1 概　要

　この付録では，マトリクス法等の数値解析によらず，近似的に線形座屈荷重を算定する方法を紹介する．この算定式は，近似解であることに留意して使用する必要がある．特に，ここで扱う線形座屈荷重の境界条件，荷重条件が設計対象と異なることがほとんどであるので，耐力評価にあたり解析係数γ，あるいは弾性座屈荷重低減係数α_0を安全側となるように配慮が必要である．

B.2 扁平シェルの理論による線形座屈
(1) 扁平シェルの線形座屈の基本式

　ラチスシェルの座屈の研究成果[付B.1], [付B.2]の多くは，シェル理論で得られていることが多い．ここでは，扁平シェル理論に基づいて線形座屈荷重の基礎理論を記述する．なお，記述する基本式はよく知られたものであるが，後述部の理解のため詳細を省き要点を述べる．

(2) 変形後の釣合い式[付B.2]

　曲面は扁平であると仮定し，座標系をX, Y, Zを用いて，次式で形状を表す．

$$z = -\frac{1}{2}\frac{x^2}{R_x} - \frac{xy}{R_{xy}} - \frac{1}{2}\frac{y^2}{R_y} \tag{付B.2.1}$$

　曲面には，荷重γ_x，γ_y，pが作用しているものとする．荷重の作用方向は，それぞれ$\vec{e}_x$, $\vec{e}_y$, $\vec{e}_n$とする．ここで，$\vec{e}_x$と$\vec{e}_y$は曲面の接平面内の基本単位直交ベクトル，$\vec{e}_n$は曲面の法線ベクトルである．

　面内の断面力をN_x，N_y，N_{xy}とし，曲げモーメントをM_x，M_y，M_{xy}とする．ただし，エネルギー評価において，$(N_{xy}+N_{yx})/2 \to N_{xy}$，$(M_{xy}+M_{yx})/2 \to M_{xy}$の操作を経て，$N_{xy}=N_{yx}$および$M_{xy}=M_{yx}$となるように応力・ひずみ関係式を対称化して構成することとする．これらは，単位長さあたりで定義する．

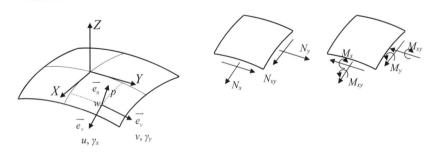

付図B.2.1　シェルの座標系と断面力

面内方向の釣合いは次式で表される．

$$\frac{\partial N_x}{\partial x}+\frac{\partial N_{xy}}{\partial y}+\gamma_x=0,\quad \frac{\partial N_{xy}}{\partial x}+\frac{\partial N_y}{\partial y}+\gamma_y=0 \tag{付 B.2.2}$$

面外方向（法線）の釣合いは次式で表される．

$$\frac{\partial^2 M_x}{\partial x^2}+2\frac{\partial^2 M_{xy}}{\partial x\partial y}+\frac{\partial^2 M_y}{\partial y^2}-\frac{N_x}{R_x}-2\frac{N_{xy}}{R_{xy}}-\frac{N_y}{R_y}$$
$$+\frac{\partial}{\partial x}(N_x\frac{\partial w}{\partial x})+\frac{\partial}{\partial y}(N_{xy}\frac{\partial w}{\partial x})+\frac{\partial}{\partial x}(N_{xy}\frac{\partial w}{\partial y})+\frac{\partial}{\partial y}(N_y\frac{\partial w}{\partial y})+p=0 \tag{付 B.2.3}$$

(3) 応力・ひずみ関係式

応力とひずみは，直交異方性を仮定し，次式で表す．

$$N_x=K_x(\varepsilon_x+\nu_{xy}\varepsilon_y);\ N_y=K_y(\varepsilon_y+\nu_{yx}\varepsilon_x);\ N_{xy}=K_{xy}\gamma;$$
$$M_x=D_x(\kappa_x+\nu_{Bxy}\kappa_y);\ M_y=D_y(\kappa_y+\nu_{Byx}\kappa_x);\ M_{xy}=M_{yx}=D_{xy}\kappa_{xy};\ \nu^2=\nu_{xy}\nu_{yx} \tag{付 B.2.4}$$

面内ひずみと曲げひずみは，それぞれ式(付 B.2.5)と式(付 B.2.6)で近似する．
面内ひずみ；

$$\varepsilon_x=\frac{\partial u}{\partial x}+\frac{w}{R_x}+\frac{1}{2}\left(\frac{\partial w}{\partial x}\right)^2,\quad \varepsilon_y=\frac{\partial v}{\partial y}+\frac{w}{R_y}+\frac{1}{2}\left(\frac{\partial w}{\partial y}\right)^2$$
$$\gamma=\frac{\partial v}{\partial x}+\frac{\partial u}{\partial y}+\frac{2w}{R_{xy}}+\frac{\partial w}{\partial x}\frac{\partial w}{\partial y} \tag{付 B.2.5}$$

曲げひずみ；

$$\kappa_x=-\frac{\partial^2 w}{\partial x^2},\quad \kappa_y=-\frac{\partial^2 w}{\partial y^2},\quad \kappa_{xy}=-\frac{\partial^2 w}{\partial x\partial y} \tag{付 B.2.6}$$

(4) 線形座屈の基本式

1) 座屈直後の釣合い式 [付B.1),付B.2),注付B.1]

座屈前の変位は極めて微小であり無視できるものとする．また，座屈時の面内力が N_{x0}，N_{y0}，N_{xy0} と得られているものとする．

座屈後の増分変位 u, v, w に関する面内の増分ひずみを次式で近似する．式(付 B.2.5)，式(付 B.2.6) と同じ記号を用いるが，以下の式は座屈後の増分ひずみを表す．

$$\varepsilon_x=\frac{\partial u}{\partial x}+\frac{w}{R_x},\quad \varepsilon_y=\frac{\partial v}{\partial y}+\frac{w}{R_y},\quad \gamma=\frac{\partial v}{\partial x}+\frac{\partial u}{\partial y}+\frac{2w}{R_{xy}} \tag{付 B.2.7}$$

増分後の釣合い式はオイラー法[付B.4),注付B.1]から容易に得られる．ただし，座屈時の増分荷重 $\delta\gamma_x$，$\delta\gamma_y$，δp は，いずれも 0 である．式(付 B.2.2)，式(付 B.2.3)に対応して得られた 3 個の式のうち，接平面 2 方向の釣合い式は，形式上，式(付 B.2.2)と同じ形になり，この式はエアリーの応力関数 F で満たされる．式(付 B.2.7)の 3 個のひずみの間に成立するひずみの適合条件[付B.5]は，F と w を用い

ると，次式で表される．

$$\frac{1}{K_x(1-\nu^2)}\frac{\partial^4 F}{\partial y^4}+\frac{1}{K_y(1-\nu^2)}\frac{\partial^4 F}{\partial x^4}-\frac{2\nu_{yx}}{K_x(1-\nu^2)}\frac{\partial^4 F}{\partial x^2\partial y^2}+\frac{1}{K_{xy}}\frac{\partial^4 F}{\partial x^2\partial y^2}$$
$$=\frac{1}{R_x}\frac{\partial^2 w}{\partial y^2}+\frac{1}{R_y}\frac{\partial^2 w}{\partial x^2}-\frac{2}{R_{xy}}\frac{\partial^2 w}{\partial x\partial y}$$
(付 B.2.8)

一方，座屈直後の法線方向の釣合い式は，座屈時の面内力 N_{x0}，N_{y0}，N_{xy0} と F を用いると次式(付B.2.9)に変換される．ただし，N_{x0}，N_{y0}，N_{xy0} は式(付 B.2.10)を満たすものとする．

法線方向の釣合い式；

$$D_x\frac{\partial^4 w}{\partial x^4}+(2D_{xy}+2D_x\nu_{Bxy})\frac{\partial^4 w}{\partial x^2\partial^2}+D_y\frac{\partial^4 w}{\partial y^4}+\frac{1}{R_x}\frac{\partial^2 F}{\partial y^2}+\frac{1}{R_y}\frac{\partial^2 F}{\partial x^2}-\frac{2}{R_{xy}}\frac{\partial^2 F}{\partial x\partial y}$$
$$-N_{x0}\frac{\partial^2 w}{\partial x^2}-N_{yo}\frac{\partial^2 w}{\partial y^2}-2N_{xy0}\frac{\partial^2 w}{\partial x\partial y}=0$$
(付 B.2.9)

座屈（直前）時の面内力の釣合い式；

$$\frac{\partial N_{x0}}{\partial x}+\frac{\partial N_{xy0}}{\partial y}+\gamma_{x0}=0,\quad \frac{\partial N_{xy0}}{\partial x}+\frac{\partial N_{y0}}{\partial y}+\gamma_{y0}=0,\quad -\frac{N_{x0}}{R_x}-2\frac{N_{xy0}}{R_{xy}}-\frac{N_{y0}}{R_y}+p_0=0 \quad \text{(付 B.2.10)}$$

ただし，座屈（直前）時の荷重 γ_{x0}，γ_{y0}，p_0 とする．

2) 単純支持境界に対する解の仮定

解の簡易化のため矩形平面を想定する．$x=0$，ℓ_x と $y=0$，ℓ_y の辺で単純支持されている場合には，次の解が仮定できる．あるいは，境界から離れた位置における座屈にも近似的に適用できる．

$$F=F_0\sin(\frac{n\pi x}{\ell_x})\sin(\frac{m\pi y}{\ell_y})\,;\quad w=w_0\sin(\frac{n\pi x}{\ell_x})\sin(\frac{m\pi y}{\ell_y}) \tag{付 B.2.11}$$

ここで，変数 n_x と m_y を導入する．

$$n_x=\frac{n\pi}{\ell_x},\quad m_y=\frac{m\pi}{\ell_y} \tag{付 B.2.12}$$

3) 線形座屈荷重の解

式(付 B.2.8)と式(付 B.2.9)の解は，式(付 B2.13)となる．式(付 B2.13)を特定の荷重を受ける各種のラチスシェルに応用すると，座屈算定に有用な式が得られる．B.3 以降に，各種のラチスシェルに対して求めた具体的な線形座屈荷重の算定式を述べる．ただし，$1/R_{xy}=0$，$N_{xy0}=0$ の場合に限定する．

$$(-N_{x0})\left(\frac{n\pi}{\ell_x}\right)^2 + (-N_{y0})\left(\frac{m\pi}{\ell_y}\right)^2 = D_x\left(\frac{n\pi}{\ell_x}\right)^4 + (2D_{xy} + 2D_x\nu_{Bxy})\left(\frac{n\pi}{\ell_x}\right)^2\left(\frac{m\pi}{\ell_y}\right)^2 + D_y\left(\frac{m\pi}{\ell_y}\right)^4$$

$$+ \frac{\left\{\dfrac{1}{R_x}\left(\dfrac{m\pi}{\ell_y}\right)^2 + \dfrac{1}{R_y}\left(\dfrac{n\pi}{\ell_x}\right)^2\right\}^2}{\left\{\dfrac{1}{K_x(1-\nu^2)}\left(\dfrac{m\pi}{\ell_y}\right)^4 + \dfrac{1}{K_y(1-\nu^2)}\left(\dfrac{n\pi}{\ell_x}\right)^4 + \left(\dfrac{1}{K_{xy}} - \dfrac{2\nu_{yx}}{K_x(1-\nu^2)}\right)\left(\dfrac{n\pi}{\ell_x}\cdot\dfrac{m\pi}{\ell_y}\right)^2\right\}}$$

(付 B.2.13)

B.3　等分布荷重を受ける球ラチスドームの線形座屈

(1) 形　　状

球の形状は，次式で表される．

$$R_x = R_y = R , \quad R_{xy} = \infty \tag{付 B.3.1}$$

等方性の材料では，弾性係数は次式で仮定できる．

$$\begin{aligned}&K_x = K_y = K ; \ D_x = D_y = D \\ &\nu_{xy} = \nu_{yx} = \nu ; \ \nu_{Bxy} = \nu_{Byx} = \nu_B\end{aligned} \tag{付 B.3.2}$$

また，等分布荷重を受ける膜応力の座屈時の近似応力は次式で仮定できる．

$$N_{x0} = N_{y0} = \frac{p_0 R}{2} ; \ N_{xy0} = 0 \tag{付 B.3.3}$$

(2) 線形座屈荷重と座屈波数

座屈時の面内応力は，式(付 B.2.13)から次式で与えられる．

$$(-N_{x0}) = \frac{1}{\{n_x^2 + m_y^2\}}\{Dn_x^4 + Dm_y^4 + (2D_{xy} + 2D\nu_B)n_x^2 m_y^2\}$$

$$+ \frac{\left\{\dfrac{1}{R}m_y^2 + \dfrac{1}{R}n_x^2\right\}^2 \Big/ \{n_x^2 + m_y^2\}}{\dfrac{1}{K(1-\nu^2)}m_y^4 + \dfrac{1}{K(1-\nu^2)}n_x^4 + \left\{\dfrac{1}{K_{xy}} - \dfrac{2\nu}{K(1-\nu^2)}\right\}n_x^2 m_y^2}$$

(付 B.3.4)

右辺第 1 項は曲げ剛性の寄与分，第 2 項は面内剛性の寄与分である．柱のオイラー座屈荷重を求めるのと同様に，一般には，n_x と m_y の値を変化させてその最小値が求められる．この最小値が設計では利用される．式(付 B.3.4)の最小値を近似的に求めるため，ここでは式(付 B.2.12)の n と m が整数ではないが，連続的に変化する実数と仮定し，かつ，次式

$$n_x = m_y \tag{付 B.3.5}$$

の仮定の下，式(付 B.3.4)を下記のように変換する．

$$(-N_{x0}) = \{D + (D_{xy} + Dv_B)\}n_x^2 + \frac{1}{R^2}\frac{1}{\dfrac{1}{2K_{xy}} + \dfrac{1}{K(1+v)}}\frac{1}{n_x^2} \tag{付 B.3.6}$$

上式の最小値は第1項＝第2項(式(付 B.3.20))のときに得られ，最小値と対応する半波の数は次式のように得られる．

$$(-N_{x0})_{min} = \frac{2}{R}\sqrt{\{D + (D_{xy} + Dv_B)\}}\sqrt{\frac{1}{\dfrac{1}{2K_{xy}} + \dfrac{1}{K(1+v)}}} \tag{付 B.3.7}$$

$$n_x = \frac{1}{\left[\left\{\dfrac{1}{2K_{xy}} + \dfrac{1}{K(1+v)}\right\}\{D + (D_{xy} + Dv_B)\}\right]^{1/4}} \tag{付 B.3.8}$$

式(付 B.3.3)を用いると，単位面積あたりの線形座屈荷重 p_{cr}^{lin} （圧縮を正とする）は，次式を通して，

$$(-N_{x0})_{min} = \frac{p_{cr}^{lin} R}{2} \tag{付 B.3.9}$$

以下の式[付 B.5],[付 B.6]のように得られる．

$$p_{cr}^{lin} = \frac{4}{R^2}\sqrt{DK\left(1 + v_B + \frac{D_{xy}}{D}\right)\frac{1}{\dfrac{K}{2K_{xy}} + \dfrac{1}{1+v}}} \tag{付 B.3.10}$$

(3) 正方形網目のラチスシェルの線形座屈荷重

ラチスシェルの網目が正方形と仮定し，負担面積 $\ell_0 \times \ell_0$ （ただし ℓ_0 は，付図 B.3.1 に示す部材長）に作用する1節点あたりの荷重に換算すると，その線形座屈荷重 P_{cr}^{lin} は次式[付 B.1],[付 B.2],[付 B.5],[付 B.6]で計算できる．

$$P_{cr}^{lin} = \frac{4\ell_0^2}{R^2}\sqrt{DK\left(1 + v_B + \frac{D_{xy}}{D}\right)\frac{1}{\dfrac{K}{2K_{xy}} + \dfrac{1}{1+v}}} \tag{付 B.3.11}$$

部材半開角を $\theta_0 = \ell_0/(2R)$ とすると，式(付 B.3.11)の座屈荷重は下記で表される．

$$P_{cr}^{lin} = 16\theta_0^2\sqrt{DK\left(1 + v_B + \frac{D_{xy}}{D}\right)\frac{1}{\dfrac{K}{2K_{xy}} + \dfrac{1}{1+v}}} \tag{付 B.3.12}$$

付図 B.3.2 に示す正方形網目のラチスシェルの場合，線形座屈荷重は，等方性の弾性係数に対応する有効剛性 K, K_{xy}, v, D, D_{xy}, v_B が定まれば，算定できる．付図 B.3.2(a)の正方形網目のラチスシェルの有効剛性 K, K_{xy}, v, D, D_{xy}, v_B は次式で与えられる[付 B.7],[付 B.8],[付 B.9]．

$$K = \frac{E_s A_1}{\ell_0}, \quad \nu_{xy} = \nu_{yx} = \nu = 0, \quad K_{xy} = \frac{6E_s I_z}{\ell_0^3} \tag{付 B.3.13}$$

$$D = \frac{E_s I}{\ell_0}, \quad \nu_{Bxy} = \nu_{Byx} = \nu_B = 0, \quad D_{xy} = \frac{G_s J_0}{\ell_0} \tag{付 B.3.14}$$

ここで，正方形網目を構成するラチス部材の断面積を A，面外曲げに関する断面 2 次モーメントを I，面内曲げに関する断面 2 次モーメントを I_z，弾性係数を E_s，ねじり剛性を $G_s J_0$ とする．

付図 B.3.2(b)に示すようなブレース部材を有する正方形網目の場合の有効剛性 K, K_{xy}, ν, D, D_{xy}, ν_B は，ブレース部材の断面積を A_{BR} とすると次式で与えられる[付 B.7),付 B.8),付 B.9)]．

$$K = \frac{E_s A_1}{\ell_0} + \frac{E_s A_{BR}}{\sqrt{2}\ell_0}, \quad \nu_{xy} = \nu_{yx} = \nu = \frac{E_s A_{BR}}{\sqrt{2}\ell_0}, \quad K_{xy} = \frac{E_s A_{BR}}{\sqrt{2}\ell_0} + \frac{6E_s I_z}{\ell_0^3} \tag{付 B.3.15}$$

$$D = \frac{E_s I}{\ell_0}, \quad \nu_{Bxy} = \nu_{Byx} = \nu_B = 0, \quad D_{xy} = \frac{G_s J_0}{\ell_0} \tag{付 B.3.16}$$

ここで，シェルの曲がりが両方向に等しいような球でなく，網目が$[\ell_0 \times \ell_0]$であるものの 2 方向の曲率が異なる場合（付図 B.3.1）を考える．x 方向と y 方向の部材半開角が異なり，それぞれ θ_{0x} と θ_{0y} とすると，その線形座屈荷重[付 B.5), 付 B.6)]は，近似的に

$$P_{cr}^{lin} = 16\theta_{0ave}^2 \sqrt{DK\left(1+\nu_B+\frac{D_{xy}}{D}\right)\frac{1}{\frac{K}{2K_{xy}}+\frac{1}{1+\nu}}} \quad ; \quad \theta_{0ave} = \sqrt{\theta_{0x}\theta_{0y}} \tag{付 B.3.17}$$

で計算される．ただし，

$$\theta_{0x} = (\ell_0/2)/R_x \quad ; \quad \theta_{0y} = (\ell_0/2)/R_y \tag{付 B.3.18}$$

である．

式(付 B.3.17)は，両方向の曲率がそれほど大きく異ならない場合，線形座屈荷重の近似値として利用できる．

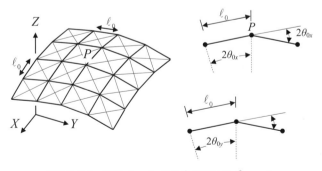

付図 B.3.1 網目 $\ell_0 \times \ell_0$ の場合における θ_{0x}，θ_{0y}

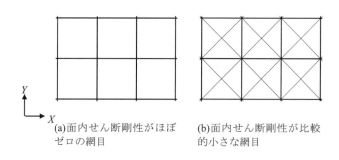

(a)面内せん断剛性がほぼ　　(b)面内せん断剛性が比較
ゼロの網目　　　　　　　　的小さな網目

付図B.3.2　直交格子ラチスシェル

(4) 面内せん断剛性が低いラチスシェルの線形座屈

面内せん断剛性 K_{xy} が伸び剛性 K に比べ小さい場合には，式(付 B.3.10)と式(付 B.3.17)は，次式で近似できる．

$$P_{cr}^{lin} = 16\theta_{0ave}^{2}\sqrt{2DK_{xy}\left(1+\nu_{B}+\frac{D_{xy}}{D}\right)} \quad \text{(付 B.3.19a)}$$

$$p_{cr}^{lin} = \frac{4}{R^2}\sqrt{2DK_{xy}\left(1+\nu_{B}+\frac{D_{xy}}{D}\right)} \quad \text{(付 B.3.19b)}$$

付図 B.3.2 (b)のように，断面の小さなブレースが配置された直交ラチスシェルでは，面内せん断剛性は引張剛性よりも小さいものの，ある程度の剛性が確保できる．この場合には，式(付 B.3.17)，式(付 B.3.19)等が適用できる．一方，付図 B.3.2 (a)のように，ほぼ面内せん断剛性がゼロの場合には適用できない．この主な理由は，$K_{xy}=0$ では，式(付 B.3.8)のひずみの適合条件の物理的拘束が失われるからである．

(5) RS座屈荷重についての付言

文献付 B.10)の RS 座屈荷重の応用に付言する．一般に，殻厚の薄いシェル状の構造では形状初期不整があると弾性座屈荷重が大きく低下する[注 B.2]．RS 座屈荷重の主旨は，弾性座屈時には，式(付 B.3.4)の面内剛性寄与分が座屈モード間のカップルで消失すると判断し，線形座屈荷重を求めた上で，式(付 B.3.4)からその線形座屈荷重における面内剛性寄与分を消去する．消去して得られる残余の部分を RS 座屈荷重とする．式(付 B.3.6)の最小値は，

$$\left\{D+\left(D_{xy}+D\nu_{B}\right)\right\}n_{x}^{2} = \frac{1}{R^2}\frac{1}{\frac{1}{2K_{xy}}+\frac{1}{K(1+\nu)}}\frac{1}{n_{x}^{2}} \quad \text{(付 B.3.20)}$$

の条件のときに得られる．したがって，RS 座屈の考え方を最小の線形座屈荷重（1 次モード）に適用[付 B.2)]すると，面内剛性を消去して得られる RS 座屈荷重 P_{cr}^{*} は，

$$P_{cr}^{*} = \left\{D+\left(D_{xy}+D\nu_{B}\right)\right\}n_{x}^{2} = \frac{1}{R^2}\frac{1}{\frac{1}{2K_{xy}}+\frac{1}{K(1+\nu)}}\frac{1}{n_{x}^{2}} \quad \text{(付 B.3.21)}$$

で得られる．これは，RS 座屈荷重 P_{cr}^* が，線形座屈荷重（FEM では，1 次モードの線形座屈荷重）の 0.5 倍となることを示唆[付B.2]している．この考え方に従うと，初期不整がある程度大きな場合の弾性座屈では，その弾性座屈荷重 $P_{cr(imp)}^{el}$ に関して，FEM 解析等による 1 次モードによる線形座屈荷重 P_{cr}^{lin} との間に次式が仮定できる．

$$\alpha = \frac{P_{cr(imp)}^{el}}{P_{cr}^{lin}} = 0.5 \tag{付 B.3.22}$$

この係数 α は弾性座屈荷重低減係数（弾性座屈荷重の 1 次モードによる線形座屈荷重に対する割合）と呼ばれるものであり，シェルやラチスシェルの弾性座屈荷重の算定にしばしば用いられてきた係数である．RS 座屈荷重の概念に基づくと，式の誘導から理解できるように，ガウス曲率が正（2 方向の曲がりが同じ向き）で，かつ，面内せん断剛性が軸剛性に対して著しく小さくない場合には，RS 座屈荷重による座屈荷重低減係数 α^* は，円筒を除いて 2 次曲面では共通して 0.5 となる．

$$\alpha^* = 0.5 \tag{付 B.3.23}$$

この 0.5 という値は，構造設計上，有用なデータでもあり，付録 C で説明されるように弾性座屈荷重の算定に利用しうる値でもある．

B.4 直交格子単層ラチスドーム（ブレース補剛なし）の線形座屈

(1) 形状，荷重と境界条件

付図 B.4.1，付図 B.4.2 に示す矩形平面をした 2 方向に同符号の曲率を有する推動型の扁平な直交格子単層ラチスドーム[付B.11), 付B.12)]について，ブレースの無い場合の線形座屈荷重を述べる．ドームの幾何表面はアーチ AOB をアーチ COD に沿って Y 軸方向に平行移動することで得られる．曲率半径 R_x, R_y の円弧とし，X 方向と Y 方向の半開角をそれぞれ ϕ_x と ϕ_y とする．なお，これに類する形状であれば，推動型でなくてもよい．

半開角 ϕ_x と ϕ_y は，20〜45° 程度とする．なお，式中では ϕ_x 等の角度の単位は (rad) とする．網目の割付は，解析例題では X および Y 方向ともにアーチの分割数 n を 10 から 18 程度としている．X 方向，Y 方向の部材長は等しく，ℓ_0 とする．また，半開角とアーチの全弧長の関係は次式である．

$$_aL_x = 2R_x\phi_x, \quad _aL_y = 2R_y\phi_y, \quad _aL_x = {_aL_y} = n \cdot \ell_0 \tag{付 B.4.1}$$

部材断面は鋼管とし剛接とする．鋼管のヤング係数は E_S で表す．また，荷重は等分布，境界条件は全周囲でピン支持とする．

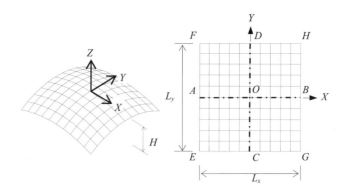

付図 B.4.1　全体形状

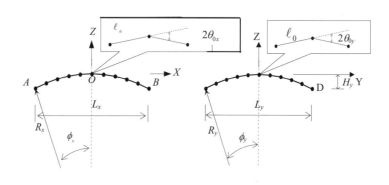

付図 B.4.2　X および Y 方向の曲率等

(2) 線形座屈荷重

面内せん断剛性のきわめて小さな場合には先に述べたように，式(付 B.3.19)はゼロの線形座屈荷重を与え，工学的に有用な設計資料として利用できない．ここでは，シェル理論によるのでなく，パラメトリックな FEM 解析に基づく結果を整理して得られた線形座屈荷重を紹介する．

接合部が剛接として，1節点あたりの線形座屈荷重 P_{cr}^{lin} が次式で得られている[付B.11]．

$$P_{cr(\infty)}^{lin} = C_{reduct} \cdot E_S \cdot A \cdot \frac{\left(\theta_{0x}^2 + \theta_{0y}^2\right)}{\lambda_0^2} \tag{付 B.4.2}$$

式(付 B.4.2)の係数 C_{reduct} は，先に述べたように，部材半開角 θ_{0x}，θ_{0y}，部材細長比 λ_0 を変化させて計算した結果を整理した経験式である．この値は，以下のようにいくつかのパラメータの関数として表示されている．

$$C_{reduct} = \left\{\frac{\alpha}{n+\beta} - 0.45 \cdot \frac{180}{\pi}(\phi_0 - 0.349)\right\}, \quad \alpha = 3660, \quad \beta = 56, \quad \phi_0 = \max(\phi_x, \phi_y) \tag{付 B.4.3}$$

B.5　等分布荷重を受ける3方向部材配置のラチスドームの線形座屈

しばしば使用される球ラチスドームの網目には，付図 B.5.1 に示す2種類がある．矩形の網目（付

図 B.5.1 の右) は平面が矩形の場合，平面が円形や六角形の場合には 3 方向部材配置の網目 (付図 B.5.1 の左) が適用されることが多い．ここでは 3 方向部材配置の場合の線形座屈荷重[付B.1],[付B.13]の計算法を記述する．

(1) 弾性係数

正三角形の網目で，部材の特性がすべて同じものを対象とする．格子部材の断面積を A，面外作用に関する断面 2 次モーメントを I，ヤング係数を E_s，部材長を ℓ_0 とする．

式(付 B.2.4)の有効剛性は，ラチスのねじり剛性を考慮しなければ，次式[付B.7],[付B.8],[付B.9]で表示できる．

$$K = K_x = K_y = \frac{3\sqrt{3}}{4}\frac{E_s A}{\ell_0}, \quad K_{xy} = \frac{E_s A \sqrt{3}}{4\ell_0},$$

$$D = D_x = D_y = \frac{3\sqrt{3}E_s I}{4\ell_0}, \quad D_{xy} = \frac{\sqrt{3}E_s I}{2\ell_0}, \quad \text{(付 B.5.1)}$$

$$\nu = \nu_B = \nu_{Bxy} = \nu_{Byx} = \nu_{xy} = \nu_{yx} = 1/3$$

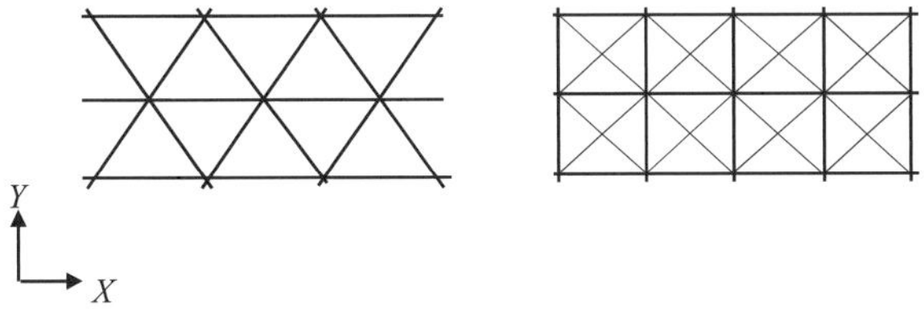

付図 B.5.1 球ラチスドームの網目

(2) 線形座屈荷重

上記の値を式(付 B.3.10)に代入し，単位面積あたりの線形座屈荷重を計算する．この値は，古典座屈荷重[付B.14]とも呼ばれ，球の座屈を表す際， p_{cl} の表記でしばしば用いられる．

$$p_{cl} = \frac{3.77}{R^2}\sqrt{KD} = \frac{2E_{eq}}{\sqrt{3(1-\nu^2)}}\left(\frac{t_{eq}}{R}\right)^2 \quad \text{(付 B.5.2)}$$

ここで， t_{eq} と E_{eq} は等価なシェル厚とヤング係数である．等価シェル厚は，部材の断面 2 次半径 r_{g0} の $2\sqrt{3}$ となり，H 形鋼や鋼管の場合，H の梁せいや鋼管径よりも大きくなる．

$$t_{eq} = 2\sqrt{3}\, r_{g0}; \quad r_{g0} = \sqrt{I/A}; \quad \lambda_0 = \ell_0/r_{g0} \quad \text{(付 B.5.3)}$$

$$E_{eq} = \frac{E_s A}{3\ell_0 r_{g0}} \quad \text{(付 B.5.4)}$$

古典座屈荷重 p_{cl} を与える座屈長さは ℓ_{cr}，波数 n は次式で表される．

$$\ell_{cr} = \frac{\ell_x}{n} = \frac{\ell_y}{m} = \frac{\pi}{\sqrt[4]{3(1-\nu^2)}}\sqrt{Rt_{eq}} \tag{付 B.5.5}$$

$$n_x = m_y = \left(\frac{n\pi}{\ell_x}\right) = \left(\frac{m\pi}{\ell_y}\right) = \frac{\sqrt[4]{3(1-\nu^2)}}{\sqrt{Rt_{eq}}}$$

正3角形網目の支配面積 A_{node}

$$A_{\text{node}} = \frac{\sqrt{3}\ell_0^2}{2} \tag{付 B.5.6}$$

を用いると，1節点あたりの線形座屈荷重 P_{cr}^{lin} が，次式で表示できる．

$$P_{cr}^{lin} = E_s A \theta_0^3 \xi_0, \quad \xi_0 = \frac{12\sqrt{2}}{\lambda_0 \theta_0} \tag{付 B.5.7}$$

ξ_0 は，ラチスシェルの特性を表す「シェルらしさ係数」[付 B.1),付 B.2)]であり，座屈変形は，ξ_0 が 3〜4 程度以上ではシェル的な全体座屈挙動が現れ，それ以下では，部材の個材座屈挙動が現れる．

(3) RS 座屈荷重

先に述べたように，3方向部材配置の 1 次モードに関する RS 座屈荷重は，線形座屈荷重の 0.5 倍となる．

$$\alpha^* = 0.5 \tag{付 B.5.8}$$

B.6　軸圧縮を受ける円筒ラチスシェルの線形座屈

(1) 軸対称変形による線形座屈荷重

付図 B.6.1 の円筒ラチスシェルは，以下の曲率半径で規定される．

$$R_y = R, \quad R_x = R_{xy} = \infty \tag{付 B.6.1}$$

付図 B6.1 に示す 2 等辺 3 角形網目の屋根形円筒ラチスの有効剛性[付 B.7),付 B.8),付 B.9)]を示す．

面内剛性

$$K_x = \frac{2E_s A_h}{\ell_0 \tan\alpha} + 2\frac{E_s A_d}{\ell_0 \sin\alpha}\cos^4\alpha, \quad K_y = 2\frac{E_s A_d}{\ell_0}\sin^3\alpha, \tag{付 B.6.2}$$

$$K_x \nu_{xy} = K_y \nu_{yx} = 2\frac{E_s A_d}{\ell_0}\cos^2\alpha\sin\alpha, \quad K_{xy} = 2\frac{E_s A_d}{\ell_0}\cos^2\alpha\sin\alpha \tag{付 B.6.3}$$

曲げ剛性:

$$D_x = \frac{2E_s I_h}{\ell_0 \tan\alpha} + 2\frac{E_s I_d}{\ell_0 \sin\alpha}\cos^4\theta + 2\frac{G_s J_d}{\ell_0}\cos^2\alpha\sin\alpha, \tag{付 B.6.4}$$

$$D_y = 2\frac{E_s I_d}{\ell_0}\sin^3\alpha + 2\frac{G_s J_d}{\ell_0}\cos^2\alpha\sin\alpha, \tag{付 B.6.5}$$

$$D_x \nu_{Bxy} = D_y \nu_{Byx} = 2\frac{E_s I_d}{\ell_0}\cos^2\alpha\sin\alpha - 2\frac{G_s J_d}{\ell_0}\cos^2\alpha\sin\alpha, \tag{付 B.6.6}$$

$$D_{xy} = D_{yx} = 4\frac{E_s I_d}{\ell_0}\cos^2\alpha\sin\alpha + \frac{G_s J_h}{\ell_0 \tan\alpha} + \frac{G_s J_d}{\ell_0 \sin\alpha}\cos^2 2\alpha \text{ 注B.3)}$$ (付 B.6.7)

ここで，E_sA_d, E_sA_h はラチスの伸び剛性を，E_sI_d, E_sI_h はラチス曲げ剛性を，G_sJ_d, G_sJ_h はラチスのねじり剛性を表し，下添え字 h は水平ラチス材を，下添え字 d は斜材を意味する．ℓ_0 は水平ラチス材の部材長さを，α は水平材と斜材のなす角を表している．網目が正三角形では，α は 60° となる．

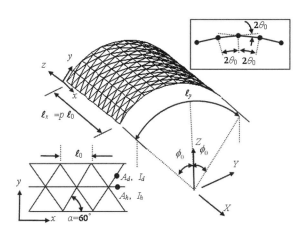

付図 B.6.1　円筒ラチスシェル

線形座屈軸力 N_{x0} は式(付 B.2.13)から求められる．

$$(-N_{x0})\left(\frac{n\pi}{\ell_x}\right)^2 = D_x\left(\frac{n\pi}{\ell_x}\right)^4 + \left(2D_{xy} + 2D_x\nu_{Bxy}\right)\left(\frac{n\pi}{\ell_x}\right)^2\left(\frac{m\pi}{\ell_y}\right)^2 + D_y\left(\frac{m\pi}{\ell_y}\right)^4$$
$$+ \frac{\left\{\frac{1}{R}\left(\frac{n\pi}{\ell_x}\right)^2\right\}^2}{\left[\frac{1}{K_x(1-\nu^2)}\left(\frac{m\pi}{\ell_y}\right)^4 + \frac{1}{K_y(1-\nu^2)}\left(\frac{n\pi}{\ell_x}\right)^4 + \left\{\frac{1}{K_{xy}} - \frac{2\nu_{yx}}{K_x(1-\nu^2)}\right\}\left(\frac{n\pi}{\ell_x}\cdot\frac{m\pi}{\ell_y}\right)^2\right]}$$ (付 B.6.8)

円周方向の波数がゼロで軸対称変形

$$n_x = \frac{n\pi}{\ell_x}, \quad m_y = \frac{m\pi}{\ell_y} = 0$$ (付 B.6.9)

を考えると，式(付 B.6.8)は次式に変換される．

$$(-N_{x0}) = D_x(n_x)^2 + \frac{1}{R^2}\frac{1}{\frac{1}{K_y(1-\nu^2)}(n_x)^2}$$ (付 B.6.10)

この値の最小値は，

$$(-N_{x0})_{\min} = 2\sqrt{D_x(n_x)^2 \times \frac{1}{R^2}\frac{1}{\frac{1}{K_y(1-\nu^2)}(n_x)^2}} \qquad \text{(付 B.6.11)}$$

$$= \frac{2}{R}\sqrt{D_x K_y(1-\nu^2)}$$

となり，対応する式(付 B.2.12)の n_x は次式となる．

$$(n_x)^4 = \frac{K_y(1-\nu^2)}{R^2 D_x} \qquad \text{(付 B.6.12)}$$

対応する座屈波長は次式で得られる．

$$\ell_{cr} = \frac{\ell_x}{n} = \pi\left[\frac{R^2 D_x}{K_y(1-\nu^2)}\right]^{1/4} \qquad \text{(付 B.6.13)}$$

鋼管のような等方性のラチスシェルを想定し，式(付 B6.11)から式(付 B.6.13)に有効剛性を代入すると，単位長さあたりの軸力および単位面積あたりの座屈応力度は式(付 B.6.14)で，ならびに座屈長さは式(付 B.6.15)で得られる．

$$N_{cr}^{lin} = \frac{E_{eq}}{\sqrt{3(1-\nu^2)}}\frac{t_{eq}^2}{R}; \quad \sigma_{cr}^{lin} = \frac{N_{cr}^{lin}}{t_{eq}} = \frac{E_{eq}}{\sqrt{3(1-\nu^2)}}\frac{t_{eq}}{R} \qquad \text{(付 B.6.14)}$$

$$\ell_{cr} = \frac{\ell_x}{n} = \pi\frac{\sqrt{Rt_{eq}}}{\left[12(1-\nu^2)\right]^{1/4}} \qquad \text{(付 B.6.15)}$$

(2) RS 座屈荷重

先に述べたように，3 方向部材配置の 1 次モードに関する RS 座屈荷重は，線形座屈荷重の 0.5 倍となる．

$$\alpha^* = 0.5 \qquad \text{(付 B.6.16)}$$

(3) 非軸対称変形による線形座屈

次のような非軸対称変形を想定する．

$$n_x = m_y \qquad \text{(付 B.6.17)}$$

式(付 B.6.8)から単位長さあたりの座屈軸力

$$(-N_{x0}) = \left[D_x + (2D_{xy} + 2D_x\nu_{Bxy}) + D_y\right](n_x)^2 + \frac{1/R^2}{\left[\frac{1}{K_x(1-\nu^2)} + \frac{1}{K_y(1-\nu^2)} + \left\{\frac{1}{K_{xy}} - \frac{2\nu_{yx}}{K_x(1-\nu^2)}\right\}\right](n_x)^2} \qquad \text{(付 B.6.18)}$$

が得られ，その最小値として線形座屈による座屈軸力が次式で得られる．

$$(-N_{x0})_{\min} = \frac{2}{R}\sqrt{\frac{D_x + (2D_{xy} + 2D_x\nu_{Bxy}) + D_y}{\dfrac{1}{K_x(1-\nu^2)} + \dfrac{1}{K_y(1-\nu^2)} + \left\{\dfrac{1}{K_{xy}} - \dfrac{2\nu_{yx}}{K_x(1-\nu^2)}\right\}}} \qquad \text{(付 B.6.19)}$$

付図 B.6.1 の 3 方向網目の等方性のラチスシェルで，式(付 B.5.1)および式(付 B.5.3)～式(付 B.5.5)の場合を適用すると，式(付 B.6.19)から得られる単位長さあたりの線形座屈軸力 N_{cr}，単位面積あたりの座屈応力度 σ_{cr}^{lin} は次式となる．

$$N_{cr}^{lin} = (-N_{x0})_{\min} = \frac{E_{eq}}{\sqrt{3(1-\nu^2)}}\frac{t_{eq}^2}{R}, \quad \sigma_{cr}^{lin} = \frac{N_{cr}^{lin}}{t_{eq}} = \frac{E_{eq}}{\sqrt{3(1-\nu^2)}}\frac{t_{eq}}{R} \qquad \text{(付 B.6.20)}$$

非対称変形による線形座屈軸力(式(付 B.6.20))は，軸対称変形による線形座屈軸力(式(付 B.6.14))と同じ値となる．ただし，非対称変形時の座屈長さは，次式となり

$$\ell_{cr} = \left(\frac{\ell_x}{n}\right) = \pi\sqrt{Rt_{eq}} \Big/ \left[\frac{3(1-\nu^2)}{4}\right]^{1/4} \qquad \text{(付 B.6.21)}$$

対称変形による座屈長さ(式(付 B.6.15))よりも短いものとなる．

なお，座屈荷重の誘導過程から，3 方向部材配置の 1 次モードに関する RS 座屈荷重は線形座屈荷重の 0.5 倍となる．

B.7 鉛直荷重を受ける円筒ラチスシェルの線形座屈

(1) 形状および座屈時の面内力の仮定

付図 B.6.1 の円筒形状を次式で仮定する．

$$R_y = R, \quad R_x = R_{xy} = \infty \qquad \text{(付 B.7.1)}$$

座屈時の面内力として次式を仮定する．

$$N_{x0} = 0, \ (-N_{y0}) = p_0 R, \ N_{xy0} = 0 \qquad \text{(付 B.7.2)}$$

(2) 線形座屈荷重[付B.2], [付B.3], [付B.15], [付B.16]

式(付 B.2.13)より，座屈時の法線方向の荷重 p_0 が計算される．ただし，法線方向荷重による座屈では，x 方向の座屈次数（フーリエ係数の次数）は，ほとんどの場合 1 となるので，ここでは $n = 1$ の値を用いる．

$$(-p_0) = \frac{D_x(n_x)^4 + (2D_{xy} + 2D_x\nu_{Bxy})(n_x)^2(m_y)^2 + D_y(m_y)^4}{R(m_y)^2}$$
$$+ \frac{\dfrac{1}{R}\left\{\dfrac{1}{R}(n_x)^2\right\}^2 / (m_y)^2}{\left[\dfrac{1}{K_x(1-\nu^2)}(m_y)^4 + \dfrac{1}{K_y(1-\nu^2)}(n_x)^4 + \left\{\dfrac{1}{K_{xy}} - \dfrac{2\nu_{yx}}{K_x(1-\nu^2)}\right\}(n_x \cdot m_y)^2\right]} \qquad \text{(付 B.7.3)}$$

$$n_x = \frac{\pi}{\ell_x} \tag{付 B.7.4}$$

式(付 B.7.3)の最小値を式として厳密に求めるのは，やや困難であるが，計算機で m_y を変化させて式(付 B.7.3)の値を計算し，最小値を求めることができる．最小値を与える m_y を m_y^* とすれば，次式で最小となる線形座屈荷重 p_{cr} が求まる．

$$\begin{aligned}p_{cr} &= (-p_0)_{\min}\\ &= \frac{D_x(n_x)^4 + (2D_{xy} + 2D_x\nu_{Bxy})(n_x)^2(m_y^*)^2 + D_y(m_y^*)^4}{R(m_y^*)^2}\\ &\quad + \frac{\frac{1}{R}\left\{\frac{1}{R}(n_x)^2\right\}^2 / (m_y^*)^2}{\left[\frac{1}{K_x(1-\nu^2)}(m_y^*)^4 + \frac{1}{K_y(1-\nu^2)}(n_x)^4 + \left\{\frac{1}{K_{xy}} - \frac{2\nu_{yx}}{K_x(1-\nu^2)}\right\}(n_x \cdot m_y^*)^2\right]}\end{aligned} \tag{付 B.7.5}$$

(3) 線形座屈荷重の近似式の誘導

一般に設計される円筒ラチスシェルでは，m_y は n_x に比べて2倍程度以上大きい．この性質を利用し，式(付 B.7.5)の主要項のみ取り出し次の式を導入する．

$$(-p_0) = \frac{1}{R}D_y\left(\frac{m\pi}{\ell_y}\right)^2 + \frac{K_x(1-\nu^2)}{R^3}\left\{\left(\frac{\pi}{\ell_x}\right)^2\right\}^2 / \left(\frac{m\pi}{\ell_y}\right)^6 \tag{付 B.7.6}$$

ここで，計算の単純化のため次式

$$\eta = \frac{\ell_y}{\ell_x}, \quad \mu_h = \frac{\ell_y^2}{Rt_{eq}}, \quad t_{eq}^2 = \frac{12D_y}{K_x} \tag{付 B.7.7}$$

を導入すると，式(付 B.7.6)は下記のように変換できる．なお，ℓ_y はアーチ方向のアーチ長さ，ℓ_x は桁行長さである．

$$(-p_0) = \frac{1}{R}D_y\frac{1}{\ell_y^2}\left\{(m\pi)^2 + 12(1-\nu^2)(\mu_h)^2(\eta\pi)^4\frac{1}{(m\pi)^6}\right\} \tag{付 B.7.8}$$

この式の最小値を与える m_y は，上式の微分係数をゼロとする値として求められる．したがって，

$$2(m\pi)^8 = 72(1-\nu^2)(\mu_h)^2(\eta\pi)^4$$

つまり，

$$(m\pi) = \sqrt{(\eta\pi)}\left[36(1-\nu^2)(\mu_h)^2\right]^{1/8} \tag{付 B.7.9}$$

で得られる近似の m を m^* とすると，

$$m^* = \sqrt{(\eta/\pi)}\left[36(1-\nu^2)(\mu_h)^2\right]^{1/8} \tag{付 B.7.10}$$

であるので，次式が得られる．

$$m_y^* = \frac{m^*\pi}{\ell_y} = \frac{\sqrt{(\eta\pi)}\left[36\left(1-\nu^2\right)\left(\mu_h\right)^2\right]^{1/8}}{\ell_y} \tag{付 B.7.11}$$

式(付 B.7.11)の値を式(付 B.7.5)に代入して線形座屈荷重の近似算定式が得られる．

付図 B.6.1 の 3 方向部材配置のラチスシェルに対して，1 節点あたりの近似の線形座屈荷重を求める．A_h と A_d は，水平材と斜材の断面積である．近似線形座屈荷重は次式で計算できる．近似線形座屈荷重の意味を表すため，添え字(a)をつけて表す．

$$P_{cr(a)} = C_0 \cdot \frac{E_s A_h T}{p}\left(\frac{\theta_0}{\lambda_{0g}}\right)^{3/2}\left(B_1 + \frac{1}{3B_2}\right) \tag{付 B.7.12}$$

ここで，C_0，B_1 と B_2 は，次式で計算される量であり，右辺第 1 項 B_1 は曲げ剛性の寄与，第 2 項 B_2 は面内剛性の寄与分である．なお，p は，付図 B.6.1 の桁行方向の部材数である．

$$C_0 = \frac{\left[36\left(1-\nu^2\right)\right]^{1/4} 12^{3/4} \pi}{3\tan^{1/2}\alpha},$$

$$B_1 = 1 + \frac{(2D_{xy} + 2D_x\nu_{Bxy})(n_x)^2}{D_y(m_y^*)^2} + \frac{D_x(n_x)^4}{D_y(m_y^*)^4} = 1 + \frac{(2D_{xy} + 2D_x\nu_{Bxy})}{D_y\zeta} + \frac{D_x}{D_y\zeta^2}, \tag{付 B.7.13}$$

$$B_2 = 1 + \left\{\frac{K_x(1-\nu^2)}{K_{xy}} - 2\nu_{yx}\right\}\frac{(n_x)^2}{(m_y^*)^2} + \frac{K_x}{K_y}\frac{(n_x)^4}{(m_y^*)^4} = 1 + \left\{\frac{K_x(1-\nu^2)}{K_{xy}} - 2\nu_{yx}\right\}\frac{1}{\zeta} + \frac{K_x}{K_y\zeta^2},$$

$$\zeta = \left[\frac{m_y^*\pi}{\ell_y}\right]^2 / \left[\frac{\pi}{p\ell_0}\right]^2 = \frac{2\left[3\left(1-\nu^2\right)\right]^{1/4} p\sqrt{\lambda_{0g}\theta_0}}{\pi\sqrt{\tan\alpha}}$$

また，T，λ_{0g}，r_g，θ_0 等は次式で計算される．

$$T = \frac{2}{\tan\alpha} + 2A_d\cos^4\alpha/(A_h\sin\alpha), \quad K_x = \frac{E_s A_h}{\ell_0}\cdot T, \quad t_{eq} = \sqrt{\frac{12D_y}{K_x}},$$

$$\theta_0 = \frac{\ell_0\tan\alpha}{4R}, \quad r_g = \frac{t_{eq}}{2\sqrt{3}}, \quad \lambda_{0g} = \frac{\ell_0}{r_g} \tag{付 B.7.14}$$

(4) RS 座屈荷重の近似値

均等な断面で構成され網目が付図 B.6.1 の正三角形の場合，RS 座屈荷重の算定法が文献付 B.10)により与えられている．この RS 座屈荷重とここで求めた近似線形座屈荷重 $P_{cr(a)}$ また有限要素法で求めた線形座屈荷重 $P_{0cr(FEM)}^{lin}$ の間にほぼ次のような関係のあることが報告[付 B.3)]されている．

周辺単純支持：

$$P_{cr}^*（山田）\approx 0.50 P_{cr(a)} \approx 0.45 P_{0cr(FEM)}^{lin} \tag{付 B.7.15a}$$

周辺ピン支持 （ただし，妻面で X 方向はローラー支持）：

$$P_{cr}^{*}(山田) \approx 0.92 P_{cr(a)} \approx 0.62 P_{0cr(FEM)}^{lin} \tag{付 B.7.15b}$$

B.8 単純支持された鞍型 HP ラチスシェルの線形座屈

(1) 形状と座屈時の面内力の仮定

次の式を満たす鞍型の HP ラチスシェルを対象とする.

$$R_x = -R, \quad R_y = R, \quad R_{xy} = \infty \tag{付 B.8.1}$$

座屈時の面内力は次式を満たすものとする.

$$(N_{x0}) = \frac{-p_0 R}{2}, \quad (N_{y0}) = \frac{p_0 R}{2}, \quad N_{xy0} = 0 \tag{付 B.8.2}$$

この曲面は,x方向は下に凸,y方向は上に凸の形状であり,上向きの法線方向の荷重の下では,面内力は,x方向に圧縮,y方向には引張りとなる.逆に,(p_0) が負のとき(荷重が下向きのとき)は,x方向に引張り,y方向に圧縮となる.ラチスシェルの部材が x 方向と y 方向の特性が等しい場合を想定すると,弾性定数間(有効剛性)に次の関係がある.

$$K_x = K_y = K \; ; \; D_x = D_y = D \; ; \; \nu_{xy} = \nu_{yx} = \nu \; ; \; \nu_{Bxy} = \nu_{Byx} = \nu_B \tag{付 B.8.3}$$

この場合の付図 B.8.1 に示す網目の HP ラチスシェルの有効剛性は,斜材の曲げ剛性,ねじり剛性を考慮しなければ次式で表される[付B.7],[付B.8],[付B.9].

面内剛性:

$$K = \frac{E_s A}{\ell_0} + \frac{E_s A_{BR}}{2\sqrt{2}\ell_0}, \quad K\nu = \frac{E_s A_{BR}}{2\sqrt{2}\ell_0} \tag{付 B.8.4}$$

$$K_{xy} = \frac{E_s A_{BR}}{2\sqrt{2}\ell_0} + \frac{6 E_s I_z}{\ell_0^3} \tag{付 B.8.5}$$

曲げ剛性:

$$D = \frac{E_s I}{\ell_0}, \quad D\nu_B = \nu_B = 0, \quad D_{xy} = \frac{G_s J}{\ell_0} \tag{付 B.8.6}$$

ここで,下添え字 BR は斜材を表している.

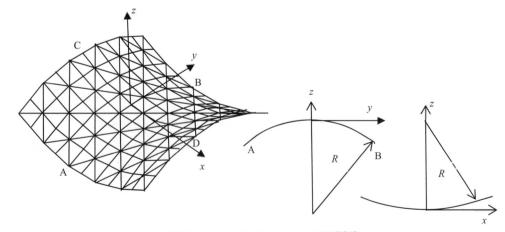

付図 B.8.1 HP ラチスシェルの形状[付B.17]

(2) 線形座屈荷重の近似式の誘導

式(付 B.2.13)から線形座屈荷重 p_0 を求める式が得られる．

$$\left(\frac{p_0 R}{2}\right)\left(\frac{n\pi}{\ell_x}\right)^2 + \left(-\frac{p_0 R}{2}\right)\left(\frac{m\pi}{\ell_y}\right)^2 = D_x\left(\frac{n\pi}{\ell_x}\right)^4 + (2D_{xy} + 2D_x\nu_{Bxy})\left(\frac{n\pi}{\ell_x}\right)^2\left(\frac{m\pi}{\ell_y}\right)^2 + D_y\left(\frac{m\pi}{\ell_y}\right)^4$$

$$+ \frac{\left\{\frac{1}{R_x}\left(\frac{m\pi}{\ell_y}\right)^2 + \frac{2}{R_{xy}}\left(\frac{n\pi}{\ell_x}\right)\left(\frac{m\pi}{\ell_y}\right) + \frac{1}{R_y}\left(\frac{n\pi}{\ell_x}\right)^2\right\}^2}{\left[\frac{1}{K_x(1-\nu^2)}\left(\frac{m\pi}{\ell_y}\right)^4 + \frac{1}{K_y(1-\nu^2)}\left(\frac{n\pi}{\ell_x}\right)^4 + \left\{\frac{1}{K_{xy}} - \frac{2\nu_{yx}}{K_x(1-\nu^2)}\right\}\left(\frac{n\pi}{\ell_x}\right)^2\left(\frac{m\pi}{\ell_y}\right)^2\right]}$$

(付 B.8.7)

したがって，この式を変形すると p_0 が得られる．

$$(-p_0) = \frac{2}{R}\frac{D(n_x)^4 + (2D_{xy} + 2D\nu_B)(n_x)^2(m_y)^2 + D(m_y)^4}{-(n_x)^2 + (m_y)^2}$$

$$+ \frac{\frac{2}{R^3}\left\{-(n_x)^2 + (m_y)^2\right\}}{\left[\frac{1}{K(1-\nu^2)}(m_y)^4 + \frac{1}{K(1-\nu^2)}(n_y)^4 + \left\{\frac{1}{K_{xy}} - \frac{2\nu}{K(1-\nu^2)}\right\}(n_x)^2(m_y)^2\right]}$$

(付 B.8.8)

文献付 B.17)を参照すると，線形座屈荷重の近似式が誘導できる．以下，誘導の過程もやや詳細に記述する．

次のように

$$X = m_y^2 - n_x^2 \quad ; \quad Y = n_x^2 \times m_y^2 \tag{付 B.8.9}$$

変数変換すると，$(-p_0)$ が X と Y の関数で表される次式に変換できる．ただし，X を正とする．

$$(-p_0) = \frac{2}{R}\frac{DX^2 + (2D + 2D_{xy} + 2D\nu_B)Y}{X} + \frac{\frac{2}{R^3}X}{\frac{1}{K(1-\nu^2)}X^2 + \left(\frac{1}{K_{xy}}\right)Y} \tag{付 B.8.10}$$

事前の予備的解析から得られる次の性質

$$m_y = \frac{m\pi}{\ell_y} \geq \frac{3\pi}{\ell_y}, \ n_x = \frac{2\pi}{\ell_x} \geq \frac{2\pi}{\ell_y}; \ m_y = \frac{m\pi}{\ell_y} > n_x = \frac{2\pi}{\ell_x} \tag{付 B.8.11}$$

を利用すると，次の不等式が誘導できる．

$$\frac{1}{X} \geq \frac{1}{XY} \times \frac{36\pi^4}{\ell_x^2 \ell_y^2} \tag{付 B.8.12}$$

式(付 B.8.12)を式(付 B.8.10)に適用すると，下界を定める式が誘導できる．

$$(-p_0) \geq \frac{2}{R}\left\{DX^2 \times \frac{1}{XY}\frac{36\pi^4}{\ell_x^2 \ell_y^2} + \frac{(2D + 2D_{xy} + 2D\nu_B)Y}{X}\right\} + \frac{\frac{2}{R^3}X}{\frac{1}{K(1-\nu^2)}X^2 + \left(\frac{1}{K_{xy}}\right)Y}$$

(付 B.8.13)

さらに，このHPラチスシェル（直交格子）の対角線方向に配置される部材の断面が小さいと仮定すると，K_{xy}/K の値は比較的小さな量となる．上式(付B.8.13)より次式を得る．

$$(-p_0) \geq \frac{2}{R}\left\{DX^2 \times \frac{1}{XY}\frac{36\pi^4}{\ell_x^2\ell_y^2} + \frac{(2D+2D_{xy}+2Dv_B)Y}{X}\right\} + \frac{2X}{R^3}\bigg/\left(\frac{Y}{K_{xy}}\right) \qquad \text{(付 B.8.14)}$$

式(付B.8.14)を，最小値が容易に得られるように次のように書き改める．

$$(-p_0) \geq \frac{2}{R}\left\{\frac{(2D+2D_{xy}+2Dv_B)Y}{X} + \left(\frac{1}{R^2}K_{xy} + D\frac{36\pi^4}{\ell_x^2\ell_y^2}\right)\frac{X}{Y}\right\} \qquad \text{(付 B.8.15)}$$

したがって，最小値を算定するための線形座屈荷重の近似式が，次のようになる．

$$p_{cr} = (-p_0)_{\min} \approx \frac{4}{R^2}\sqrt{(2D+2D_{xy}+2Dv_B)\left(K_{xy} + R^2 D\frac{36\pi^4}{\ell_x^2\ell_y^2}\right)} \qquad \text{(付 B.8.16)}$$

対角線に配置するブレースの断面積 A_{BR} が主方向のグリッド部材の断面積 A に比べて比較的小さい場合，その断面積比を

$$\rho_{BR} = A_{BR}/A \qquad \text{(付 B.8.17)}$$

とすると，付図B.8.1の1節点あたりの線形座屈荷重（負担面積 $\ell_0 \times \ell_0$）として，計算容易な次式が得られる．

$$P_{0cr}^{lin} = E_s A\theta_0^3 \frac{16}{\lambda_0\theta_0} \times \sqrt{\left(1+\frac{1}{1+\nu}\right)\left\{\frac{\rho_{BR}}{\sqrt{2}}\left(1+\frac{12\sqrt{2}}{\rho_{BR}\lambda_0^2}\right) + \frac{72\pi^4}{(\ell_x/r_g)(\ell_y/r_g)}\frac{R}{\ell_x}\frac{R}{\ell_y}\right\}} \qquad \text{(付 B.8.18)}$$

B.9　矩形平面3方向配置剛接ラチスドーム

付図B.9.1の矩形平面の3方向部材配置に関しても，円形平面の場合と類似の線形座屈荷重評価式が得られる．ただし，以下に示す式は，式(付B.2.13)の固有値解析には基づいてはいないが，有限要素法による解析結果を，式(付B.4.2)にならって整理し直したものである．等分布荷重に対する1節点当りの線形座屈荷重 P_{0cr}^{lin} は，次式で計算される．

$$P_{0cr}^{lin} = C_{cr}^{lin}\left(\frac{12\sqrt{2}}{\lambda_0 \cdot \theta_{0av}}\right)E_s \cdot A_s \cdot (\theta_{0av})^3 \qquad \text{(付 B.9.1)}$$

ただし，x 方向部材の部材半開角 θ_{0x}，y 方向部材を yz 平面に投影した形状に対して得られる部材半開角を θ_{0y} とする．θ_{0x} 等の角の単位は(rad)とする．

x と y 方向で曲率が異なる場合は，次式のように幾何平均の部材半開角

$$\theta_{0av} = \left(\frac{2}{\sqrt{3}}\theta_{0x}\theta_{0y}\right)^{1/2} \qquad \text{(付 B.9.2)}$$

を用いると，両方向の曲率が異なる球状のラチスドームにも使用できる．

係数 C_{cr}^{lin} は次式で与えられる．

ピン支持の場合[付B.18]:

$$\begin{aligned}{}^{es}C_{cr}^{lin} = &(-0.0707\theta_{0x} - 0.0321\theta_{0y} + 0.00236)\xi^2 \\ &+ (1.10\theta_{0x} + 0.383\theta_{0y} - 0.0170)\xi \\ &+ (-3.31\theta_{0x} - 5.46\theta_{0y} + 0.982)\end{aligned}$$ (付 B.9.3)

単純支持の場合[付B.19]:

$$\begin{aligned}{}^{es}C_{cr}^{lin} = &(-0.0663\theta_{0x} - 0.03251\theta_{0y} - 0.00067)\xi^2 \\ &+ (0.84536\theta_{0x} + 0.48354\theta_{0y} + 0.07863)\xi \\ &+ (-3.75514\theta_{0x} - 2.48878\theta_{0y} + 0.16081)\end{aligned}$$ (付 B.9.4)

単純支持に対する評価式(付 B.9.4)で,

$$\xi = \frac{12\sqrt{2}}{\lambda_0 \theta_{0av}}$$ (付 B.9.5)

の小さな領域, たとえば, $\xi \leq 6$ では, 係数 C_{cr}^{lin} は 1.0 より相当低い値となる. これは, 単純支持のため, テンションリングで周辺を固めた円形平面の球状のラチスドームに比べ, 矩形平面の 4 隅近辺で座屈前非線形性が大きくなり座屈荷重が低くなるからである.

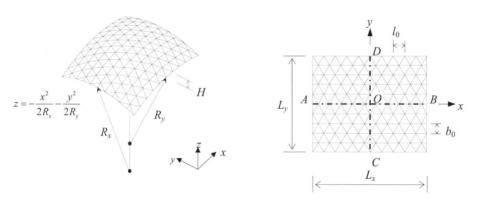

付図 B.9.1　矩形平面ラチスドーム

B.10　複合面内力を受ける場合の線形座屈荷重

鉛直荷重と水平荷重を同時に受ける場合, たとえば固定荷重に加え水平地震力と鉛直地震力を受ける場合の線形座屈荷重については未解決な場合が多く, また, 初期不整による座屈荷重低減係数も研究は少ない. しかしながら, 応力比を仮定して, 次式の値が最小となるような, n, m を数値的に与えて, 線形座屈荷重の最小値を求めることは, 現在の計算機環境では容易である. $1/R_{xy}=0$ で, 応力比を次式

$$N_{y0} = aN_{x0}, \quad N_{xy0} = 0$$ (付B.10.1)

で仮定すると, 式(付B.2.13)から, N_{x0} を求める次式が得られる.

$$(-N_{x0}) = \frac{D_x\left(\frac{n\pi}{\ell_x}\right)^4 + (2D_{xy} + 2D_x\nu_{Bxy})\left(\frac{n\pi}{\ell_x}\right)^2\left(\frac{m\pi}{\ell_y}\right)^2 + D_y\left(\frac{m\pi}{\ell_y}\right)^4}{\left\{\left(\frac{n\pi}{\ell_x}\right)^2 + a\left(\frac{m\pi}{\ell_y}\right)^2\right\}}$$

$$+ \frac{\left\{\frac{1}{R_x}\left(\frac{m\pi}{\ell_y}\right)^2 + \frac{1}{R_y}\left(\frac{n\pi}{\ell_x}\right)^2\right\}^2}{\left\{\left(\frac{n\pi}{\ell_x}\right)^2 + a\left(\frac{m\pi}{\ell_y}\right)^2\right\}\left\{\frac{1}{K_x(1-\nu^2)}\left(\frac{m\pi}{\ell_y}\right)^4 + \frac{1}{K_y(1-\nu^2)}\left(\frac{n\pi}{\ell_x}\right)^4 + \left(\frac{1}{K_{xy}} - \frac{2\nu_{yx}}{K_x(1-\nu^2)}\right)\left(\frac{n\pi}{\ell_x}\cdot\frac{m\pi}{\ell_y}\right)^2\right\}}$$

(付B.10.2)

n, m をパラメトリックに変化させ，式(付B.10.2)が最小となる(n, m)の組を求めることができる．また，HPシェルの場合にも同様な式が得られる．

文献付B.20)によれば，固定荷重の無い場合について，球形ドームが逆対称鉛直荷重と水平荷重を受ける場合の線形座屈荷重を誘導しており，これを適切に応用することで，地震時の座屈耐力が近似的に誘導できる可能性がある．

B.11 自由曲面ラチスシェル

自由曲面ラチスシェルは，現状では線形座屈荷重の算定式は示されていない．自由曲面でなくとも境界が補剛材で弾性支持されている場合の算定式の誘導は困難である．しかし，一般には，補剛材の剛性と耐力が十分に確保されるように設計的に配慮されるので，幾何学的曲面ではここで述べた式でほぼその線形座屈荷重が算定できる．ただし，設計ではいずれの場合も，線形座屈式

$$([K_L] + \lambda[K_G])\{D\} = \{0\} \tag{付B.11.1}$$

から線形座屈荷重を求めることとなる．

B.12 まとめと今後の課題[注付B.4]

1) 既往の文献等を参照し，球，円筒，楕円放物面（あるいは推動面），HP形状のラチスシェルの線形座屈式についてまとめた．これらの式を用いれば，近似的ではあるが容易に線形座屈荷重が算定できる．

2) 自由曲面や弾性支持されたラチスシェルではマトリクス法で線形座屈荷重を求める必要があるが，自由曲面の各部分を幾何学曲面に当てはめれば，ここで記述した方法で概ねその線形座屈荷重を推定できる．

3) 設計では弾性座屈荷重の算定が必要であるが，今までに蓄積されてきた弾性座屈荷重低減係数を用いれば，弾性座屈荷重が算定できる．

4) 複合荷重あるいは複合面内力をうける場合の線形座屈荷重の解は未知のものが多く，今後，解を求める必要がある．

5) 自由曲面ラチスシェルに関しては，今後も形態探索に関する研究が必要であり，また，製作では，部材，接合部の経済的で合理的な工法・技術が必要となることは言うまでもない．

注

注付 B.1) 初期応力 N_{x0}, N_{y0}, N_{xy0} を受ける弾性シェルの増分ポテンシャルエネルギーの最小の原理. 文献付 B.4)参照.

注付 B.2) 付録Cで解説.

注付 B.3) 有効剛性の本来の算定結果では，ラチス材のねじり剛性の寄与により，

$$D_{xy} = 4\frac{E_s I_d}{\ell_0}\cos^2\alpha\sin\alpha + \frac{2G_s J_h}{\ell_0 \tan\alpha} + \frac{2G_s J_d}{\ell_0 \sin\alpha}\cos^2\alpha\cos 2\alpha$$

$$D_{yx} = 4\frac{E_s I_d}{\ell_0}\cos^2\alpha\sin\alpha - \frac{2G_s J_d}{\ell_0}\sin\alpha\cos 2\alpha$$

であるが，線形座屈荷重算定式で用いた構成則 $M_{xy} = M_{yx} = D_{xy}\kappa_{xy}$ に従い，D_{xy} に次式を採用する.

$$D_{xy} = D_{yx} = 4\frac{E_s I_d}{\ell_0}\cos^2\alpha\sin\alpha + \frac{G_s J_h}{\ell_0 \tan\alpha} + \frac{G_s J_d}{\ell_0 \sin\alpha}\cos^2 2\alpha$$

注付 B.4) 線形座屈荷重については，自由曲面も含め，文献付 B.2)で比較的詳しく紹介されている.

参 考 文 献

付B.1) 日本建築学会：ラチスシェルの座屈と耐力, 2010.6

付B.2) IASS WG 8 : (Draft) Guide to Buckling Load Evaluation of Metal Reticulated Roof Structures, 2014.10

付B.3) 加藤史郎・藤本益美・中澤祥二・柳澤利行・小河利行：円筒ラチス屋根の耐力評価の再検討　その２, 日本建築学会大会学術講演梗概集，構造Ⅰ，（東海）, pp.723-724, 2012.9

付B.4) K. Washizu: Variational principle of elasticity and plasticity, 2nd edition, Pergamon Press, 1975

付B.5) 山下哲郎・加藤史郎：連続体近似に基づくブレース補剛単層2方向格子シェルの弾性座屈特性の評価, 構造工学論文集，Vol.54B, pp.331-336, 2008.3

付B.6) 加藤史郎・吉田矩子・中澤祥二：ブレースで補剛された単層直交格子ドームの座屈耐力に関する研究, 日本建築学会構造系論文集，第 676 号, pp. 891-898, 2012.6

付B.7) 日置興一郎：建築構造力学Ⅱ, 朝倉建築工学講座 2, 1977.11

付B.8) 日置興一郎：一層剛節ラチス平板の有効曲げ剛性に与える個材のねじり剛性の効果, 日本建築学会東海支部研究報告集　Vol.29, pp.165-168, 1991.2

付B.9) IASS WG 8 : (Draft) Guide to Buckling Load Evaluation of Metal Reticulated Roof Structures, Appendix B, 2014.10

付B.10) S. Yamada : Incremental strain energy variation in the nonlinear equilibrium paths of single layer lattice domes, Proc. of the 47th Japan National Congress for Applied Mechanics, pp.17-23, 1998.

付B.11) 加藤史郎・今野　岳・山下哲郎：単層直交格子ドームの座屈荷重に関する研究, 日本建築学会構造系論文集，第 636 号, pp.305-312, 2009.2

付B.12) S. Kato, T. Yamashita: Evaluation of Elasto-plastic Buckling Strength of Two-Way Grid Shells using Continnum Analogy, International Journal of Space Structures, Vol,17, Nos.4, pp.249-261, 2002

付B.13) S. Kato, T. Ueki, S. Nakazawa : Estimation of buckling loads of elliptic paraboloidal single layer lattice domes under vertical loads, Int. J. of Space Structures, Vol.21, No.4, pp. 173-182, 2006.

付B.14) 山田大彦：単層ラチスドドームの安定解析　― その現状と問題点 ―　第4章, 日本建築学会シェル空間構造運営委員会, 1989.8

付B.15) M. Fujimoto, K. Imai and T. Saka: Effects of mesh pattern on buckling behaviour of single layer lattice cylindrical shell roof, Asia-Pacific Conference on Shell and Spatial Structures 1996, 1996.5

付B.16) 加藤史郎・中澤祥二・神戸健彰：等分布荷重を受ける屋根型単層円筒ラチスシェルの耐力評価法に関する研究, 日本建築学会構造系論文集，第 692 号, pp.1777-1786, 2013.10

付B.17) T. Ogawa, T. Kumagai, S. Kuruma, K. Minowa and S. Kato : Buckling Load of Saddle-shaped HP Reticulated Shells, Journal of the IASS, Vol.53, No.1, pp.21-36 , 2012

付B.18) S. Kato, T. Ueki, S. Nakazawa : Estimation of buckling loads of elliptic paraboloidal single layer lattice domes under vertical loads, Int. J. of Space Structures, Vol. 21, No. 4, pp. 173-182, 2006.

付B.19) S. Kato, Y. Yamauchi, T. Ueki, K Okuhira : Buckling Load of Elliptic Paraboloidal Single Layer Reticulated Roofs with Simple Supports under Uniform Load, Space Structures, Vol.20, No.4, pp.211-224, 2005

付B.20) 小河利行・山岡幸介・箕輪健一・竹内　徹：静的地震荷重に対する単層ラチスドームの座屈耐力，日本建築学会構造系論文集，第704号, pp.1523-1534,2014.10

付録C 弾性座屈荷重低減係数
（形状初期不整，偏載荷重，接合部剛性）

C.1 弾性座屈荷重と弾性座屈荷重低減係数

第4章3節では，参照荷重 P_0 を受ける参照点について，線形座屈荷重 P_{0cr}^{lin} を援用して弾性座屈荷重 $P_{0cr(imp,\kappa)}^{el}$ を近似的に式(C4.3.13)で算定する方法を解説した．

$$P_{0cr(imp,\kappa)}^{el} = \beta(\kappa) \cdot \alpha_0 \cdot P_{0cr}^{lin} \qquad \text{(再掲 C4.3.13)}$$

ここで，$\beta(\kappa)$ は接合部の半剛接を考慮する低減係数，α_0 は剛接合で初期不整がある場合の弾性座屈荷重低減係数である．荷重分布形の影響は，一般には，この係数 α_0 に含めて考慮するが，荷重の偏載の影響，また，解析の近似度を区別し，別途考慮し，以下の解説では，次のようにそれぞれの影響を区別[付C.1], [付C.2]して表わす．

$$P_{0cr(imp,\kappa)}^{el} = \gamma \cdot K_{p+q} \cdot \beta(\kappa) \cdot \alpha_0 \cdot P_{0cr}^{lin} \qquad \text{(付 C.1.1)}$$

上式で P_{0cr}^{lin} は等分布状の荷重に対する線形座屈荷重とする．α_0 は剛接合で初期不整がある場合でかつ荷重が等分布の場合の弾性座屈荷重低減係数，K_{p+q} は荷重の偏載の影響を表す低減係数，γ は解析の近似度を捕捉するための解析係数である．

接合部性状については実験・解析の両者から文献[付C.3]に多くの例が紹介されているが，現状では接合部の実況を考慮して β の値を精度よく算定する資料等は少なく，この場合には設計にあたりパラメトリックな数値解析[付C.6], [付C.7], [付C.9], [付C.10], [付C.11]や実験等[付C.12], [付C.13], [付C.14], [付C.15], [付C.16], [付C.17], [付C.18]また，有限要素解析[付C.12], [付C.19]等に基づいて安全側となるように値を定めることとなる．また，K_{p+q}，α_0 や P_{0cr}^{lin} 等の算定にあたり，正確な値を求めるにはマトリクス法を用いることになるが，近似的に把握する方法も提案されている．近似式は安全側の評価を与えるように配慮されていることが多いが，特に近似について安全側の評価が必要な場合には，解析係数 γ を導入する．ただし，解析係数の具体的な数値に関する研究は無く，設計者は，既往の実績や経験を勘案し，構造全体の安全性を慎重に考慮してこれを定めることとなる．なお，想定しているラチスドームが剛接であり，十分精度のある解析法を採用する場合には，ほかに考慮すべき特段の要因がなければ，$\beta=1$，$\gamma=1$ と設定される．

C.2 形状初期不整による弾性座屈荷重低減係数 ── 接合部が剛接の場合 ──

(1) 球形ラチスドーム

初期不整の大きな範囲まで考慮した研究は比較的少ない．しばしば引用されるのは，IASS の設計指針[付C.20]であり，付図 C.2.1 に示されるものである．これは，連続体シェルの弾性座屈を対象としたものであるが，シェル的な座屈が先行する場合このデータが従来から引用されてきた．曲線 III は外圧を受ける球と軸圧を受ける円筒シェル，曲線 II は外圧を受ける円筒シェル，I はその他のシ

ェルに対するものである．

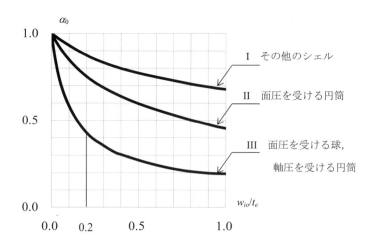

付図 C.2.1 IASS 指針のノックダウンファクタ[付C.20]

付表 C.2.1 連続体球形シェルの弾性座屈 $p_{cr}^{el}/p_{cr\,(cont\,eq)}^{lin}$ の下界の提案例[付C.4]

	Wright	Buchert	Del Pozo	Hu	Hangai	Eq.(4.2.30) [付C.4]
$p_{cr}^{el}/p_{cr\,(cont\,eq)}^{lin}$	0.31	0.30	0.20	0.26	0.24	0.20

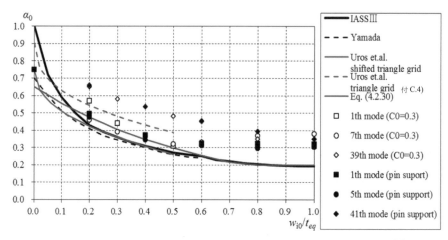

付図 C.2.2 球形ラチスドームに関する既往の弾性座屈荷重低減係数の例[付C.4]

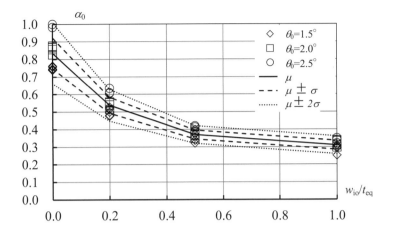

付図 C.2.3 周辺ピン支持ラチスドームの弾性座屈荷重低減係数の解析例[付C.21-1]

付表 C.2.1 は，ラチスドームの弾性座屈荷重低減係数の下界に関する既往の提案であるが，0.2 から 0.3 の範囲であり，下界は 0.20 程度と想定される．IASS の指針の下界と一致した値となっている．ただし，ほとんどが連続体シェル理論による分析である．

付図 C.2.2 のうち，黒破線で示されるデータは山田大彦(Yamada)の結果[付C.4], [付C.5], [付C.6], [付C.22]であり，周辺ピン支持のラチスドームの数値解析に基づいたものである．形状初期不整が等価シェル厚の 50%の範囲について詳細に求めたものであり，実際の設計で想定する初期不整の範囲をほぼ含んでいる．一方，付図 C.2.3 は，周辺ピン支持の限られた結果[付C.21-1]ではあるが，部材半開角 θ_0, 部材細長比 λ_0(40, 50, 60, 70, 80)のドームの初期不整敏感性を，等価シェル厚までの初期不整を考慮して分析したものである．付図 C.2.2 と付図 C.2.3 を参照すると，シェル的な座屈（全体座屈）に関する弾性座屈荷重低減係数が算定できる．連続体シェル理論では，大きな初期不整に対して弾性座屈荷重低減係数 α_0 は 0.20 程度まで低下しているが，ラチスドームに関しては，ローラー支持（テンションリング支持）の場合を含めると下限は 0.25 程度である．

付図 C.2.4 [付C.21-2]の〇，□等は，等分布荷重を受ける周辺ピン支持ラチスドームの弾性座屈荷重低減係数 α_0 の結果である．ただし，形状初期不整は等価シェル厚 t_{eq} の 20%を設定しているが，弾性座屈荷重が最も低下すると思われる座屈モードを用いている．次式で示すシェルらしさ係数 ξ_0

$$\xi_0 = \frac{12\sqrt{2}}{\theta_0 \lambda_0} \tag{付 C.2.1}$$

が 4 程度を境に弾性座屈荷重低減係数が大きく変化することが確認できる．図中の式 $^e\alpha_0$ は，この現象を踏まえて提案された弾性座屈荷重低減係数[付C.24], [付C.25]であり，形状初期不整の小さなラチスドームが偏載荷重時の断面算定用に提案された式である．ξ_0 が 4 程度以下では，シェル的な全体座屈に代わりに部材座屈が現れ初期不整敏感性が小さくなり，4 程度以上になると全体座屈が支配的になり α_0 が約 0.5 に漸近することを表している．厳密には表現できないが，部材半開角が 2.0°以上で部材細長比が 80 程度以上になると部材座屈が現れる．

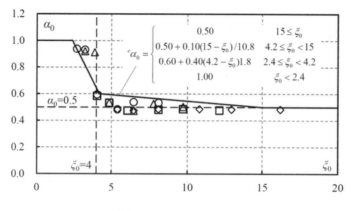

付図 C.2.4　α_0 と ξ_0 の関係

部材座屈とシェル的な全体座屈の区分を，シェルらしさ係数 ξ_0 で明瞭な式として表示できないが，剛接合の3方向部材配置のラチスドームでは，おおむね以下のように区分[付C.22],[付C.24],[付C.27] できる．

部材座屈　　$P_{cr(member)}^{el} = \dfrac{71EI_y}{l_0^2}\theta_0\gamma_m$ 　　　；$\xi_0 \leq \dfrac{2.63}{\gamma_m}$ 　　　　　　　　　　（付 C.2.2）

シェル的な全体座屈　　$P_{0cr(imp.)}^{el} = \alpha_0 \cdot P_{0cr}^{lin}$；　$P_{0cr}^{lin} = EA\theta_0^3\xi_0$ 　　　；$\xi_0 \geq \dfrac{2.63}{\gamma_m}$ 　　（付 C.2.3）

ただし，初期不整の無い場合の弾性座屈荷重低減係数が概略 0.65 とみなした場合の式である．なお，γ_m の値が，荷重条件や検討するドーム内の位置で変わるが，$\gamma_m = 0.7$ と仮定すると $\xi_0 = 3.6$ 程度の値であり，おおむね付図 C.2.4 の結果に対応する．

弾性座屈荷重低減係数を式として表す場合，いくつかの視点がある．（1）弾性座屈荷重をより安全に評価するため，弾性座屈荷重低減係数の下界を評価する，（2）座屈荷重の信頼性評価[付C.28]のために統計的処理を経て評価する，（3）弾塑性座屈荷重算定のための弾性座屈荷重低減係数として使用する等である．視点（1）に立てば，各種の解析データを収集し，それらの下界を評価する方法である．たとえば，付図 C.2.2 や付図 C.2.3 を合わせ，その下界を抑える方法である．視点（2）に立てば，付図 C.2.3 のように，平均値と標準偏差等を評価し，平均値を用いて表す，あるいは，平均値―（標準偏差）等を用いて評価する方法である．視点（2）の立場で，算定した弾性座屈荷重低減係数は，付図 C.2.3 等[付C.21-1],[付C.23] の結果を利用すると，ピン支持，ローラー支持について以下の式が得られる．

平均値 - 標準偏差：

$$\alpha_0 = 0.738\exp\left\{-2.035(w_i/t_{eq}) + 0.979(w_i/t_{eq})^2\right\} \quad;ピン支持 \qquad (付 C.2.4)$$

$$\alpha_0 = 0.670\exp\left\{-1.902(w_i/t_{eq}) + 1.084(w_i/t_{eq})^2\right\} \quad;ローラー支持 \qquad (付 C.2.5)$$

一方，特定部材（代表部材）に対して式(C4.3.18')を適用して座屈耐力を算定する視点に立てば，付図 C.2.2, 付図 C.2.3 を勘案し，かつ，算定された耐力の精度の検討を経て，ピン，ローラー支持に共通して，弾性座屈荷重低減係数として以下のような式[付C.23]が考えられる．

$$\alpha_0 = 0.50 \exp\left\{-2.326(w_i/t_{eq} - 0.2) + 1.311(w_i/t_{eq} - 0.2)^2\right\} \qquad (\text{付 C.2.6a})$$

なお，上式によれば，w_i/t_{eq}=0.0, 0.2, 0.5, 1.0 に対して，0.84, 0.50, 0.28, 0.18 となる．結果として，IASS 指針 III と山田の提案の中間値に類する結果となる．

また，弾性座屈荷重，降伏荷重を用いて，式(C4.3.16)，式(C4.3.17)から耐力の下界を評価する視点からは，次式の弾性座屈荷重低減係数[付C.28]が提案されており，式(付 C.2.6a)とほぼ同じ値となる．

$$\alpha_0 = \begin{cases} 0.65 \exp(-1.65 w_{io}/t_{eq}) & w_{io}/t_{eq} \leq 0.778 \\ 0.18 & w_{io}/t_{eq} \geq 0.778 \end{cases} \qquad (\text{付.C.2.6b})$$

なお，上式によれば，w_{io}/t_{eq}=0.0, 0.2, 0.5, 1.0 に対して，0.65, 0.47, 0.28, 0.18 となる．結果として，連続体シェルも含め，既往の結果のほぼ下界となる．

設計時に直接に弾性座屈解析から初期不整敏感性を検討しないで既往の弾性座屈荷重低減係数を用いる場合には，どの式を適用するにしても，設計者の適切な判断の下，設計対象の荷重の変動性や座屈特性を勘案し，設計時の荷重に余裕を採ることも肝要である．なお，接合部が剛接，円形平面で周辺に十分な剛性と耐力のあるテンションリングがある場合には，ピン支持とローラー支持に対するものは，ほぼ同じとみなせる．

座屈時の初期不整モード間のカップルを分析し，座屈時のひずみエネルギーの損失を論じた RS 法に関する文献[付C.29], [付C.30], [付C.31], [付C.32]があり，この方法はドームの座屈荷重低減係数をモードに依存しないで定める方法を提案している．2 重曲面状の自由曲面等の座屈の分析に適用できると思われる．なお，付録 B も参照されたい．

(2) 円筒ラチスシェル

形状初期不整の大きな範囲まで考慮した円筒ラチスシェルの弾性座屈荷重低減係数に関して，公表された結果は少ない．付図 C.2.5, 付図 C.2.6 は，等分布荷重を受ける屋根型円筒ラチスシェルの座屈荷重低減係数[付C.34]の例であるが，実線が平均値，破線が（平均値―標準偏差）を示している．

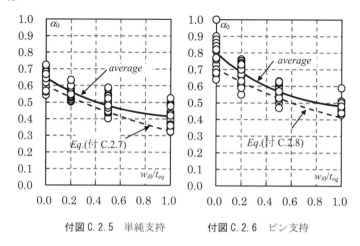

付図 C.2.5　単純支持　　　　付図 C.2.6　ピン支持

　文献付 C.34)には，等分布荷重に関して以下の弾性座屈荷重低減係数が示されている．
(平均値—標準偏差)：

$$\alpha_0 = 0.600\exp\{-0.633 w_{io}/t_{eq} + 0.023(w_{io}/t_{eq})^2\} \quad 単純支持 \quad (付 C.2.7)$$

$$\alpha_0 = 0.706\exp\{-0.621 w_{io}/t_{eq} + 0.081(w_{io}/t_{eq})^2\} \quad ピン支持 \quad (付 C.2.8)$$

値としてはピン支持の α_0 が単純支持の α_0 よりやや大きい結果となる．付図 C.2.1 の IASS 指針の曲線 II（外圧を受ける円筒シェル）と比較すると，付図 C.2.5, 付図 C.2.6 の結果はやや低い値となる．

　円筒ラチスシェルの座屈荷重低減度合いに関する研究として RS 法[付C.35)]による RS 座屈荷重がある．この RS 法による座屈荷重と有限要素法による座屈荷重のおおよその関係は，付録 B.7(4)（式(付B.7.15a), (付 B.7.15b)参照）に記述されている．

C.3　偏載荷重のある場合の弾性座屈荷重低減係数

(1) 球状のラチスシェル

　偏載荷重に対する弾性座屈解析例[付C.25), 付C.26), 付C.36)]は少ない．球状のラチスシェルに関しては，剛接，半剛接あるいはピン接合に関して，具体的な値が文献付 C.33)に図としてまとめられ，剛接の場合の結果が，偏載の度合い r_s に応じて文献[付C.24), 付C.25), 付C.38)]にまとめられている．また，文献付 C.36)には，パラメトリックな多くの検討結果が与えられている．

　文献[付C.4), 付C.33)]によれば，ピン支持の境界で，半載（円形平面の左半分のみに荷重が作用（図4.2.1））の場合の弾性座屈荷重は，全載荷重（等分布）の約 75％となっている．この結果を文献付 C.37)の定式化を援用して表示すると，次式

$$K_{p+g} = 1 - 0.30\left(\frac{p}{2g+p}\right)^{2/3} \quad ; \quad g=全載, \quad p=半載（図4.2.2） \quad (付 C.3.1)$$

で近似する．$g=0$ とすると，半載に相当し，この場合，等分布の場合の弾性座屈荷重の 70％に低下する結果となる．積雪時を想定すると，純粋な半載荷重はないので，ここで $g=p$ を想定すると，$K_{p+g}=0.86$ となる．この座屈荷重の低減傾向は，文献付 C.36) とほぼ同様な結果を与える．

(2) 円筒ラチスシェル

円筒ラチスシェルの偏載荷重（図 4.2.1）に対する座屈荷重の解析例[付C.37), 付C.38), 付C.39), 付C.40)]は，きわめて少ない．形状初期不整の無い場合については，文献付 C.4), 付 C.37)の結果から，ピン支持および単純支持の場合，全載の場合の弾性座屈荷重からの低減度合いが，それぞれ次式

$$K_{p+g} = 1 - 0.43\left(\frac{p}{2g+p}\right)^{2/3} \quad \text{（図 4.2.2）ピン支持} \qquad \text{(付 C.3.2)}$$

$$K_{p+g} = 1 - 0.56\left(\frac{p}{2g+p}\right)^{2/3} \quad \text{（図 4.2.2）単純支持} \qquad \text{(付 C.3.3)}$$

文献付 C.41)から次式

$$K_{p+g} = 1 - 0.55\left(\frac{p}{2g+p}\right)^{2/3} \quad \text{（図 4.2.2）単純支持} \qquad \text{(付 C.3.4)}$$

が演算[付C.42)]できる．ただし，文献の示す値を，文献付 C.37) にならって式表現したものである．また，文献付 C.38)は

$$K_{p+g} = 0.6 + \frac{1}{2.5 + 5p/g} \qquad \text{ピン支持} \qquad \text{(付 C.3.5)}$$

を与えている．$g=0$ とすると半載に相当し，式(付 C.3.2)，式(付 C.3.3)，式(付 C.3.4)，式(付 C.3.5)はそれぞれ，0.57，0.44，0.45，0.60 を与える．屋根の場合には純粋に半載状態は無い．$g = p$ の場合には，それぞれ，0.79，0.73，0.74，0.73 となり，ほぼ同じ値を与える．

形状初期不整と偏載荷重のある場合については，文献付 C.43) は，次式を提案している．

$$K_{p+g} = 1.0 \qquad \text{ピン支持} \qquad \text{(付 C.3.6-1)}$$

$$K_{p+g} = 1.0 - 0.8\left(\frac{1-\beta_S}{2-\beta_S}\right)\exp(-1.2 w_{io}/t_{eq}) \qquad \text{単純支持} \qquad \text{(付 C.3.6-2)}$$

形状初期不整がある場合の弾性座屈荷重低減係数として，次式[付C.43)]が提案されている．

$$^{hensai}\alpha_0 = 0.600\exp\{-0.633 w_{io}/t_{eq} + 0.023(w_{io}/t_{eq})^2\}$$
$$\times\{1.0 - 0.8\left(\frac{1-\beta_S}{2-\beta_S}\right)\exp(-1.2 w_{io}/t_{eq})\} \qquad \text{単純支持} \qquad \text{(付 C.3.7-1)}$$

$$^{hensai}\alpha_0 = 0.706\exp\{-0.621 w_{io}/t_{eq} + 0.081(w_{io}/t_{eq})^2\} \qquad \text{ピン支持} \qquad \text{(付 C.3.7-2)}$$

式(付 C.3.7-1)によれば，初期不整が無く単純支持で$\beta_S=0.5$ ($g=p$) の場合，弾性座屈荷重は全載の場合の $K_{p+g}=0.73$ となり，式(付 C.3.5)等とほぼ同程度の値となる．一方，ピン支持では，偏載荷重により弾性座屈荷重はほとんど変化しない．数値解析結果では，むしろやや上昇する[付C.43)]．なお，式(付 C.3.2～C.3.4)は，式の定式化（2/3 乗則）の誘導に論点を置いた一例の数値解析から得られた結果，一方，式(付 C.3.6-1)は，偏載荷重と形状初期不整を考慮したパラメトリック計算の結果であるので，実用性からは，式(付 C.3.5)あるいは式(付 C.3.6-1)，式(付 C.3.7-2)，が利用しやすい．

Shen 他が指摘[付C.36), 付C.38)]するように，ある程度の形状初期不整が併存すると，弾性座屈荷重への偏載の影響は相対的に小さくなる．式(付 C.3.6)はこれを考慮した結果である．ドーム状のラチスシェルに関してもこの特性は現れると想定されるが，現状ではこの分析はほとんどなされていない．

(3) 地震力のある場合の座屈荷重および座屈荷重低減係数

地震力を想定した座屈性状の検討は文献付C.44)にみられるが，まだ研究が開始された段階であり，地震力（水平成分，逆対称成分）の弾性座屈に与える影響を定式化した研究は見当たらない．有限要素法等に基づけば，固定荷重に加え，地震力を受ける場合の線形座屈荷重や弾性座屈荷重は容易に求められる状況付C.45), 付C.46)にあるので，現段階では，設計時にどの程度の初期不整を設定すべきかという問題も含め，形状初期不整に対する影響を設計時に検討して設計することとなる．

C.4 剛接合ラチスシェルの座屈荷重低減係数の目安
(1) 製作・施工に伴う形状初期不整の大きさ

ラチスシェル全般に関して現状では十分に初期不整敏感性が検討されているとは言い難い．また，実際の初期不整（形状，接合部の偏心，残留応力等）のデータの蓄積も特殊な場合付C.47)を除けば，きわめて少ない．したがって，原則として，設計時にはそれぞれの設計対象であるラチスシェルについて形状初期不整等に対する敏感性を検討する必要がある．一方，国内の鋼構造建築の製作・工事指針等を勘案すると，実際に生じると想定される形状初期不整の振幅は，等価シェル厚ほどには至らないと想定できる．

本指針では最大スパンを60mと限定している．60mスパンを連続的に一体とするような製作・施工はここでは想定しない．60mスパンの施工では，ある一定のブロックの大きさで施工されるものとする．最小でも60mを放射状方向に3ブロックに分割すると想定すると，1ブロックのスパンは，高々20mである．部材の彎曲に関して工場あるいは現場製作誤差を部材の長さの1000分の1.5とすれば部材中央で最大30mmである．指針付C.48), 付C.49)によれば，柱の据付け面の高さ誤差は5mmであり，工事現場の継手階の階高誤差も高々8mmである．これを構台あるいは仮支柱の高さの誤差と類似とみなせば，構台等の高さ誤差は高々8mmである．仮に8mmの2倍を許容すると，部材中央の誤差は，高々46mm（=30mm+16mm）とみなせる．これは，スパン60mの約1300分の1である．これを切り上げ，スパンの1000分の1と想定する．スパン60mの単層ラチスシェルを鋼管径が25cmの部材で構築したとすれば，等価シェル厚さは約30cmであり，初期不整を最大で等価シェル厚の20%とすると初期不整の最大は60mmとなる．この値もちょうどスパンの1000分の1となる．

(2) 形状初期不整の許容値と弾性座屈荷重低減係数の暫定値

上記の議論にしたがって，最大60mのスパンを対象とする本指針では，初期不整はスパンの1000分の1以下，かつ，等価シェル厚の20%以下と想定する．これを超えるような形状初期不整にあっては，種々の形状初期不整分布，想定される振幅に対して弾性座屈解析を進め，弾性座屈荷重低減係数を求めることとする．なお，初期不整の値を限定して設計する場合は，限定された初期不整を考慮して弾性座屈荷重低減係数を求めることとする．この場合，下記の暫定値0.50でなくてもよい．

一般に球状のラチスドームの初期不整敏感性が一番高いと考えられる．式(付C.2.6)によれば，等価シェル厚の20%の初期不整に対して，弾性座屈荷重低減係数は，0.50となる．本指針では，初期不整はスパンの1000分の1以下，かつ，等価シェル厚の20%以下の条件の下，ラチスシェルの形

状にかかわりなく，弾性座屈荷重低減係数の暫定値として 0.50 を用いることとする．なお，円筒ラチスシェルに関して，式(付 C.3.7-1)を用いれば，荷重の偏載が無い場合には，弾性座屈荷重低減係数は，等価シェル厚の 20%に対して，0.52 である．付録 B で RS 座屈荷重を解説したが，1 次モードに関しては，正のガウス曲率の 2 次曲面の RS 座屈荷重が線形座屈荷重の 0.50 となり，本指針で採用する値ともおおむね一致している．

(3) 既往の弾性座屈荷重低減係数

文献付 C.27)には，文献付 C.53)を参照して，剛接合のラチスシェルに関して，シェル的な全体座屈の場合の弾性座屈荷重低減係数が，以下の付表 C.4.1 のようにまとめられている．これらによっても，0.5～0.7 の範囲にあるが，これも前述の暫定値 0.50 を設定した理由の一つである．

付表 C.4.1 剛接合ラチスシェルの座屈荷重低減係数式(付 C.1.1)の α_0 ；ただし，シェル的座屈に適用．

ラチスシェルの種類 (境界条件)	荷重分布	α_0	文献 式番号
円形平面の球状の 3 方向部材ラチスドーム (ピン支持)	等分布 ゆるやかな偏載	0.5	文献付 C.53) 式(5.5.28)
円形平面の球状の 3 方向部材ラチスドーム (テンションリング支持)	等分布 ゆるやかな偏載	0.5	文献付 C.53) 式(5.5.28)
矩形平面の球状の 3 方向ラチスドーム (ピン支持)	等分布 ゆるやかな偏載	0.5	文献付 C.53) 式(5.4.14)
矩形平面の球状の 3 方向ラチスドーム (単純支持)	等分布 ゆるやかな偏載	0.5	文献付 C.53) 式(5.4.14)
円形平面の球状の 2 方向部材ラチスドーム (ピン支持)	等分布 ゆるやかな偏載	0.7	* 文献付 C.53) 式(5.3.10)
円形平面の球状の 2 方向部材ラチスドーム (テンションリング支持)	等分布 ゆるやかな偏載	0.7	* 文献付 C.53) 式(5.3.10)
矩形平面の球状の 2 方向部材ラチスドーム (ピン支持)	等分布 ゆるやかな偏載	0.7	文献付 C.53) 式(5.3.10)
矩形平面の球状の 2 方向部材ラチスドーム (弾性支持)	等分布 ゆるやかな偏載	0.7	* 文献付 C.53) 式(5.3.10)
矩形平面の球状の張力材補剛 2 方向ラチスドーム (ピン支持)	等分布 ゆるやかな偏載	0.65	文献付 C.53)
矩形平面の球状の張力材補剛 2 方向ラチスドーム (単純支持)	等分布 ゆるやかな偏載	0.65	* 文献付 C.53)
3 方向部材 HP ラチスシェル (ピン支持)	等分布 ゆるやかな偏載	1.0	文献付 C.54)
3 方向部材 HP ラチスシェル (単純支持)	等分布 ゆるやかな偏載	1.0	* 文献付 C.54)
2 方向部材の HP ラチスシェル (ピン支持)	等分布 ゆるやかな偏載	1.0	文献付 C.54)
張力材補剛の 2 方向部材の HP ラチスシェル (ピン支持)	等分布 ゆるやかな偏載	1.0	文献付 C.53)

張力材補剛の2方向部材のHPラチスシェル (単純支持)	等分布 ゆるやかな偏載	1.0 *	* 文献付 C.54)
3方向部材の円筒ラチスシェル (ピン支持)	等分布 ゆるやかな偏載	0.5	文献付 C.53)
3方向部材の円筒ラチスシェル (単純支持)	等分布 ゆるやかな偏載	0.5	文献付 C.53)

*は，関連するラチスシェルの種類から判断した値である．

C.5 接合部の剛接度による座屈荷重低減係数

　接合部の剛接度は，単層ラチスシェルでは弾性座屈荷重に大きく影響する．剛接度に関係するものとしては，軸剛性や曲げ剛性に関するもの，また，接合部の偏心接合や緩みによるものがある．ただし，4章で解説したように，ピン接合あるいはピン接合に近いラチスシェルの弾性座屈性状は，剛接あるいは半剛接のそれと大きく異なるので，ピン接合の単層ラチスシェルはこの指針の対象外とする．

　接合部の剛性の評価，また，これが弾性座屈荷重に与える影響を適切に評価する方法に関しては，それほど多くのデータの蓄積は無いといえる．鋼管の継手や形鋼の継手の耐力や剛性については，本会の「鋼構造接合部設計指針」[付 C.50]，「鋼管トラス構造設計施工指針・同解説」[付 C.51]等を参照し評価する方法がある．あるいは機械式継手等の場合にはすでに実験等で評価のあるデータを採用するか，あるいは，有限要素解析あるいは実験でその剛性を定める必要がある．

　軸剛性に対する緩みが大きな場合には，部材の圧縮剛性の低下を招くとともに，面外の形状初期不整の大きな原因となるので，これは極力避けなければならない．したがって，接合部の軸剛性は，十分高い接合部として設計する．また，曲げに関する緩み，あるいは，接合部の曲げ剛性が小さいことが想定される場合は，これを等価な面外初期不整に換算[付 C.52]して，形状初期不整の影響として座屈荷重低減係数に考慮する必要がある．

　接合部の曲げ剛性では，接合部の部材強軸と弱軸に関する曲げ剛性，また，部材のねじりに関する接合部剛性がある．ラチスシェルの全体座屈に関しては，特に曲面の法線（面外）方向の変位に関する接合部の曲げ剛性が面外たわみに影響を与える．第1に，この曲げ剛性が重要となる．接合部の弱軸の曲げ剛性が小さい場合には部材端の補剛効果が小さく個材座屈が現れやすくなり，この場合は，4章で述べたように接合部の剛性や耐力の影響も考慮して部材弱軸の座屈による座屈荷重と耐力を検討する必要がある．2方向ラチスシェルで部材のねじり剛性を期待するラチスシェルでは，接合部においてもこのねじりを伝達するような配慮が必要となる．なお，弱軸に関する曲げ剛性による低減係数は，最近の研究[付 C.12]で扱われている．

　上記の説明から理解できるように接合部の曲げ剛性が小さければ，ラチスシェルの線形座屈荷重や弾性座屈荷重は低下する．しかし，前述のように，接合部の曲げ剛性の大小の座屈への影響については比較的研究が少ない．接合部を十分に剛とする設計では問題ないが，規模が小さくなると接合部も小さくなりやすく，この場合には接合部の剛性も小さくなる可能性もあり半剛接になる傾向が現れるので，この影響について設計にあたり適切な配慮が必要となる．

ここでは，球状のラチスシェル，直交格子ドーム，円筒ラチスシェルについて，面外曲げモーメントに関する接合部の剛接度κに関して，接合部の半剛接性による低減係数$\beta(\kappa)$を紹介する．

a) 3方向部材配置：文献付C.8）の結果

$$\beta(\kappa) = \frac{1}{\sqrt{1+2/\kappa}} \tag{付 C.5.1}$$

b) 3方向部材配置：文献付C.7）の結果

$$\beta(\kappa) = \begin{cases} (0.3+0.3\log_{10}(\kappa))/0.65 & 1 \leq \kappa \leq 10 \\ (0.55+0.05\log_{10}(\kappa))/0.65 & 10 \leq \kappa \leq 100 \\ 1.0 & 100 \leq \kappa \end{cases} \tag{付 C.5.2}$$

c) 2方向部材配置：文献付C.10）の結果

$$\beta(\kappa) = \begin{cases} 0.47 \cdot \log_{10}(\kappa)+0.34 & (1 \leq \kappa < 10) \\ 0.19 \cdot \log_{10}(\kappa)+0.62 & ; \quad (10 \leq \kappa < 100) \\ 1.0 & (100 \leq \kappa) \end{cases} \tag{付 C.5.3}$$

式あるいは，文献付C.10）の結果の下界に対しては，次式[付C.4)]が得られる．

$$\beta(\kappa) = \begin{cases} 0.365\log(\kappa)+0.28 & 1 \leq \kappa \leq 100 \\ 1.0 & 100 \leq \kappa \end{cases} \tag{付 C.5.4}$$

それぞれの式が与える$\beta(\kappa)$の比較を付表C.5.1に示す．式(付C.5.1)と式(付C.5.2)は，3方向部材配置のラチスドームであり，前者は連続体シェルの理論から，後者はマトリクス法による座屈解析から得られたものである．方法が異なるが，ほぼ同様な結果が得られている．一方，式(付C.5.3)と式(付C.5.4)は，2方向部材配置のラチスドームであり，マトリクス法の座屈解析から得られた数字である．比較からは，3方向部材配置は，2方向部材配置よりも低減係数が緩やかな傾向をもち，2方向部材配置では，接合部の無次元曲げ剛性κが3以下になると$\beta(\kappa)$は0.50以下となり相当に大きな弾性座屈荷重の低下につながる．なお，直交格子にブレース補剛したものに関しては研究成果は無いが，曲げ特性は2方向部材とほぼ同様と想定できるので，$\beta(\kappa)$の評価では2方向部材として評価できると考えられる．いずれにしても，2方向部材配置のラチスシェルに関しては現状では研究成果は少ないので今後とも成果を蓄積する必要がある．

接合部の剛性と耐力の評価を，現状ではFEM解析等の解析だけから行うのは困難であり，設計・製作の実態に合わせ，これらは実験で確認することが望ましい．また，$\beta(\kappa)$の値が低くなる場合には，安全側の判断に基づいて$\beta(\kappa)$の値を設定するか，あるいは，実験で得られた剛性による線形座屈解析，弾性座屈解析等を通して，$\beta(\kappa)$を評価する必要がある．また，$\beta(\kappa)$の評価においても，$\beta(\kappa)$の値が相当低くなる場合には，評価に伴う変動性が含まれるので，前述のように式(付C.1.1)において解析係数γにその変動性を含ませる必要がある．

付表 C.5.1 接合部の曲げ剛性による弾性座屈荷重低減係数 $\beta(\kappa)$ の比較

		$\kappa=1000$	$\kappa=100$	$\kappa=12$	$\kappa=10$	$\kappa=8$	$\kappa=6$	$\kappa=3$
3方向部材配置	式(付 C.5.1)	1.00	0.99	0.93	0.91	0.89	0.87	0.77
	式(付 C.5.2)	1.00	1.00	0.93	0.92	0.88	0.82	0.68
2方向部材配置	式(付 C.5.3)	1.00	1.00	0.83	0.81	0.76	0.71	0.56
	式(付 C.5.4)	1.00	1.00	0.67	0.65	0.60	0.56	0.45

参考文献

付C.1) 日本建築学会：鋼構造物の座屈に関する諸問題 2013,（13.5 節），2013
付C.2) IASS WG 8 : (Draft) Guide to Buckling Load Evaluation of Metal Reticulated Roof Structures, (3.6 節), 2014.10
付C.3) IASS WG 8 : (Draft) Guide to Buckling Load Evaluation of Metal Reticulated Roof Structures, (4.1 節), 2014.10
付C.4) IASS WG 8 : (Draft) Guide to Buckling Load Evaluation of Metal Reticulated Roof Structures, (4.2 節), 2014.10
付C.5) 山田大彦：単層ラチスドームの安定解析 ― その現状と問題点 ― 第 4 章，日本建築学会シェル空間構造運営委員会，1989.8
付C.6) 日本建築学会：鋼構造座屈設計指針 9.4 節，2009.11
付C.7) 加藤史郎・庄村昌明：接合部の曲げ剛性が円形平面状の単層ラチスドームの座屈荷重に与える影響，日本建築学会構造系論文集，第 465 号，pp.97-107, 1994.11
付C.8) 植木隆司・向山洋一・加藤史郎：両端に回転ばねのある部材で構成される単層ラチスドームの設計および弾性座屈荷重，日本建築学会構造系論文報告集，第 411 号，pp.117-129, 1990.5
付C.9) 植木隆司・向山洋一・庄村昌明：単層ラチスドームの載荷試験および弾塑性座屈解析，日本建築学会構造系論文報告集，第 421 号，pp.117-128, 1991.3
付C.10) 加藤史郎・今野 岳・山下哲郎：単層直交格子ドームの座屈荷重に関する研究，日本建築学会構造系論文集，第 636 号，pp.305-312, 2009.2
付C.11) 日本建築学会編：ラチスシェルの座屈と耐力，5.3 節，2010.6.
付C.12) 竹内 徹・林 裕真・林 賢一・小島浩士：中空円筒型単層格子シェル接合部の剛性および耐力，日本建築学会技術報告集，第 17 巻，第 36 号 pp. 525-530, 2011.6
付C.13) R. Shibata, S. Kato, S. Yamada: Experimental study on the ultimate strength of single layer reticular domes, Space Structures 4, Thomas Telford, London, 1993
付C.14) 日本建築学会編：ラチスシェルの座屈と耐力，8.2 節，8.3 節，2010.6
付C.15) 植木隆司・松栄泰男・加藤史郎・山田聖志：単位単層ラチスドームの載荷試験および弾塑性座屈解析，日本建築学会構造系論文報告集，第 452 号，pp.67-76, 1993.10
付C.16) 岡村 潔・山田大彦・木村 衛・最上公彦：角型鋼管部材を用いた単層ラチスシェル構造の接合部実験，日本建築学会大会学術講演会梗概集，構造Ⅰ，（北陸），pp.1661〜1662, 1992.8
付C.17) 糸瀬賢司・小野徹郎・石田和人・木村 衛・岡村 潔・水谷直木：大規模単層ラチスドームの開発，日本建築学会大会学術講演会梗概集，構造Ⅰ，（東海），pp.1857〜1858, 1994.9
付C.18) 吉中 進・坪田張二・田中直樹・高橋栄治・小磯利博：既存競技施設のドーム化技術の開発：その 2 単層格子骨組み全体座屈解析と接合部構造実験，日本建築学会大会学術講演会梗概集，構造Ⅰ，（中国），pp.983〜984, 1999.9
付C.19) 佐藤靖宏・森山富雄・最上公彦・山田大彦：立体トラスシステム接合部の三次元応力伝達特性に関する研究 ― 曲げ剛性評価 ―，日本建築学会大会学術講演会梗概集，構造Ⅰ，（九州），pp.973〜974, 1998.9
付C.20) IASS W.G.5: Recommendations for Reinforced Concrete Shells and Folded Plates (IASS), 1979.
付C.21-1) 服部正太・中澤祥二・加藤史郎・高橋直生：固定荷重に対する単層ラチスドームの初期不整敏感性に関する研究，日本建築学会大会学術講演会梗概集，構造Ⅰ，（北海道），pp.871-872, 2013
付C.21-2) 岩元貴幸・中澤祥二・加藤史郎：固定荷重を受ける単層ラチスドームの座屈耐力推定に関する研究，日本建築学会大会学術講演会梗概集，構造Ⅰ，（近畿），pp.819-820, 2014.9
付C.22) 日本建築学会：ラチスシェルの座屈と耐力，5.5 節，2010.6.

付C.23) 服部正太・中澤祥二・加藤史郎：固定荷重に対する単層ラチスドームの座屈耐力推定法に関する考察, 構造工学論文集 Vol.61B, pp.311-318, 2015.3

付C.24) 加藤史郎・金 鐘敏：中間荷重を受ける単層ラチスドームの座屈荷重推定法に関する研究, 日本建築学会構造系論文集, 第 562 号, pp. 67-74, 2002.12

付C.25) 加藤史郎・金 鐘敏：単層ラチスドームの座屈応力度に関する分析と断面算定への応用 —等分布と偏載荷重を考慮して断面算定された周辺ローラー支持の場合—, 鋼構造論文集, 第 9 巻, 第 33 号, pp.49-64, 2002.3

付C.26) 加藤史郎・吉田矩子・中澤祥二：ブレースで補剛された単層直交格子ドームの座屈耐力に関する研究, 日本建築学会構造系論文集, 第 676 号, pp.891-898, 2012.6

付C.27) 日本建築学会：鋼構造物の座屈に関する諸問題 2013, (13.2 節), 2013

付C.28) S. Kato, T. Yanagisawa, S. Nakazawa: Re-consideration of Global Load Factor in Buckling Load Evaluation for Reticulated Spherical Domes Related to Reliability Index, J. of IASS, Vol.56(2015)Non.3,pp.199-215, 2015

付C.29) 日本建築学会：ラチスシェルの座屈と耐力, 3.2 節, pp. 86-91, 2010.6

付C.30) S. Yamada : Incremental strain energy variation in the nonlinear equilibrium paths of single layer lattice domes, Proc. of the 47th Japan National Congress for applied Mechanics, pp. 17-23, 1998

付C.31) 山田聖志・竹内明子・多田敬幸・堤 和敏：汎用構造解析コードによる RS 解析法と単層ラチスドームの座屈問題への適用, 日本建築学会構造系論文集, 第 526 号, pp. 85-92, 1999.12

付C.32) S. Yamada, Y. Matsumoto, A. Sakamoto, and J.G.A Croll: Design estimation method of buckling load and the associated mode for a single layer lattice dome roof with square plan, IABSE-IASS Symposium 2011, 2011.9.

付C.33) 日本建築学会：鋼構造座屈設計指針（9.4.節の図 9.4.3〜図 9.4.18）, 2009

付C.34) 加藤史郎・中澤祥二・神戸健彰・柳澤利昌：等分布荷重を受ける屋根型単層円筒ラチスシェルの耐力評価法に関する研究, 日本建築学会構造系論文集, 第 692 号, pp. 1777-1786, 2013.10

付C.35) 日本建築学会：ラチスシェルの座屈と耐力, 4.2 節, 2010.6

付C.36) S. Z. Shen, X. Chen: Stability of Steel Reticulated Shells （3.2 節）(in Chinese), The Science Publisher, Beijing, China, 1999 (中国語)

付C.37) 粉川 牧：任意母線縁境界をもつ円筒網目シェル屋根の全体座屈解析 その3, 日本建築学会論文報告集, 第 295 号, pp. 51-61, 1980.9

付C.38) S. Z. Shen, X Chen: Stability of Steel Reticulated Shells （4.1 節）(in Chinese), The Science Publisher, Beijing, China, 1999 (中国語)

付C.39) 加藤史郎・飯田 稔：偏載荷重を受ける周辺単純支持された単層円筒ラチス屋根の座屈荷重, 日本建築学会構造系論文集, 第 486 号, pp. 53-62, 1996.8

付C.40) 仁保 裕・加藤史郎：偏載荷重を受ける円筒ラチスシェル屋根の部材断面算定法, 日本建築学会大会学術講演会梗概集, 構造 I, (中国), pp.861-862, 2008

付C.41) M. Fujimoto, K. Imai, T. Saka : Effects of mesh pattern on buckling behaviour of single layer lattice cylindrical shell roof, Asia Pacific Conference on Shell and Spatial Structures 1996, 1996.5.

付C.42) IASS WG 8: (Draft) Guide to Buckling Load Evaluation of Metal Reticulated Roof Structures, (4.3 節), 2014.10

付C.43) 神戸健彰・加藤史郎・中澤祥二・柳澤利昌：偏載荷重を受ける屋根型円筒ラチスシェルの座屈耐力の評価方法の再考察, 日本建築学会大会学術講演会梗概集, 構造 I, (北海道), pp.867-868, 2013.8

付C.44) 木内祐輔・熊谷智彦・竹内 徹・小河利行：逆対称荷重を受ける屋根型円筒ラチスシェルの座屈荷重, 日本建築学会大会学術講演会梗概集, 構造 I, (東海), pp.725-726, 2012.9

付C.45) 中澤祥二・加藤史郎・高橋直生：静的地震荷重を用いた単層ラチスドームの耐震性評価に関する研究 その 2, 日本建築学会大会学術講演梗概集, 構造 I, (北海道), pp.911-912, 2013.8

付C.46) 中澤祥二・柳澤利昌・加藤史郎：単層ラチスドームを対象とした地震荷重と耐震性能評価法の提案, 日本建築学会構造系論文集, ,第.703 号, pp.1287-1298, 2014.9

付C.47) 佐橋睦雄：大規模単層ラチスドームの不整に関する研究, 東北大学学位論文, 1997.5

付C.48) 日本建築学会：鉄骨精度測定指針, 2007.10

付C.49) 日本建築学会：鉄骨工事技術指針・工事現場施工編, 2008.3

付C.50) 日本建築学会：鋼構造接合部設計指針, 2006

付C.51) 日本建築学会：鋼管トラス構造設計施工指針・同解説, 2002

付C.52) 加藤史郎・武藤 至：単層ラチスドームの形状初期不整の推定手法について, 日本建築学会構造系論文報告集, 第.423 号, pp.127-136, 1991.5

付C.53) 日本建築学会：ラチスシェルの座屈と耐力，2010.6.
付C.54) T. Ogawa, T. Kumagai, K. Minowa and S. Kato: Buckling load of saddle-shaped HP reticulated shells, Journal of IASS, Vol. 53, No. 1, n.171, 2012. 3.

付録D　ラチスシェルの全体座屈を考慮した部材の有効座屈長さと短期許容圧縮応力度

D.1　鋼構造部材の柱の座屈長さ

中心圧縮柱の弾性曲げ座屈軸力 N_{cr}^{el} が求まると，柱の座屈長さ（有効座屈長さ）l_k が次式で定められる．ここで，弾性座屈に対する断面2次モーメントを I，ヤング係数を E とする．

$$N_{cr}^{el} = \frac{\pi^2 EI}{l_k^2}; \quad l_k = \sqrt{\frac{\pi^2 EI}{N_{cr}^{el}}} \tag{付 D.1.1}$$

座屈軸力がちょうど部材の降伏軸力 N_y になる場合の座屈長さ l_{ky} は次式で計算できる．

$$l_{ky} = \sqrt{\frac{\pi^2 EI}{N_y}} = \pi i \sqrt{\frac{E}{\sigma_y}} \tag{付 D.1.2}$$

ここで，i は断面2次半径とする．

l_k の l_{ky} に対する比は，正規化細長比（あるいは無次元化細長比[注付D.1]）Λ_e として定義される．ここで，添え字 e は，弾性座屈であることを示すものとする．

$$\Lambda_e = \frac{l_k}{l_{ky}} \tag{付 D.1.3}$$

式(付 D.1.1)と式(付 D.1.2)を用いると，Λ_e は次に変換される．

$$\Lambda_e = \sqrt{\frac{N_y}{N_{cr}^{el}}} \tag{付 D.1.4}$$

したがって，座屈長さ l_k [注付D.2] を次のように表す．

$$l_k = l_{ky} \Lambda_e \tag{付 D.1.5}$$

仮に鋼材をSN400と想定し，$E=205\text{kN/mm}^2$, $\sigma_y=235\text{N/mm}^2$ および断面2次半径 i を用いると，$l_{ky} = 92.8i$ となり，有効座屈細長比は次式となる．

$$\frac{l_k}{i} = 92.8 \Lambda_e \tag{付 D.1.6}$$

この l_k を本会「鋼構造設計規準」の短期許容圧縮強度式[付D.1]に代入すると，部材の短期許容圧縮強度 N_{cr} は次式で計算できる．

$$\frac{N_{cr}}{N_y} = \begin{cases} \dfrac{1 - 0.24\Lambda_e^2}{1 + \dfrac{4}{15}\Lambda_e^2} & \text{for } \Lambda_e \leq \dfrac{1}{\sqrt{0.6}} \\ \dfrac{9}{13\Lambda_e^2} & \text{for } \Lambda_e \geq \dfrac{1}{\sqrt{0.6}} \end{cases} \tag{付 D.1.7}$$

D.2 ラチスシェルの特定部材（代表部材）の座屈長，短期許容応力度設計に用いる弾性座屈応力度と断面算定式

以下に，特定部材（代表部材）の弾性座屈強度あるいは圧縮強度に基づく断面算定法を紹介する．ラチスシェルでは軸応力が支配的と考え，かつ，部材応力分布は，ほぼ一様との仮定の下に，4章で選定した特定部材（代表部材）の弾性座屈軸力を用いて有効座屈長さを求め，これを用いて有効座屈長さを算出する．したがって，原則として，単層ラチスシェルの部材には，できるだけ同程度のサイズを用いることとする．使用する部材断面サイズに大きな違いがある場合には，断面に余裕を持たせる設計とするか，あるいは，直接にマトリクス法等で幾何非線形解析あるいは幾何非線形・材料非線形解析から応力・変形を求め，耐力を算定する．

ただし，2章の構造計画で記述したように，本指針では，単層ラチスシェルにあっては，部材にねじれを生ずる非対称断面，あるいは，ねじれを受ける開断面を想定しない．

(1) 固定荷重時および雪荷重時

固定荷重時および雪荷重時のラチスシェルの特定部材（代表部材）の座屈長さは，原則として，ラチスシェルの弾性座屈荷重 $P^{el}_{0cr(imp,\kappa)}$

$$P^{el}_{0cr(imp,\kappa)} = \beta(\kappa) \cdot \alpha_0 \cdot P^{lin}_{0cr} \qquad \text{(再掲 C4.3.13)}$$

に基づいて算定するものとする．なお，荷重偏分布の影響 K_{p+q}（付録C）については，上式で考慮されているものとする．

式(再掲 C4.3.13)の弾性座屈荷重 $P^{el}_{0cr(imp,\kappa)}$ に対する特定部材の軸力 $N^{el}_{cr(m)}$ は，次式で得られる．

$$N^{el}_{cr(m)} = \beta(\kappa) \cdot \alpha_0 \cdot \lambda^{lin}_{cr} \cdot N_{0(m)} \qquad \text{(付 D.2.1)}$$

許容圧縮応力度の算出の場合は，特定部材の降伏軸力 $N_{y(m)}$ を用いて次式

$$\Lambda_e = \sqrt{\frac{N_{y(m)}}{N^{el}_{cr(m)}}} \qquad \text{(付 D.2.2)}$$

から特定部材の正規化細長比を算出し，許容圧縮強度 $N_{cr(m)}$ を式(付 D.1.7)から算出し，短期許容圧縮応力度 $\sigma_{cr(m)}$ および弾性座屈応力度 $\sigma^{el}_{cr(m)}$ を次式

$$\sigma_{cr(m)} = \frac{N_{cr(m)}}{A_{(m)}} \qquad \text{(付 D.2.3)}$$

$$\sigma^{el}_{cr(m)} = \frac{1}{A_{(m)}} \cdot \frac{N_{y(m)}}{\Lambda_e^2} \qquad \text{(付 D.2.4)}$$

から算出し，これを，ドームの他の圧縮部材についても共通に用いる．

圧縮を受ける部材の短期許容応力度設計では，この短期許容座屈応力度 $\sigma_{cr(m)}$ および弾性座屈応力度 $\sigma^{el}_{cr(m)}$ をドームの他の圧縮材に適用する．それぞれの部材の断面積 A，弾性の断面係数 Z_e を使用して，短期荷重から得られる軸力(圧縮力) N，曲げモーメント M および弾性非線形性による曲げモーメント増分を考慮して計算される曲げモーメント M^* を用いた次式

$$\sigma = \frac{N}{A} \pm \frac{M^*}{Z_e} \leq \sigma_y, \quad M^* = \frac{M}{1 - \dfrac{N}{\sigma_{cr(m)}^{el} A}} \tag{付 D.2.5}$$

で定める縁応力度が，降伏応力度 σ_y 以内であることを確認[付 D.2],[付 D.3],[付 D.4]する．また，鋼構造設計規準による次式

$$\frac{N}{A\sigma_{cr(m)}} \pm \frac{M^*}{Z_e \sigma_b} \leq 1, \quad M^* = \frac{M}{1 - \dfrac{N}{\sigma_{cr(m)}^{el} A}} \tag{付 D.2.6}$$

を満たすことを確認する．ここで σ_b は短期許容曲げ応力度とする．ただし，上記は1軸曲げの場合の例であり，2軸曲げを考慮する必要がある場合には，これを考慮する．また，許容弾性座屈応力度が存在応力に対して十分大きい場合には，曲げモーメントの増幅は考慮しない．

短期荷重に対する断面算定では，固定荷重，雪荷重，地震時荷重等に対して適切かつ余裕をもって断面算定する必要がある．特に，前述のように使用する部材断面間に大きなサイズの違いを生じないような断面設定，また，境界等で荷重の偏載等による大きな曲げモーメントの発生を押さえる設計が要求される．このような計画で設計された場合には，短期許容応力度設計されたラチスシェルの耐力が終局強度時においても特定部材の短期許容圧縮応力度を用いて，終局強度の算定が可能であることが示されている．これらについては，たとえば，短期許容応力度設計された直交格子ドームは文献付 D.2)，また，部材中間荷重や偏載荷重を受ける3方向部材配置のラチスドームは文献付 D.3)，付 D.4)にあげられる．また，文献付 D.5)では，円筒ラチスシェルの直線縁境界近傍の曲げ応力を減少させるため，ナックル状にシェル形状を変更することで耐力上昇が可能なこと，一例ではあるが文献付 D.6)では自由辺で補剛された自由曲面ラチスシェルにおいても式(C4.3.18')の適用で断面算定されている．

(2) 地震荷重時

線形座屈軸力と弾性座屈軸力，および，弾性座屈荷重低減係数は，以下のように算出する．

固定荷重に加え地震力が作用した場合については，雪荷重時と同様に，原則として線形座屈解析および初期不整等を考慮した弾性座屈解析から，特定部材を定め，特定部材の弾性座屈軸力を用いて，特定部材の圧縮強度を算定する．文献付 D.7)等と同様，以下のような手順で弾性座屈軸力を求める．

固定荷重を $\{P_{d0}\}$，短期許容応力度設計に用いる地震力を $\{P_{e0}\}$ とする．地震時に作用する荷重は，地震荷重用の増分係数 λ_E を用いると，次のように表される．

$$\{P\} = \{P_{d0}\} + \lambda_E \{P_{e0}\} \tag{付 D.2.7}$$

この荷重の下で，線形座屈解析(固有値解析)から，線形座屈荷重係数 λ_{Ecr}^{lin} を求める．この λ_{Ecr}^{lin} から，線形座屈時の各部材の軸力を求める．ただし，i は部材番号とする．

$$N_{cr(i)}^{lin} = N_{0(i)} + \lambda_{Ecr}^{lin} N_{E0(i)} \tag{付 D.2.8}$$

一方，形状初期不整を考慮した弾性座屈解析を行い，弾性座屈荷重係数 λ_{Ecr}^{el} を求める．λ_{Ecr}^{el} から弾性座屈荷重時の部材軸力 $N_{cr(i)}^{el}$ が，次のように算定できる．

$$N_{cr(i)}^{el} = N_{0(i)} + \lambda_{Ecr}^{el} N_{E0(i)} \tag{付 D.2.9}$$

固定荷重時に特定部材（代表部材）を選択する場合と同様に，軸力だけを考慮したとき，最初に軸降伏する部材を定める．これを（m）で表記し，特定部材の線形座屈軸力と弾性座屈軸力を次式で表示する．

$$N_{cr(m)}^{lin} = N_{0(m)} + \lambda_{Ecr}^{lin} N_{E0(m)} \tag{付 D.2.10}$$

$$N_{cr(m)}^{el} = N_{0(m)} + \lambda_{Ecr}^{el} N_{E0(m)} \tag{付 D.2.11}$$

特定部材の軸力から地震荷重時の弾性座屈荷重低減係数 α_{E0} を算定する．

$$\alpha_{E0} = \frac{N_{0(m)} + \lambda_{Ecr}^{lin} N_{E0(m)}}{N_{0(m)} + \lambda_{Ecr}^{el} N_{E0(m)}} \tag{付 D.2.12}$$

文献付 D.7)によれば，形状初期不整の無い場合について，部材細長比が 40, 50, 60 で，部材半開角 1.5°のドームでは，α_{E0} の値は 0.52〜0.54 程度であり，等価シェル厚 20%程度の初期不整がある固定荷重（あるいは雪荷重時等の鉛直荷重）時の弾性座屈荷重の概略値 0.50 に近い．文献付 D.8)では，0.6 程度の値と分析されている．ただし，地震時の弾性座屈荷重低減係数については文献付 D.8)以外に研究成果が少なく，また，部材細長比やドームの半開角にも依存すると想定されるので，設計時に弾性座屈荷重低減係数を検討して用いる必要がある．今後早急に研究データを蓄積する必要がある．

特定部材（代表部材）の有効座屈長さ，圧縮強度，短期許容圧縮応力度は，以下のように算出する．地震荷重時について，特定部材に関する正規化細長比 Λ_e を次式で算出する．

$$\Lambda_e = \sqrt{\frac{N_{y(m)}}{\alpha_{E0}(N_{0(m)} + \lambda_{Ecr}^{lin} N_{E0(m)})}} \tag{付 D.2.13}$$

この正規化細長比を用いて，特定部材の等価座屈長さは，$l_{k(m)} = l_{ky(m)} \Lambda_e$ として算定する．ただし，$l_{ky(m)}$ は，特定部材に関して座屈軸力がちょうど部材の降伏軸力 $N_{y(m)}$ になる場合の座屈長さである．なお，特定部材の圧縮強度 $N_{cr(m)}$ は，式(付 D.2.13)で算定した式 Λ_e を式(付 D.1.7)に代入し算定する．

ドームの部材のサイズがほぼ同程度の部材で構成される場合には，上記のようにして算出した特定部材の圧縮強度 $N_{cr(m)}$ から，許容圧縮応力度

$$\sigma_{cr(m)} = \frac{N_{cr(m)}}{A_{(m)}} \tag{付 D.2.14}$$

を算出し，ドームの他の圧縮部材の断面算定にも共通して用いる．

前述のように地震荷重時に関しては，現状では十分な研究蓄積[付 D.8],[付 D.9]はない．線形座屈性状，初期不整ある場合の弾性座屈荷重低減係数の分析，加えて，終局強度に基づく圧縮強度の算出方法は，現状では研究が進行中である．特に単層ラチスシェルでは，水平地震動に伴う逆対称の鉛直荷重が大きく，固定荷重が依然として作用しているので，固定荷重に加え地震力による鉛直成分の和が耐力に大きく影響するから，この大きな鉛直成分により耐力が支配されると想定される．

したがって，研究成果の少ない現時点での次善策として，地震荷重時の特定部材の座屈に関しては，以下に述べる方法を用いる．

a) 固定荷重時あるいは雪荷重時の座屈特性の結果を援用する方法

b) 固定荷重と地震荷重の両者を考慮して線形座屈解析，弾性座屈解析を行い，この結果から座屈長さを算出し短期圧縮応力度（強度）を求める方法，

c) 直接に弾塑性座屈解析から座屈耐力を求める方法．この方法は，8章の設計例の中で算定方法を解説する．

　短期許容応力度設計とは間接的な関係となるが，地震時の単層ラチスドームの終局時の挙動や耐力に関する研究は，時刻歴応答解析あるいは静的弾塑性座屈解析による研究が少ない．したがって，部材や接合部等に比較的大きな塑性ひずみを許容する設計を採用する場合には，終局時の挙動や耐力を分析し，その結果に基づいて断面算定にあたる必要がある．あるいは，地震時の設計ではできるだけドーム部材に損傷の少ないような構造計画や断面設計が望まれる．

注

注 D.1) 鋼構造座屈設計指針では，曲げ座屈細長比 λ_c として定義されている．

注 D.2) シェル的な全体座屈が起きる場合には，等価座屈長さは，部材長さ以上となる．

参考文献

付 D.1) 日本建築学会：鋼構造設計規準－許容応力度設計法－，2005.9

付 D.2) 加藤史郎・今野　岳・山下哲郎：単層直交格子ドームの座屈荷重に関する研究，日本建築学会構造系論文集，第636号，pp.305-312, 2009.2

付 D.3) 加藤史郎・金　鐘敏：単層ラチスドームの座屈応力度に関する分析と断面算定への応用，鋼構造論文集，第9巻，第33号，pp.49-63, 2002.3

付 D.4) 加藤史郎・金　鐘敏：中間荷重を受ける単層ラチスドームの座屈荷重の推定法に関する研究，日本建築学会構造系論文集，第562号，pp.67-74, 2002.12

付 D.5) 宮下真希男・山下哲郎：鉄骨円筒型シェル屋根構造の形状の改良に関する研究，構造工学論文集　Vol.57B, pp.185-190, 日本建築学会，2011.3

付 D.6) Y. Takiuchi, S. Kato, S. Nakazawa, K. Kaneda: Structural design strategy for Free-Form Lattice Shells in Regions of High Seismicity, Proc. of IASS2012, Korea, 2012.5

付 D.7) 中澤祥二・加藤史郎・高橋直生：静的地震荷重を用いた単層ラチスドームの耐震性能評価に関する研究 その2，日本建築学会大会学術講演梗概集，構造Ⅰ，（北海道），pp.911-912, 2013.8

付 D.8) 小河利行・山岡幸介・箕輪健一・竹内　徹：静的地震荷重に対する単層ラチスドームの座屈耐力，日本建築学会構造系論文集，第704号，pp.1523-1534, 2014.10

付 D.9) 中澤祥二・柳澤利昌・加藤史郎：単層ラチスドームを対象とした地震荷重と耐震性能評価法の提案，日本建築学会構造系論文集，第703号，pp.1287-1298, 2014.9

付録E　単層ラチスシェルの降伏荷重（塑性荷重）

E.1　降伏荷重（塑性荷重）

4章3節において，降伏荷重（塑性荷重）を援用して弾塑性座屈荷重を算定する方法を解説した．本指針では，降伏荷重の算定は次のように定義される．設定した荷重分布に応じて比例的に荷重を増大させ，曲げ変形と軸変形を考慮した幾何線形・材料非線形解析から最大荷重を求め，この最大荷重を降伏荷重とする．しかし，ほぼ同じ程度の断面の部材で構成されるラチスシェルは主に軸応力（面内応力）で外荷重に耐える性質があることから，本指針では4章3節で記述したように曲げモーメントの影響は小さいとみなし軸力だけに注目して最大荷重を求める方法を近似的に採用している．

上記の考えに基づき，降伏荷重は次のように近似的に求めることとした．
a) 幾何学的非線形性を考慮しないで弾性線形解析を行う．
b) 各部材の断面力（軸力と曲げモーメント）を求める．
c) この断面力のうち，軸力だけに注目する．多くの部材の内どれか1本の圧縮部材が最初に降伏軸力（$N_y = \sigma_y A$）に至る時点の荷重を初期降伏荷重とし，これを近似的に降伏荷重P^{pl}（あるいはP_{SQ}）で記述する．最初に圧縮降伏する部材は，線形解析で定めた特定部材（あるいは代表部材）に一致する．

ただし，単層ラチスシェルであっても，塑性化後も曲げモーメントの発生が少なく，かつ，応力再配分の期待できる場合には，幾何線形・材料非線形解析から求めた最大荷重を降伏荷重（塑性荷重）とする．

一般には，ラチスシェルでは，曲げ変形と軸変形を考慮した幾何線形・材料非線形解析から求めた最大荷重は，ここで近似的に求める初期降伏荷重P^{pl}よりは大きくなる可能性があるが，設計される多くの部材はほぼ同時に降伏荷重になるように断面が定められる可能性があるので，この初期降伏荷重P^{pl}で概ね幾何学的線形解析の場合の最大耐力を近似できる．ただし，曲げモーメントによる縁応力度が平均軸応力度と同程度に大きく発生するラチスシェル，あるいは，膜応力性状と異なるものも考えられる場合には，曲げ変形と軸変形を考慮した幾何線形・材料非線形解析から求めた最大荷重を求め，かつ，限界変形を考慮して降伏荷重を定める必要がある．

以下に，ドームと円筒ラチスシェルについて降伏荷重を近似的に算定する方法を紹介する．ただし，設計にあたっては幾何線形・材料非線形の有限要素法等を用いてその適応性を確認しつつ使用するのが望ましい．

E.2 等分布状の荷重を受けるドームの降伏荷重

等分布状の固定荷重あるいは雪荷重（鉛直下向き）を受けるときを想定する．ほぼ同じ断面の部材で構成される（$\sin\theta_0$ が θ_0 で近似できるような）ライズの浅いドームで，網目が図 4.1.3，図 4.1.4 あるいは図 4.1.7 のようにほぼ正三角形に近い場合には，その降伏荷重 P^{pl} は近似的に次式で算定される，ただし，1節点で6本の部材が接合されるものとする．

$$P^{pl} = \gamma_m \cdot 6A\sigma_y \cdot \theta_0 \tag{付 E.1}$$

ここで，A はドームの軸断面積，σ_y は降伏応力度，θ_0 は部材半開角であり，γ_m は 0.6〜1.0 程度の値の定数である．ただし，既往の結果から，0.7 程度の値を用いると，ドームの降伏荷重が算定できるとされている[付 E.1)]．なお，$A\sigma_y$ は部材の降伏軸力，$A\sigma_y\cdot\theta_0$ は，降伏軸力の鉛直成分，定数 6 は部材数を表すので，式(付 E.1)は1節点あたりの鉛直成分を表すこととなる．

現在では，幾何線形・材料非線形解析は容易に実施できる計算環境にあるので，それぞれのドーム形状に合わせて，γ_m を求めて用いることとする．降伏荷重の算定では，どれか1本の部材が軸降伏する時点（ここでは初期降伏荷重時と呼ぶ）の荷重で近似する場合には，γ_m は 0.6 弱程度であるが，その後の荷重再配分効果がある場合には，γ_m は 0.6 以上まで上昇する．

E.3 等分布状の荷重を受ける円筒ラチスシェルの降伏荷重

等分布状の固定荷重あるいは雪荷重（鉛直下向き）を受けるときを想定する．網目が付図 B.6.1 の円筒シェルのようにほぼ正三角形に近い場合には，1節点で6本の部材が接合される．ほぼ同じ断面の部材で構成される円筒ラチスシェルにおいては，周辺ピン支持された円筒ラチスシェルが等分布状の荷重を受けるとき，その降伏荷重 P^{pl} は近似的に次式で算定される．

$$P^{pl} = \gamma_m \cdot 4\,A\sigma_y \cdot \sin\alpha \cdot \theta_0 \tag{付 E.2}$$

A は円筒ラチスシェルの軸断面積，σ_y は降伏応力度，α は X 方向部材と斜め材の交角，θ_0 は部材半開角（半開角 ϕ_0 をアーチ方向の部材数 n で除したもの，$\theta_0 = \phi_0/n$），ただし，γ_m は 0.7〜1.0 程度の定数であり，周辺ピン支持の円筒ラチスシェルの場合，1.0 程度の値を用いると降伏荷重が近似的に算定できるとされている．定数 4 は鉛直成分に寄与する部材数，$A\sigma_y$ は部材の降伏軸力，$A\sigma_y\cdot\sin\alpha$ は，降伏軸力のアーチ方向成分，$A\sigma_y\cdot\sin\alpha\cdot\theta_0$ は降伏軸力の鉛直成分を表すので，式(付 E.2)は，1節点あたりの鉛直成分を表すこととなる．

なお，周辺単純支持の場合については，母線縁（2個の直線縁）における境界条件により γ_m の値は強く左右されるので，線形弾性解析あるいは幾何線形・材料非線形解析から適切な値を求めて用いる．この場合においても，降伏荷重は，どれか1本の部材が軸降伏する時点（ここでは初期降伏荷重時と呼ぶ）の荷重で近似すれば安全側に評価となるが，単純支持の円筒ラチスシェル場合には，その後の荷重再配分効果がある程度期待できることもあり，これを考慮して降伏荷重を定めると精度が高くなる．

E.4 固定荷重と地震力を受けるラチスシェルの降伏荷重

固定荷重を $\{P_{d0}\}$，短期許容応力度設計に用いる地震力を $\{P_{E0}\}$ とする．地震時に作用する荷重は，地震荷重用の増分係数 λ_E を用いると，次のように表される．

$$\{P\} = \{P_{d0}\} + \lambda_E \{P_{E0}\} \tag{付 E.3}$$

この荷重の下で，固定荷重時に特定部材（代表部材）を選択する場合と同様に，軸力だけを考慮したとき，最初に軸降伏する部材を定める．この部材を（m）で表記し，また，この時点の地震荷重用の増分荷重係数を λ_E^{PL} と表記すると，地震時の降伏荷重に対応する荷重は，次式で定まる．

$$\{P\} = \{P_{d0}\} + \lambda_E^{PL} \{P_{E0}\} \tag{付 E.4}$$

式(付 E.4)の荷重を用いることで，降伏時の各節点 J における鉛直成分が計算される，

$$\{P\}_{3J} = \{P_{d0}\}_{3J} + \lambda_E^{PL} \{P_{E0}\}_{3J} \tag{付 E.5}$$

ここで，添え字 J は節点番号であり，添字 3 は鉛直成分を表す．J として参照節点を選ぶと参照節点の降伏荷重が求められる．この場合においても，降伏荷重は，どれか 1 本の部材が軸降伏する時点（ここでは初期降伏荷重時と呼ぶ）の荷重で近似すれば安全側に評価となるが，多くの場合その後の荷重再配分効果がある程度期待できることもあり，これを考慮して降伏荷重を定めると精度が高くなる．

参 考 文 献

付 E.1) 日本建築学会：ラチスシェルの座屈と耐力, 2010.6

ラチスシェル屋根構造設計指針

2016年11月25日　第1版第1刷

編　集 著作人	一般社団法人　日本建築学会
印刷所	共立速記印刷株式会社
発行所	一般社団法人　日本建築学会 108-8414　東京都港区芝 5—26—20 電　話・（03）3456-2051 F A X・（03）3456-2058 http://www.aij.or.jp/
発売所	丸善出版株式会社 101-0051　東京都千代田区神田神保町 2-17 　　　　　　神田神保町ビル 電　話・（03）3512-3256

©日本建築学会 2016

ISBN978-4-8189-0636-5　C3052